Nós, mulheres

Rosa Montero

Nós, mulheres

Grandes vidas femininas

tradução
Josely Vianna Baptista

todavia

Às magníficas e heroicas guerreiras curdas de Rojava, que são a primeira linha de contenção do horror do Estado Islâmico e que estão morrendo dia após dia por defender os direitos humanos e a dignidade de todas as mulheres.

Cuspindo fogo 9
Histórias de mulheres 19
Um fervor de mulheres 209

Cuspindo fogo

Prólogo a esta edição

Quando lancei meu livro *Historias de mujeres*, em 1995, biografias femininas não chamavam a atenção do público. Naquela época, quase ninguém pensava em escrever sobre as muitas mulheres que, ainda que tenham tido uma vida extraordinária, foram apagadas dos anais pelo machismo dos cronistas. E as poucas pioneiras que, como a fantástica Antonina Rodrigo, empenharam-se em resgatar na Espanha a memória das esquecidas, tiveram de fazer isso remando contra a corrente e publicando, em geral, em pequenas editoras. Mas agora o tema está na moda e há dezenas de títulos de todo tipo, ilustrados e sem ilustrações, com fotografias ou em quadrinhos, para adultos ou para crianças, que tentam recuperar essa parte de nosso passado sequestrada pelo preconceito. É uma profusão editorial que devemos comemorar, pois não há, a meu ver, melhor indicador da mudança por que passou, nestes últimos 24 anos, a indevidamente chamada "causa da mulher". E digo indevidamente porque já está mais do que na hora de pararmos de pensar que a desconstrução do sexismo é coisa de garotas, quando, na verdade, trata-se de uma causa comum, que diz respeito a todos nós. É óbvio que a mudança no papel da mulher pressupõe uma mudança equivalente no papel do homem, de modo que estamos falando de um novo tipo de sociedade, de uma nova forma de viver que nos afeta e deveria interessar tanto a umas quanto a outros.

Esse trabalho de recuperação quase arqueológica das esquecidas é, sem dúvida, importantíssimo, porque precisamos de modelos reais, precisamos saber que a vida não era nem é como a contaram para nós. "Há uma história que não está na história e que só pode ser resgatada aguçando os ouvidos e escutando o sussurro das mulheres", digo no prólogo original de *Historias de mujeres*, incluído neste volume. De modo que, já em 1995, eu estava ciente de que nos haviam escamoteado uma boa parte da realidade. Mas minhas avaliações estavam subestimadas; não fui capaz de avaliar o tamanho da tergiversação e do ocultamento que sofremos. A porção invisível do iceberg de mulheres silenciadas começa a emergir agora, e tem dimensões colossais. E entre elas há de tudo, heroínas e tiranas, revolucionárias e retrógradas, salvadoras do mundo e assassinas cruéis. E isso é formidável e libertador. O feminismo, ou ao menos a parte majoritária do feminismo, não reivindica pessoas santas, mas pessoas que possam viver todas as possibilidades do ser, para além da tirania dos estereótipos. Vocês sabem, é aquela velha história: as meninas boas vão para o céu e as más vão para qualquer lugar. Eu sempre disse que alcançaremos a verdadeira igualdade social quando conseguirmos ser tão tolas, ineficazes e malvadas como alguns homens o são sem que sejamos recordadas especialmente por isso.

O fato é que em todas as épocas houve mulheres fazendo coisas memoráveis: dirigindo impérios, criando tábuas de cálculo, descobrindo os segredos do universo, escrevendo a primeira literatura de autor que já se escreveu, liderando exércitos. Contamos com cientistas, filósofas, músicas, guerreiras, pintoras, escultoras, exploradoras... Não há um único campo social, artístico ou do conhecimento em que não tenhamos nos destacado. "São tantas, mas tantas, que ao trazê-las à luz, a história tal como a conhecemos se desfaz", diz Ana López-Navajas. E ela deve saber disso melhor que ninguém, pois Ana é uma brilhante pesquisadora da Universidade de Valência que publicou em 2014 um estudo no qual demonstrou a ausência de referentes femininos nos conteúdos da ESO (Educação Secundária Obrigatória): os livros de texto espanhóis citam apenas 7,6% de mulheres. Ou seja, aprendemos uma cultura e uma ciência só de homens, uma versão da realidade tendenciosamente masculina. Por isso, Ana López-Navajas prepara há oito anos uma base de dados para incluir mulheres nos conteúdos da ESO, uma tarefa monumental e épica que pode mudar, efetivamente, nossa noção do mundo.

Mas temos de ir além de mudar a visão do passado: é essencial que mudemos também a visão do presente. O modo como olhamos para nós mesmas. O sexismo é uma ideologia na qual todos nós somos educados e está profundamente arraigado em nosso cérebro. Numerosos experimentos demonstram que a sociedade continua a estimular, priorizar e valorizar muito mais o homem que a mulher, e nós, sem perceber, tomamos parte desse mesmo desdém discriminatório. É isso que os preconceitos têm: por serem anteriores ao conceito, são invisíveis. Comprovou-se, por exemplo, que na atenção médica primária, diante dos mesmos sintomas, prescreve-se às mulheres mais ansiolíticos e antidepressivos, ao passo que aos homens se oferece mais exames diagnósticos. Isso ocorre também com a dor: dão mais analgésicos aos homens (pois tomam por real seu sofrimento), e mais sedativos às mulheres (que consideram histéricas). O que me deixa particularmente horrorizada é um estudo feito com 1300 doentes de câncer que evidenciou que a probabilidade de as mulheres serem submedicadas era 50% maior. Esses angustiantes maus-tratos e a brutal discriminação, que podem levar à doença e à morte, caso um exame diagnóstico não seja feito a tempo, são exercidos por médicos e médicas, por enfermeiros e enfermeiras. Todos damos mais credibilidade à palavra do homem. A voz do varão continua sendo a lei.

Em 2012, um experimento formidável foi realizado na Universidade Yale, nos Estados Unidos. Dois doutorandos em ciências, Jennifer e John, pleitearam uma vaga de supervisor de laboratório. Como é de praxe nos Estados Unidos em casos como esse, Yale enviou seus currículos para que fossem avaliados por 127 catedráticos de biologia, física e química pertencentes às seis universidades mais importantes do país, três públicas e três privadas. Numa escala de 1 a 10, John ganhou um ponto a mais que Jennifer. Além disso, foi pedido aos professores que dissessem que salário julgavam que os solicitantes mereciam, e eles ofereceram 30328 dólares anuais a John e 26508 a Jennifer. Até aqui, tudo mais ou menos normal. O estupor começa quando descobrimos que Jennifer e John não existem e que os currículos eram absolutamente idênticos, só que foi dito a uma metade dos catedráticos que o solicitante se chamava Jennifer, e à outra metade que se chamava John. E entre os avaliadores também havia, é claro, catedráticas.

Devemos nos esforçar para extirpar de nossa cabeça esse parasita do pensamento que é o preconceito. Não estou pedindo que haja mais mulheres nos diversos prêmios, nos centros de comando, nas cátedras ou na direção de empresas por ainda sermos poucas, por termos sofrido discriminação há séculos e, coitadinhas de nós, precisarmos de alguma ajuda. Não, de maneira nenhuma. O que peço é que haja mais mulheres em todos os âmbitos por sermos tão boas quanto os homens. Ou seja, reivindico que sejamos avaliadas com objetividade e justiça. É espantoso que isso ainda não tenha acontecido: nem a sociedade nem nós mesmas nos valorizamos com equanimidade.

É por isso que acontece o que acontece sem que haja respostas. Todos os anos cortam o clitóris de 3 milhões de menores; milhões de mulheres carecem dos direitos mais elementares, têm de andar de véu, não podem sair de casa sem a companhia de um homem e são privadas da educação mais básica (e as que tentam escapar dessa brutalidade levam um tiro na cabeça, como Malala); incontáveis meninas e adultas são maltratadas ou assassinadas, sofrem violações, espancamentos, ataques com ácido, torturas, degolas e sequestros, ou são borrifadas com querosene e queimadas vivas nos infames *crimes de honra*, por não quererem se casar com o pretendente escolhido pela família, e com frequência é a mãe quem acende o fogo. Ou seja, há no mundo um genocídio em marcha contra as mulheres, e a comunidade internacional nunca fez nada para deter essa atrocidade. Foram impostas sanções econômicas contra o apartheid na África do Sul, mas contra o apartheid de tantos milhões de mulheres, contra seu martírio e sua escravidão, o que se fez, o que se faz? O que acontece é o contrário, a mulher sempre serve de moeda de troca; se é preciso fazer um acordo momentâneo com os talibãs, a comunidade internacional não toca mais no assunto da situação das mulheres na região. É a vergonhosa diplomacia do silêncio. E nós, as outras, todas nós, como permitimos isso? Como não exigimos que isso mude?

Este texto está me saindo tempestuoso. Inflamado, ainda que se queira um pouco ruidoso. Vejam, é curiosa a vida que este livro está tendo. No momento de sua publicação, 1995, com o título *Historias de mujeres*, ele saiu com um prólogo e um epílogo, ambos incluídos neste volume. O livro foi bastante lido, e isso propiciou que em 2007 ganhasse uma nova edição, um pouco ampliada e com um posfácio que dava conta de como a causa antissexista havia avançado nos doze anos transcorridos. E agora, onze anos mais tarde, voltamos a publicar uma versão atualizada para a qual estou escrevendo este novo prólogo. Ou seja, o texto original foi crescendo em camadas e para os lados de uma forma orgânica, como os troncos das árvores, e seus acréscimos registram os vaivéns sociais do mesmo modo que os anéis da madeira revelam as circunstâncias que afetaram o bosque ao longo do tempo: os incêndios, as pragas, as secas. Pois bem, e agora vemos que o tema do sexismo está bombando: por isso é que estou exalando esse bafo de dragão. E de quebra, além de soltar fogo pelas ventas no prólogo, agora completei o livro com noventa breves retratos de mulheres, uma visada rápida da Antiguidade até nossos dias que nos permite vislumbrar a complexa e variada riqueza da contribuição feminina à vida comum.

Penso que estamos num momento importante da causa antissexista. Que estamos cruzando uma fronteira, e que no último ano avançamos um bom trecho. Por exemplo, o 8 de março de 2018, Dia Internacional da Mulher, foi um marco na história da mobilização mundial. Acho que nunca houve tantas manifestações, e tão grandes, em tantos países. A de Madri, sem dúvida, foi um recorde histórico, com 170 mil participantes, segundo dados oficiais, a grande maioria com menos de 25 anos, e um bom número deles, homens. Sem contar o sucesso da greve de mulheres na Espanha, um exemplo mundial. Tudo indica que a conscientização está aumentando, talvez por percebermos que os avanços arduamente conquistados estão em risco, não só no que se refere ao antissexismo, mas também a todos os valores democráticos. E talvez seja também uma questão de saturação, de excesso, como a gota d'água que finalmente faz o copo transbordar. É o que parece ter acontecido no caso do produtor de Hollywood Harvey Weinstein e no desencadeamento de denúncias de assédio sexual que se sucederam por toda parte desde então, como uma fileira de dominós caindo. Digamos que as mulheres estão se cansando.

No entanto, creio que o xis da questão não está na capacidade de resistência, mas em abrir os olhos e finalmente compreender que não há por que se subordinar a princípios aberrantes e caducos. Vejam, dos dez aos dezessete anos estudei no Instituto Beatriz Galindo, em Madri, que distava sete estações de metrô, com uma baldeação, de onde eu vivia. Como almoçava em casa, tinha de fazer essa viagem quatro vezes por dia.

E ia sempre sozinha, porque em minha classe social e naquela época — eram os anos 1960 — as crianças não eram tão superprotegidas como agora. Pois bem, provavelmente não houve um único dia em que eu estivesse livre de uma mão na minha bunda ou de alguém se esfregando em mim pelo menos uma vez entre os quatro trajetos. Sobretudo nos primeiros anos, quando eu era menor e mais indefesa. Lembro que uma vez — devíamos ter uns onze anos — uma amiga reclamou, e o pedófilo lhe deu uma bofetada. Ninguém, no vagão entulhado de gente, nos ajudou. O que quero dizer é que, naquela época, o aprendizado da vida incluía táticas defensivas e de fuga diante dos predadores. A gente calculava, com uma vista de olhos, quais eram os homens mais perigosos e tentava se esgueirar para o outro extremo do vagão ou sair repentinamente, mesmo que não fosse a nossa parada. Agora eu soube que algumas garotas levam alfinetes para espetar os assediadores: infelizmente, não me ocorreu essa artimanha. Mas desenvolvi a habilidade de fazer ouvidos moucos para não escutar as barbaridades que todos aqueles pulhas, que se jogavam sobre nós quando andávamos pela rua, diziam que iam fazer conosco; e eu era especialista em mudar de fileira nas sessões de cinema toda vez que alguém vinha, no escuro, encostar a perna e a mão em mim. Tudo isso fez parte da paisagem da minha infância desde os dez anos; nós, meninas, éramos como gazelas assustadas tentando escapar dos leões, resignadas diante de uma realidade aterradora e humilhante, mas infelizmente *normal*. O mundo, diziam-nos e nos dizíamos, é assim mesmo. Mas não. Acontece que o mundo não é assim. E acontece também que sua mudança depende, em boa medida, de nós mesmas. Portanto, minhas irmãs, vamos abrir nossa goela de dragão e cuspir fogo.

Madri, março de 2018

Histórias de mulheres

Para minhas amigas, todas estas mulheres que foram e são importantes para mim: para Reyes, Macu e Gabi; para Carmen, para a outra Carmen, para Olga; para Malén, Ángeles, Solete e as duas Soles; para Virginia, Ingrid e Ximena; para Isabel e María José; para mais algumas com quem convivo menos, mas de quem também gosto, como Ana Cristina, Nuria ou Marisé. E, é claro, para Nativel, com minhas desculpas.

Para as companheiras da infância e da primeira juventude, que não vejo mais: Mari Tere, Ofelia, Alicia, María José, Begoña, Pili, Pilar, Fátima, María.

Em memória das que já partiram: Monserrat, María Luisa e Carmina.

E, especialmente, para todas aquelas que vão ficar chateadas por não estarem na lista.

Introdução: A vida invisível 25

Agatha Christie: A eterna fugitiva 43
Mary Wollstonecraft: Ardente solidão 52
Zenobia Camprubí: A vida mortífera 60
Simone de Beauvoir: Vontade de ser 69
Lady Ottoline Morrell: O excesso e a grandeza 79
Alma Mahler: Com garras de aço 88
María Lejárraga: O silêncio 98
Laura Riding: A mais malvada 107
George Sand: A plenitude 117
Isabelle Eberhardt: Fome de martírio 126
Frida Kahlo: O mundo é uma cama 134
Aurora e Hildegart Rodríguez: Mãe morte 143
Margaret Mead: Aninhar-se no vento 152
Camille Claudel: Sonhos e pesadelos 161
As irmãs Brontë: Corajosas e livres 170
Irene de Constantinopla: A mãe que cegou o filho 180

Para terminar 189

Posfácio à edição de 2007 197
Bibliografia 203

Introdução
A vida invisível

Há alguns séculos, nós, seres humanos, começamos a nos perguntar por que as sociedades diferenciavam de tal modo homens e mulheres quanto a hierarquias e funções. Alguma fêmea especialmente intrépida já se fizera essas perguntas antes, a exemplo da francesa Christine de Pisan, que escreveu em 1405 *La Cité des dames* [A cidade das damas]; mas foi preciso que viessem o positivismo e a morte definitiva dos deuses para que os habitantes do mundo ocidental passassem a rejeitar a imutabilidade da ordem natural e começassem a se perguntar massivamente o porquê das coisas, curiosidade intelectual que incluiu, forçosamente, e apesar da resistência de muitos e muitas, os numerosos questionamentos relativos à condição da mulher: diferente, distante, subjugada.

E ainda não há, na verdade, resposta clara para essas perguntas: como se estabeleceram as hierarquias, quando isso aconteceu, se sempre foi assim. Cunharam-se teorias, nenhuma delas suficientemente demonstrada, que falam de uma primeira etapa de matriarcado na humanidade. De grandes deusas onipotentes, como a Deusa Branca mediterrânea descrita por Robert Graves. Talvez não fosse uma etapa do matriarcado, mas simplesmente de igualdade social entre os sexos, com domínios específicos para umas e outros. A mulher paria, e essa impressionante capacidade deve tê-la tornado muito poderosa. Expressam esse poder as vênus da fertilidade vindas da pré-história (como a de Willendorf: gorda, roliça, deliciosa), bem como as múltiplas figuras femininas posteriores, as fortes deusas de pedra do Neolítico.

Engels sustentava que a subordinação da mulher se originou ao mesmo tempo que a propriedade privada e a família, quando os seres humanos deixaram de ser nômades e se assentaram em povoações agricultoras; o homem, diz Engels, precisava assegurar filhos próprios a quem transmitir suas posses, daí que passasse a controlar a mulher. Fico pensando que talvez o dom procriador das fêmeas assustasse demais os varões, sobretudo quando eles viraram camponeses. Antes, na vida errante e caçadora, o valor de ambos os sexos estava claramente estabelecido: elas pariam, amamentavam, criavam; eles caçavam, defendiam. Funções de valor intercambiável, fundamentais. Mas depois, na vida agrícola, o que os homens faziam de específico? As mulheres podiam cuidar da terra como eles ou, quem sabe, de um ponto de vista mágico, ainda melhor, porque a fertilidade era seu reino, seu domínio. Sim, é razoável pensar que eles deviam vê-las como demasiado poderosas. Talvez o impulso masculino de controle tenha nascido desse medo (e da vantagem de eles serem mais fortes fisicamente).

Esse receio do poder das mulheres é perceptível já nos mitos inaugurais de nossa cultura, nos relatos da criação do mundo, que, por um lado, se esforçam para definir o papel subsidiário das fêmeas, mas ao mesmo tempo nos conferem uma capacidade de causar prejuízo muito acima de nossa posição secundária. Eva leva Adão e toda a humanidade à perdição por se deixar tentar pela serpente, o que é feito também por Pandora, a primeira mulher, segundo a mitologia grega, criada por Zeus para castigar os homens: o deus dá a Pandora uma ânfora cheia de desgraças, jarra que a mulher destapa movida por sua irrefreável curiosidade *feminina*, libertando assim todos os males. Esses dois relatos primordiais apresentam a fêmea como um ser fraco, avoado e sem juízo. Por outro lado, a curiosidade é um ingrediente básico da inteligência, e é a mulher que tem, nesses mitos, a ousadia de se perguntar o que há além, a vontade de descobrir o que está oculto. Além disso, os males que Eva e Pandora trazem ao mundo são a mortalidade, a doença, o tempo, condições que formam a própria substância do humano, de modo que, na verdade, a lenda lhes atribui um papel — agridoce mas imenso — enquanto criadoras da humanidade.

Ainda mais fascinante é a história de Lilith. A tradição judaica diz que Eva não foi a primeira mulher de Adão, que antes dela existiu Lilith. E essa Lilith quis ser igual ao homem: indignava-a, por exemplo, que fosse forçada a ficar por baixo de Adão ao fazer amor, pois essa posição lhe parecia humilhante, e reivindicava os mesmos direitos do macho. Adão, valendo-se de sua maior força física, quis obrigá-la a obedecer, e então Lilith o abandonou. Foi a primeira feminista da Criação, mas suas modestas reivindicações eram, é claro, inadmissíveis para o deus patriarcal da época, que transformou Lilith numa diaba matadora de crianças e a condenou a sofrer a morte de cem de seus filhos a cada dia, castigo horrendo que simboliza com perfeição o poder do macho sobre a fêmea. O que subjaz, talvez, ao mito de Lilith é a memória esquecida desse possível trânsito entre um mundo antigo não sexista (com mulheres tão fortes e independentes como os homens) e a nova ordem masculina que se instaurou depois.

Enfim, o fato é que durante milênios as mulheres foram cidadãos de segunda classe, tanto no Oriente como no Ocidente, tanto no norte como no sul. O infanticídio por sexo (matar as meninas recém-nascidas porque são um peso não desejado, ao contrário do cobiçado filho varão) foi uma prática muito difundida e habitual em toda a história, dos romanos aos chineses ou aos egípcios, e ainda hoje é mais ou menos abertamente realizada em muitos países do chamado Terceiro Mundo. Isso dá uma ideia do escasso valor que se conferia à mulher, que já vinha ao mundo com o desconsolo fundamental de não ter sido ao menos desejada.

Filhos que somos, ainda, das ideias de perfectibilidade e de progresso dos séculos XVIII e XIX, tendemos a acreditar que a sociedade em que hoje vivemos é melhor em tudo que a de ontem, mas pior que a de amanhã, como se as coisas, com o tempo, inexoravelmente se ajeitassem, uma falsidade tão óbvia, aliás, que nem vale a pena discuti-la. E assim, no caso da mulher, costumamos pensar que a igualdade foi sendo conquistada pouco a pouco, até chegar ao máximo de hoje, o que não é totalmente verdadeiro. Pois a situação da mulher ocidental parece agora ser melhor do que nunca, só que o trajeto não foi linear: houve momentos de maior liberdade, seguidos por épocas de reação. Ocasionalmente, a repressão alcançou níveis assustadores, como a caça às bruxas no século XV e no início do XVI, que talvez tenha sido uma resposta à efervescência humanista e liberal do Renascimento. Houve milhares de execuções na Alemanha, na Itália, na Inglaterra e na França; 85% dos réus queimados vivos por bruxaria eram mulheres de todas as idades, inclusive meninas. Em alguns povoados alemães havia seiscentas execuções anuais. Em Toulouse, quatrocentas mulheres foram levadas à fogueira num único dia. Alguns autores falam em milhões de mortes. Elas eram condenadas e queimadas com acusações por vezes delirantes (ter relações com o diabo, beber sangue de crianças), mas também pelos *pecados* de ministrar contraceptivos a outras mulheres, fazer abortos ou dar remédios contra a dor do parto. Ou seja, por demonstrarem controle sobre sua vida, conhecimentos médicos que lhes eram vetados (as mulheres não podiam estudar) e certa independência.

Foi com a Revolução Francesa e seus ideais de justiça e fraternidade que um punhado de homens e mulheres começou a compreender que a igualdade era para todos os indivíduos ou não era para ninguém: "Ou nenhum membro da espécie humana tem verdadeiros direitos, ou todos têm os mesmos; aquele que vota contra os direitos do outro, quaisquer que sejam sua religião, sua cor ou seu sexo, está, desse modo, abjurando os seus". São palavras que Condorcet, o admirável filósofo francês que participou da redação da Constituição revolucionária, escreveu em 1790 em seu ensaio *Sobre a admissão das mulheres no direito da cidade*. Condorcet foi um feminista fervoroso; ele e outros poucos cavalheiros sensíveis começaram a denunciar a situação da mulher. Esses primeiros discursos de homens não sexistas foram muito importantes, pois para assumir uma atitude crítica era preciso ser cultivado, e as mulheres da época eram quase inteiramente carentes de educação.

Com o ardor da Revolução começaram a aparecer por toda a França (e logo por toda a Europa) clubes e associações de mulheres, e houve revolucionárias feministas famosas, como Olympe de Gouges e Théroigne de Méricourt. Mas esse sonho de justiça e liberdade durou pouco: com a chegada do Terror a mulher foi novamente encerrada em casa. Em junho de 1793, Théroigne foi atacada por um grupo de *cidadãs* e golpeada com pedras na cabeça; não morreu, mas perdeu a razão e passou o resto da vida num manicômio. Olympe foi guilhotinada em novembro de 1793 e os clubes de mulheres foram proibidos. Quanto a Condorcet, Robespierre o condenou à morte, e o filósofo preferiu tomar veneno em sua primeira noite no cárcere, no mês de setembro desse mesmo ano. As águas quietas do preconceito sexista se fecharam novamente.

Todavia, algumas décadas depois, em meados do século XIX, criou-se a *questão da mulher*, ou seja, pela primeira vez a mulher foi entendida como um problema social. Isso foi resultado da Revolução Industrial, que havia acabado com a vida familiar tradicional. Antes as donas de casa estavam subordinadas ao varão, mas carregavam nas costas um bom número de atividades cotidianas. Faziam conservas, salgavam pescados, confeccionavam a roupa da família, cuidavam da horta e dos animais, fabricavam sabão, velas, sapatos, conheciam ervas medicinais e tratavam da saúde de toda a família. Eram personagens ativos e importantes no ambiente doméstico. No entanto, a Revolução Industrial lhes suprimiu pouco a pouco todas as atribuições: agora o sabão era comprado nas lojas, a população urbana crescia e havia cada vez menos hortas e menos animais, a saúde passou a ser domínio dos médicos. Enfim, a mulher ficou sem um lugar próprio no mundo.

Além disso, vivia-se o auge do positivismo, do cientificismo. Deus agonizava, a ordem imutável e natural já não era aceita como resposta absoluta para os enigmas, era preciso definir novamente o universo inteiro. A mulher era mais uma incógnita da existência, um mistério que devia ser elucidado em termos científicos. Pois na época, final do século XIX, os seres humanos chegaram a acreditar que poderiam organizar e iluminar todas as trevas da realidade por meio da palavra definidora do sábio, da classificação do erudito.

Assim, as mulheres se transformaram em objeto de estudo dos homens, que as comparavam com o *normal*, isto é, com os valores e as características do varão. "De modo geral, admite-se que na mulher os poderes da intuição, da percepção e talvez da imitação sejam mais destacados que no homem, mas pelo menos algumas dessas faculdades são características das raças inferiores, e, por conseguinte, de um estado de civilização passado e menos desenvolvido", dizia Darwin. Da perspectiva masculina, a mulher começou a ser vista como uma anomalia, um ser doente sujeito a menstruações e dores. A moda insana e torturante dos espartilhos (chegavam a entortar as costelas e a provocar deslocamentos de útero e de fígado) fomentava as asfixias e os desmaios, e a falta de um lugar no mundo e de perspectiva de vida ampliava as depressões e as angústias. Por conseguinte, a mulher era tida como um ser doente, e de fato adoecia: no final do século XIX e início do XX, houve uma *epidemia* de anoréxicas, de pacientes acometidas por estranhas patologias crônicas, até chegar às histéricas de Freud. O romancista Henry James soube desenhar em seus livros o protótipo da mulher de sua época, inteligente e apaixonada mas aprisionada pelas circunstâncias sociais: ele provavelmente se inspirou na vida de sua própria irmã, Alice James, uma mulher criativa e sensível que gostava de escrever (seus diários foram publicados recentemente), mas que não pôde ir à universidade nem recebeu o apoio necessário para dedicar-se, como Henry, à literatura. Alice foi uma doente crônica: seu enigmático mal a transformou numa inválida desde os dezenove anos, e aos 43, quando adoeceu de um câncer fulminante, alegrou-se com a morte.

Aqueles devem ter sido tempos muito angustiantes e difíceis para as mulheres: as da classe baixa se arrebentavam de trabalhar com turnos fabris de dezesseis horas, tendo, além disso, que parir e cuidar da casa, e as da classe média e alta estavam presas num cárcere de ouro. As heroínas literárias do século XIX (Anna Kariênina, Madame Bovary, Ana Ozores/a Regente) falam da tragédia de mulheres sensíveis, inteligentes e capazes que levavam uma vida sem sentido, que tentavam escapar do vazio por meio do amor romântico e que pagavam muito caro por transgredir as rígidas normas. Salvo exceções (o escritor Mark Twain, por exemplo, que sempre foi deliciosamente feminista), o entorno masculino devia ser tão hostil naquela época, e tão grande a incompreensão do *feminino*, que muitas mulheres começaram a *escolher* a solteirice e a estabelecer relações de convivência com outras mulheres pelo resto da vida. Na América, isso era então chamado de *casamento bostoniano* (o romance de Henry James *As bostonianas* fala justamente desse mundo feminino) e não tinha de ter, necessariamente, um componente lésbico, sendo, em muitos casos, uma união emocional e cúmplice diante da vida, por parte de mulheres ativas, independentes e intelectualmente inquietas, que não queriam se resignar à prisão social.

Contudo, o mais espantoso é comprovar que sempre houve mulheres capazes de superar as mais penosas circunstâncias; mulheres criadoras, guerreiras, aventureiras, políticas, cientistas, que tiveram a habilidade e a coragem de escapar, não se sabe como, de destinos tão estreitos como uma tumba. Sempre foram poucas, é claro, em comparação com a grande massa de fêmeas anônimas e submetidas aos limites que o mundo lhes impôs, mas foram, sem sombra de dúvida, muitíssimas mais que as que hoje conhecemos e lembramos. O que acontece, como diz a escritora italiana Dacia Maraini, é que quando as mulheres morrem, elas morrem para sempre, submetidas ao duplo fim da carne e do esquecimento. Os historiadores, os enciclopedistas, os acadêmicos, os guardiães da cultura oficial e da memória pública sempre foram homens, e os atos e as obras das mulheres raramente passaram para os anais. Porém, hoje essa amnésia sexista por fim está mudando: a crescente presença feminina nos níveis acadêmicos e eruditos começa a normalizar a situação, e abriu-se todo um campo de novas pesquisas, feitas majoritariamente por mulheres, que tentam resgatar nossas antepassadas da bruma.

Antepassadas capazes de levar a cabo proezas anônimas tão imensas como a invenção, na província chinesa de Hunan, de uma linguagem secreta. Ou melhor, de uma caligrafia só para mulheres, uma forma de escrita críptica chamada *nushu*, que conta com 2 mil caracteres e foi criada há, no mínimo, mil anos (alguns especialistas chegam a falar em 6 mil), ainda que hoje em dia só meia dúzia de anciãs octogenárias a conheçam. Dizem que o *nushu* foi inventado pela concubina de um imperador chinês (e se foi isso mesmo, que gênio o dela, capaz de conceber todo um sistema de escrita!) para poder falar com suas amigas sobre sua vida íntima, suas queixas e seus sentimentos sem correr o risco de ser descoberta e castigada. Muitas das mulheres que aprenderam essa caligrafia não sabiam escrever o *han*, o idioma chinês oficial, porque as mulheres eram mantidas analfabetas e cuidadosamente à margem da vida intelectual, de modo que, clandestino, o *nushu* lhes outorgou o poder da palavra escrita, uma força solidária com a qual organizar certa resistência. "Devemos estabelecer relações de irmãs desde a juventude e nos comunicar por meio da escrita secreta", diz um dos textos milenares conservados. E outro acrescenta: "Os homens se atrevem a sair de casa para enfrentar o mundo exterior, mas as mulheres não são menos corajosas ao criar uma linguagem que eles não conseguem entender".

Corajosas e anônimas, sim, assim foram milhões de mulheres do passado. Segundo as últimas teorias acadêmicas, talvez os textos anônimos da história da literatura tenham justamente saído, em sua maioria, de penas femininas. Em outros casos, as mulheres escreviam obras que depois seus cônjuges (ou seus homens: pais, irmãos, filhos) publicavam, como é o caso da espanhola María Martínez Sierra (1874-1974), socialista e feminista, deputada da Segunda República e importante dramaturga, cujos trabalhos foram publicados, no entanto, sob o nome de seu marido, Gregorio. Já se disse, além do mais, que as obras das mulheres sempre foram propensas a ser extraviadas ou esquecidas; está perdido, por exemplo, o poema épico *A guerra de Troia*, da grega Helena, em quem Homero se inspirou para fazer a *Ilíada*. Enfim, como diz Virginia Woolf, o que aconteceu com Judith Shakespeare, a irmã imaginária, ambiciosa e cheia de talento de Shakespeare?

Por outro lado, a lembrança que temos das mulheres e de seus atos está frequentemente matizada de valores sexistas. Por exemplo: não nos esquecemos de Messalina, esposa do imperador romano Cláudio I, que passou para a história transformada no símbolo da mulher infiel e ninfomaníaca. Ou então de Catarina, a Grande, a famosa imperatriz da Rússia, lembrada, sobretudo, como uma senhora boa de briga e que tinha muitos amantes. No entanto, essa mulher, que tomou as rédeas do império de 1762 a 1796, foi uma/um dos grandes soberanos do absolutismo ilustrado. Reformou a administração do Estado russo, fez o primeiro compêndio legislativo, lutou contra lituanos e turcos, anulou a autonomia da Ucrânia; como se não bastasse, protegeu as artes e as letras, manteve intensa correspondência com Voltaire, escreveu obras teatrais e fundou o periódico *Vsyákaya vsyáchina* [Qualquer tolice], importante suporte ideológico do absolutismo. Além disso, teve amantes, sim, como a imensa maioria dos soberanos varões de todos os tempos, mas, diferente de muitos desses reis e imperadores, ela soube manter seus amantes no terreno apenas íntimo, sem se deixar influenciar politicamente por eles.

Contudo, quando espiamos os bastidores da história, encontramos mulheres surpreendentes: aparecem sob a monótona imagem tradicional da domesticidade feminina da mesma maneira que o mergulhador vislumbra as riquezas submarinas (uma paisagem inesperada de peixes e corais) sob as águas quietas de um mar cálido. Lá estão, por exemplo, as fêmeas guerreiras, personagens fantasticamente extravagantes. Como María Pérez, uma heroína castelhana do século XII, que lutou, vestida de homem, contra os muçulmanos e os aragoneses. María desafiou para um duelo o rei de Aragão Alfonso I, o Batalhador, a quem venceu e desarmou. Quando se descobriu que era uma mulher, ela foi batizada de *La Varona*, o que não a impediu de se casar mais tarde com um infante, deixando as guerras pela família. Ou como a fascinante Mary Read, aventureira inglesa do século XVIII, que também se vestiu de homem e se alistou como soldado no regimento de infantaria de Flandres. Depois de lutar durante alguns anos, ela deixou o exército, casou-se e abriu uma taberna em Breda, mas ao enviuvar voltou a vestir roupas masculinas e, alistada na infantaria holandesa, embarcou rumo à América num navio que foi capturado pelos corsários, momento em que a irredutível Mary Read decidiu virar pirata. E como pirata viveu longos anos, apaixonando-se e casando-se, entrementes, com um marinheiro, até que em 1720 caiu nas mãos dos ingleses e foi encerrada na prisão jamaicana onde morreu.

Joana d'Arc também vestiu resplandecentes armaduras viris quando se pôs à frente dos exércitos franceses, aos dezessete anos, comandando-os na guerra contra os ingleses, aos quais infligiu grandes derrotas até ser capturada pelo inimigo, aos dezenove anos, e queimada viva. Outra francesa, Louise Bréville, se fez passar por homem no final do século XVII; após ser expulsa do exército por matar outro soldado num duelo, Louise se alistou como marinheiro e chegou a ter o comando de uma fragata de combate. Morreu aos 25 anos numa batalha naval contra a Holanda, ferida no decurso de uma abordagem.

Não foram só guerreiras que se vestiram com roupas de homens e adotaram personalidades masculinas: muitas outras mulheres viram-se obrigadas a utilizar o abrigo de uma identidade viril para se proteger da dureza misógina do entorno. A famosa socióloga e pensadora galega Concepción Arenal (1820-1893), por exemplo, teve de se disfarçar de homem para poder comparecer às aulas de direito, porque as mulheres eram proibidas de frequentar a universidade. Algo parecido aconteceu com Henrietta Faber, que no início do século XIX se disfarçou de homem e trabalhou como médico em Havana durante anos, até que em 1820 se apaixonou, revelou que era mulher e quis se casar, momento em que foi detida, julgada e condenada a dez anos de prisão, porque em Cuba as mulheres eram proibidas de estudar e de praticar a medicina. Por outro lado, o uso de pseudônimos masculinos foi uma prática bastante comum entre as escritoras do século XIX, como George Eliot, George Sand, Víctor Catalá ou Fernán Caballero.

Outro tipo de *travestismo* mais comum e admitido socialmente, ao qual as mulheres recorreram durante muitos séculos, foi o religioso, isto é: virar freira. O convento foi, amiúde, uma obrigação social, um enclausuramento e um castigo, mas para muitas mulheres foi também o lugar em que se podia ser independente da tutela varonil, e ler, e escrever, e assumir responsabilidades, e ter poder, e desenvolver, enfim, uma carreira. Houve freiras maravilhosas por seu nível intelectual ou por sua capacidade artística, como Santa Teresa, sor Juana Inés de la Cruz ou Herrade de Landsberg, abadessa de Hohenburg, que no século XII fez a primeira enciclopédia da história confeccionada por uma mulher (o fato de que pudesse conceber uma obra tão ambiciosa dá bem a medida do mundo amplo que o convento abria para as senhoras), intitulada *Hortus deliciarum* ou *Jardim das delícias*, belissimamente ilustrada e destinada à formação de suas religiosas.

Outras freiras foram ardorosas e carnais, como sor Mariana Alcoforado, uma religiosa portuguesa do século XVII que teve o azar (ou talvez a sorte) de se apaixonar por um conde francês, a quem dirigiu cartas belas e febris que ele teve a desfaçatez de publicar em Paris (claro que graças a isso elas foram conservadas) em 1669. E houve também, por fim, as trânsfugas e briguentas, como a freira alferes Catalina de Erauso, que fugiu do convento com apenas onze anos, embarcou como grumete disfarçada de menino e se alistou como soldado na América, sob o nome de Alonso Díaz. Por outro lado, houve mulheres desejosas de independência que, em vez de optarem por ser *boas*, isto é, freiras, optaram por ser *más*: as cortesãs, das cultas hetairas gregas até Montespan ou Pompadour, amantes dos reis franceses, sempre tiveram notável influência na vida pública.

Fora do convento e da *vida fácil* só houve para as mulheres outra grande rota de fuga da tutela masculina, e foi a viuvez. Sobretudo no que se refere às responsabilidades de comando: por trás da quase absoluta totalidade de mulheres que chegaram ao poder antes do século XX, há um marido morto. Em ocasiões excepcionais o morto era o pai, e frequentemente havia também um filho ou um irmão pequeno de quem elas eram representantes ou tutoras, pelo menos num primeiro momento, até eles conseguirem consolidar seu próprio poder. É fascinante ver como mulheres que mesmo sem terem sido preparadas intelectual e politicamente, e tendo, ainda por cima, de suportar um absoluto entorno dissuasivo, eram capazes de lutar, assumir e manter o poder, transformando-se, com frequência, em governantes de grande envergadura. Um exemplo perfeito das dificuldades que essas damas enfrentavam é a pobre e brava Margarida da Áustria, que se casou em 1599 com Felipe III, aos catorze anos, e aterrissou na corte espanhola sem saber outro idioma além do alemão. Para não perder seu poder sobre o rei, o duque de Lerma isolou a recém-chegada Margarida: despediu toda sua criadagem alemã e a cercou de gente espanhola de sua confiança. Dá para imaginar o calvário dessa adolescente, tão sozinha e presa numa corte hostil e num idioma incompreensível, parindo um filho atrás do outro para a Coroa. No entanto, passados sete anos, ela já aprendera o suficiente da língua e da política para enfrentar o duque de Lerma e conseguir que o processassem. Com o apoio do confessor do rei, frei Luis de Aliaga, tentou processar também o duque de Uceda, mas dessa vez perdeu. Morreu aos 27 anos ao dar à luz seu oitavo filho; houve complicações pós-parto, e, ao que parece, o duque de Uceda impediu que ela fosse atendida por um médico. Todo um trágico destino de mulher.

No entanto, e apesar do ambiente adverso, a história europeia está repleta de numerosas Leonores, Marias, Isabéis,

Joanas, Luísas ou Margaridas que regeram, em uma ou outra ocasião, o destino de seu povo, frequentemente com sabedoria e prudência. Claro que houve no mundo mulheres menos prudentes, como Semíramis, rainha da Assíria no século IX a.C., que mandou assassinar seu marido, o rei Nino, para ficar com o poder (essa era outra forma de enviuvar), e que, em seus 42 anos de reinado, fundou a Babilônia e conquistou o Egito e a Etiópia. Outra mulher decidida foi a rainha egípcia Hatshepsut (século XV a.C.), que se proclamou faraó (não existia a possibilidade de ser "faraona") e se manteve no poder por mais de vinte frutíferos anos. Era sempre representada como homem, e seu enteado Tutemés III, quando subiu ao trono, riscou-a da lista de faraós.

Há também as mães vingativas, como Tomíris, rainha dos citas no século VI a.C., que teve um filho morto por Ciro, o célebre e cruel rei dos persas. Por isso, quando Tomíris venceu Ciro, mandou cortar-lhe o pescoço e meteu sua cabeça num balde de sangue, para que saciasse sua sede. Ou como Gaitana, cacique (ou cacica) de uma tribo colombiana na época da conquista; seu filho se opôs à repartição de índios que o conquistador Añasco se propunha fazer, e por isso foi queimado vivo diante dela. Então Gaitana fez os índios todos se sublevarem contra Añasco, venceu-o e ordenou que o torturassem lentamente até a morte.

Há mulheres governantes cegas pela paixão, como nossa Joana, a Louca, que desfilou durante três anos por toda a Espanha o cadáver de seu marido, Filipe, o Belo. Ou Artemísia II, rainha de Halicarnasso (século IV a.C.), que, ao ficar viúva de seu amado Mausolo, mandou construir em sua memória um monumento que foi uma das sete maravilhas do mundo antigo e que ainda hoje nos deixou o uso da palavra *mausoléu*. Uma antepassada dessa desconsolada viúva, Artemísia I, também rainha de Halicarnasso, porém um século antes, foi menos delicada em sua paixão: enamorou-se de Dardano e, ao ser rejeitada, mandou arrancar-lhe os olhos e depois se suicidou.

Todos esses relatos de soberanas fortes e ferozes indicam que a mulher também pode ser malvada, o que, de certa forma, é um alívio, porque reafirma nossa humanidade cabal e completa: somos capazes, como qualquer pessoa, de toda a excelência e de todo o abismo. A mais malvada de todas? É uma competição difícil, mas uma perversa clássica e emblemática, do mesmo modo que foi emblemática a maldade do marquês de Sade, é Elizabeth Bathory, a Condessa Sangrenta (1560-1614), uma viúva húngara que acreditava poder conservar a juventude banhando-se em sangue de donzela. Dizem que torturou mais de seiscentas jovens camponesas, as quais acabava degolando e dessangrando. Ao ter seus crimes descobertos, Bathory foi emparedada viva em seu castelo.

Houve, enfim, mulheres de todo tipo. Empresárias importantes, como Marie Brizard (século XVIII) ou Nicole Clicquot (século XIX), outra viúva, nesse caso célebre e espumante. Cientistas extraordinárias, como María Gaetana Agnesi, matemática italiana que publicou em 1748 o melhor tratado de cálculo diferencial que se fizera até o momento, ou aventureiras fogosas, como a conquistadora Mencía Calderón, que comandou, no século XVI, uma expedição ao Paraguai. Desempenhando ofícios estranhos, houve até mesmo uma mulher carrasco na França do século XVIII: quando descobriram seu sexo, depois de anos de trabalho, ela foi encarcerada por dez meses.

Por trás da insipidez de nossa amnésia coletiva se oculta, pois, uma paisagem matizada de mulheres extraordinárias, algumas admiráveis, outras infames. Em comum, todas têm uma traição, uma fuga, uma conquista: traíram as expectativas que a sociedade depositava nelas, fugiram de seu limitado destino feminino, conquistaram a liberdade pessoal. É preciso ter em conta que, na maioria dos casos, e durante milênios, ser mulher implicava não ter acesso à educação e nem sequer a uma mínima liberdade de movimento (sair à rua sozinha ou viajar sozinha). "O fato de que as mulheres eventualmente tiveram de superar imensos obstáculos para alcançar até mesmo um êxito moderado não as equipara a Donald Trump ou a Nelson Rockefeller", diz sabiamente Linda Wagner-Martin, autora do livro *Telling Women's Lives* [Contando vidas de mulheres]. Enfim, para além dessa base comum, cada vida é tão rica e tão diversa como todas as outras. No substrato profundo compartilhamos, homens e mulheres, a mesma humanidade básica.

Sempre tive grande simpatia por biografias, autobiografias, coleções epistolares e diários, sobretudo de personagens (tanto masculinos como femininos) do mundo das letras. Dessa antiga paixão nasceu a série de artigos reunidos neste livro: dezesseis retratos de mulheres originalmente publicados no *El País Semanal*. Quase todos aparecem aqui em versão ampliada, livres que estão da estreita ditadura do espaço.

Não se trata, obviamente, de um trabalho acadêmico, nem mesmo de um trabalho jornalístico no sentido mais tradicional da palavra. Não há, portanto, nenhuma intenção de *cobrir campos*, sejam eles geográficos, temporais ou profissionais: ou seja, não selecionei as biografadas para que representem a situação da mulher nas diversas etapas da história, nem para que haja um elenco adequado de culturas e países, e nem por serem as mais famosas. Para falar a verdade, mais do que eu as ter escolhido, foram elas que me escolheram: vou falar daquelas mulheres que, em algum momento, *falaram comigo*. Aquelas cuja biografia ou diários me impactaram por algum motivo em especial, que me fizeram refletir, viver, sentir. Portanto, mais que uma visão horizontal e ordenadora, própria do jornalismo e do trabalho acadêmico, meu intento foi uma visão vertical e desordenada, própria daquela espécie de olhar tão especial com que às vezes (numa noite antes de dormir, num entardecer enquanto dirigimos de volta para casa) pensamos vislumbrar, por um instante, a substância mesma do viver, o coração do caos.

E por que apenas mulheres? Justamente por essa sensação, que já mencionei, de abrir as águas quietas e extrair lá de baixo um monte de surpreendentes criaturas abissais. Além disso, ao ler biografias e diários de mulheres descobrimos perspectivas sociais inimagináveis, como se a vida real, a vida de cada dia, composta de homens e mulheres de carne e osso, tivesse seguido outros roteiros que não os da vida oficial, coligida com todos os preconceitos nos anais. Vejamos, por exemplo, o tema do amor da mulher mais velha por um homem jovem; dir-se-ia que essa relação, durante muito tempo considerada um fato extravagante e escandaloso, foi até agora (e em boa medida parece ser ainda hoje) uma completa exceção à *normalidade*. No entanto, nada como começar a mergulhar na vida das antepassadas para descobrir uma profusão espantosa de situações similares.

Para citar apenas alguns exemplos, lembremos que Agatha Christie se casou em segundas núpcias com Max Mallowan, um arqueólogo treze anos mais jovem, e viveram juntos durante 45 anos, até a morte dela. George Eliot se casou aos 61 com John Cross, vinte anos mais moço, e George Sand viveu com o gravurista Alexandre Manceau, catorze anos mais jovem, uma grande história de amor que durou três lustros e que só terminou com a morte do homem (anos depois, ela com 61, ele com quarenta, manteve uma breve mas intensa paixão sexual com o pintor Charles Marchal). Lady Ottoline Morrell, mecenas do grupo Bloomsbury, desfrutou da mais bela e intensa relação amorosa de sua vida aos cinquenta e tantos anos, quando se apaixonou por um jardineiro de vinte, que ela chamava de *Tigre*. Simone de Beauvoir manteve uma relação amorosa de sete anos de duração com o jornalista Claude Lanzmann, muito mais moço que ela (e ele não foi seu único amante mais jovem). A celebérrima Madame Curie, duas vezes prêmio Nobel, também viveu um amor pouco habitual com o cientista Langevin: ele era apenas seis anos mais moço, mas era casado, o que aumentou o escândalo. Até a muito formal Eleanor Roosevelt, esposa do presidente norte-americano Franklin Delano Roosevelt, teve um amante doze anos mais jovem, Miller, que foi a grande história secreta de sua vida: eram tão unidos que Miller escreveu uma carta por dia a Eleanor durante 34 anos.

Ou seja, metade da humanidade, a parte feminina, viveu durante milênios uma existência frequentemente clandestina (como foram clandestinos, muitas vezes, esses amantes jovens, ou como o era o *nushu*, a linguagem secreta), e em grande medida esquecida, mas sempre muito mais rica que o molde social em que esteve presa, sempre acima dos preconceitos e dos estereótipos. Com este livro, só almejo, enfim, dar uma breve olhada nessas trevas. Porque há uma história que não está na história e que só pode ser resgatada aguçando-se o ouvido e escutando os sussurros das mulheres.

Agatha Christie
A eterna fugitiva

Agatha Christie quase nunca ri abertamente em suas fotos: tem dentes ruins e sempre foi muito consciente de sua aparência. Na verdade, ela se preocupava com a aparência de todas as coisas: queria que o mundo fosse um lugar sereno e exato, amável e organizado. Mas a realidade é obstinada e tende a desmantelar-se por mais que tentemos submetê-la a nossos desejos; e então, a partir dos quarenta anos Agatha engordou muitíssimo e se transformou numa matrona majestosa de peitos grandes e cadeiras opíparas. Sempre fora magra (ela mesma se encarrega de repetir isso à exaustão em todos os seus escritos autobiográficos, como quem menciona um fato de natureza quase milagrosa, um portento que parecerá inacreditável para os demais, em que talvez nem ela mesma acredite), de modo que essa súbita e definitiva abundância carnal, o fato de ter passado a segunda metade de sua vida encerrada dentro de um corpo enorme, deve ter aumentado seu sentido íntimo do catastrófico. A existência de Agatha Christie é, com efeito, uma longa fuga da escuridão, um combate secreto contra o caos.

Ela nasceu em 1890; pertence, portanto, à geração britânica que teve de superar a herança vitoriana e enfrentar as primeiras ruínas do império. O vitorianismo havia construído uma visão de mundo tão firme e definida como um cubo de chumbo: tudo estava em seu lugar, tudo tinha um porquê, a realidade era perfeitamente compreensível, beleza e lei eram equiparáveis. Esse sonho de exatidão se fez em mil pedaços no final do século XIX. Darwin explicou que a providência divina não havia criado humanos e animaizinhos tal e qual éramos, e sim que nossa evolução fora marcada por saltos casuais e arbitrários. Foram descobertos os micróbios, danosas partículas invisíveis de costumes erráticos, de forma que as doenças deixaram de ser um castigo ou uma provação de Deus para se transformarem numa questão de má sorte. Para completar, em meio a toda essa insegurança e a tanta mudança, Einstein lançou em 1905 sua teoria da relatividade, proclamando que nem mesmo o tempo e o espaço eram fiáveis. O século XX chegava de modo avassalador, com todo seu horror, sua desordem, suas guerras. A colossal estrutura imóvel do vitorianismo afundou com estertores marinhos de *Titanic*.

Os herdeiros da era vitoriana se apressaram a dar fé desse naufrágio: os escritores do grupo Bloomsbury, por exemplo (Virginia Woolf, Lytton Strachey etc.), construíram suas obras aceitando a desordem e a fragmentação da existência, e assim entraram literariamente no século XX. Agatha, por sua vez, ainda que pertencesse à mesma geração (era oito anos mais jovem que Virginia), passou a vida inteira lutando contra o caos. Quis ignorá-lo e recuperar aquele mundo anterior de ordem e de normas, o universo intacto de sua infância. Por isso suas obras policiais (79 romances, dezenove peças de teatro) são mundos circulares perfeitamente explicáveis, jogos matemáticos para alívio não só da cabeça, mas também do coração, universos previsíveis onde o bem e o mal ocupam lugares preestabelecidos.

E por que esse empenho em tapar os furos, por que essa incapacidade de suportar o menor vislumbre dos abismos? Sabe-se lá o que faz com que cada um de nós seja o que é: heranças de caráter, peripécias precoces. Agatha foi a filha pequena de um *filhinho de papai* encantador que dilapidou sua renda tão alegremente que, com sua morte, quando Agatha tinha apenas doze anos, deixou a família sem um tostão. E assim, numa idade muito precoce, a futura escritora enfrentou a orfandade, a ruína e o amor sufocante de uma mãe possessiva e depressiva da qual teve que cuidar desde então. Era o monstro da escuridão mostrando suas garras.

Agatha conhecia bem esse monstro interior, esse perseguidor do qual fugiu a vida toda. Em sua autobiografia, conta com pulso certeiro uma lembrança espantosa de sua infância: umas férias na França, um passeio no verão e um guia amabilíssimo que, para presentear Agatha, então com cinco ou seis anos de idade, caça uma borboleta, atravessa-a com um alfinete e a prega, como enfeite, no chapéu de palha da pequena. Durante horas, nesse tempo elástico e interminável da infância, o grupo passeia pelo campo enquanto a borboleta adeja desesperadamente, agonizando na aba do chapéu. Agatha, paralisada de horror, não consegue chorar nem dizer nada: apenas sofre loucamente com a loucura do sofrimento alheio. Esse mutismo, essa impossibilidade de enfrentar o terrível, voltará a devorá-la anos mais tarde, no episódio mais famoso e emblemático de sua vida: seu desaparecimento.

Agatha se casou no meio da Primeira Guerra Mundial com Archie Christie, um piloto de aviação atlético e sedutor, mas imaturo e, ao que parece, bastante estúpido. Archie lhe deu o sobrenome (antes, Agatha se chamava Miller) e foi o pai de sua única filha, Rosalind; viveram, também, anos juvenis e fogosos, porque Agatha tinha um temperamento aventureiro e sempre esteve disposta a deixar a filhinha nas mãos da avó para sair por um ano com o marido e dar a volta ao mundo, banhar-se nas águas sulfurosas do Canadá (era uma nadadora estupenda) e surfar no Havaí sobre pesadas tábuas de madeira. Seu primeiro romance, *O misterioso caso de Styles*, já com Poirot, foi publicado em 1920 e obteve considerável sucesso. O mundo parecia um lugar perfeito.

Mas o perseguidor estava por perto. A relação com Archie começou a se deteriorar: o único interesse dele era jogar golfe. Agatha, que sempre tentou ser a esposa ideal (e a filha ideal, e a vizinha ideal: já foi dito que para ela o mundo tinha de ser um lugar confortável e convencionalmente *delicioso*), aprendeu também a jogar golfe para acompanhá-lo, mas o tédio era insuportável. Contudo, ela jamais teria rompido a relação: naquela época *não se fazia* isso, e ela muito menos o faria, tão disposta a fechar os olhos diante da escuridão, tão preparada para suprir com a imaginação aquilo que não lhe agradava, tão acostumada a fingir para si mesma. Em boca fechada não se veem dentes quebrados, e se não se veem, não existem.

O desastre começou com a morte da mãe de Agatha. Clara, a possessiva Clara, faleceu de repente. A escritora, deprimidíssima, dirigiu-se para a mansão da família a fim de pôr tudo em ordem: e lá, é claro, foi capturada pelo caos. Era a casa da infância, mas agora deserta, destroçada, com os tetos caindo, os quartos fechados e as salas cheias de trastes empoeirados que algum morto usou. O egoísta Archie, que não queria saber de problemas, mudou-se para seu clube de Londres, e só apareceu alguns meses depois para dizer que se apaixonara por uma tal de Nancy Neele, uma senhorita com quem jogava golfe, e que queria se separar. Esse foi o golpe final.

Agatha desapareceu na noite de 3 de dezembro de 1926. Saiu da velha mansão da família dirigindo seu carro por volta das onze horas; o veículo foi encontrado horas depois no meio de um terrapleno, não muito longe de casa, com as portas abertas e o casaco e a mala de Agatha. Mas ela parecia ter sido engolida pela terra. Na época, já era uma escritora famosa; seu desaparecimento causou todo tipo de especulação. Uns disseram que tinha morrido (ou que tinha sido assassinada), outros que tinha fugido com um homem, muitos pensaram que se tratava de uma manobra publicitária ou de uma brincadeira extravagante da escritora, que tentaria demonstrar assim, de forma prática, a viabilidade de uma de suas tramas romanescas: o modo de desaparecer sem deixar rastro.

Foi encontrada onze dias depois, em 14 de dezembro, no hotel Hydropathic de Harrogate, um balneário muito decente. Foi na hora do jantar; quando Agatha desceu do quarto para ir ao refeitório, Archie, avisado pela polícia, aproximou-se dela. A escritora o olhou como quem não reconhece direito a cara do porteiro, mas gentilmente permitiu que a acompanhasse até a mesa. Perdera a memória por completo (tinha fugido, tinha se evadido de si mesma); estava havia dez dias hospedada nesse hotel, banhando-se, jogando baralho com os outros hóspedes e comentando com eles o estranho caso da escritora desaparecida. Registrara-se com o nome patético de Teresa Neele (o mesmo sobrenome de sua rival jogadora de golfe) e no dia 11 de dezembro, preocupada ao ver que não recebia nenhuma correspondência, publicou um anúncio no jornal *The Times*: "Amigos e parentes de Teresa Neele, entrem em contato com ela. Hydropathic Hotel, Harrogate". Naturalmente, não recebeu nenhuma resposta.

Em sua volumosa autobiografia não há nenhuma menção a esse episódio: deve tê-la assustado muito. Também não há menção a Nancy Neele. De fato, nunca, em toda sua vida, ela falou publicamente sobre o estranho assunto de sua amnésia. Recebeu ajuda psiquiátrica e, com o tempo, foi reconstruindo o acontecido: mas parece que nunca recuperou totalmente a memória daqueles dias. Nos livros de Christie jamais resta uma pista a ser esclarecida, um elo a se encadear, uma peça por encaixar; porém, apesar de todos os seus desvelos, apesar de todos os conjuros literários com que tentou se proteger da fatalidade, na vida real se produziu, sim, uma ausência, um apagamento, uma fissura. Ela sempre teve de carregar dentro de si essas horas sem lembrança, esse buraco negro onde se aninhavam seu medo e sua loucura, ou o que chamamos de loucura, que talvez consista no agudo horror de não ser nada, no abandono do mundo e de si mesmo.

Nos seis livros *sérios* que Agatha escreveu sob o pseudônimo de Mary Westmacott, já se insinua essa intuição inquietante de que a realidade é descontínua. São romances sentimentais sem trama policial e com um estilo raso e pouco cuidado, mas a escritora os considerava o melhor de sua produção. *Ausência na primavera*, a obra preferida de Agatha, narra justamente a crise de uma mulher convencional, burguesa e aparentemente feliz, que compreende, de súbito, que sua existência não é o que ela pensava ser. Ou seja, que de repente percebe as fissuras do mundo, esses rasgos da realidade que Agatha estava tão empenhada em remendar.

E em ocultar: porque Agatha Christie passou a vida ocultando coisas, disfarçando defeitos, alterando virtudes, fazendo de si mesma um comovente personagem imaginário. Ela foi, na verdade, uma grande farsante, uma impostora sutilíssima. Simulava, por exemplo, uma aparência de completo e sereno domínio sobre a existência, e até mesmo de frieza e desapego, quando, na verdade, era uma mulher cheia de fogo e terrores. Aparentava não dar nenhuma importância à sua literatura e considerá-la um divertimento modestíssimo, mas era uma escritora de vocação intensa, que depois defendia ferozmente suas obras. Falsificava seu sorriso sem dentes, e a partir dos 63 anos tentou evitar que a fotografassem: ficava perturbada ao se ver como era, sua imagem cambiante e progressivamente envelhecida, e não a imagem cuidada e estática de grande dama que cultivava em seus retratos publicitários. E todo mundo a considerava uma senhora muito decente e prestativa, mas na verdade ela passou a vida inventando formas de assassinar o próximo: seus romances eram concebidos sempre assim, imaginando sobretudo uma nova forma de matar, um crime perfeito.

Agatha foi tão hábil e persistente no cultivo dos diversos fingimentos que provavelmente enganou a si mesma e, naturalmente, chegou a confundir seus biógrafos. Janet Morgan, por exemplo, que escreveu um bom livro sobre Christie, diz que ela não era uma intelectual (embora com oitenta anos Agatha ainda lesse e comentasse com argúcia autores como Marcuse, Chomsky, Freud, Jung, Moore, Wittgenstein ou Dunne) e que era uma senhora convencional e provinciana: dois adjetivos que parecem bastante inapropriados para definir uma mulher aventureira que amava viajar e que viajou muito, capaz de viver meses a fio numa tenda de campanha no deserto da Síria ou de se casar em segundas núpcias com um homem treze anos mais novo que ela. E tudo isso numa época e num meio social em que tal comportamento tinha um custo alto: por exemplo, dada sua situação irregular de divorciada e recasada, Agatha não pôde apresentar sua filha na corte. A adolescente Rosalind teve de ser levada a seu primeiro baile de gala por amigos mais *decentes*, enquanto Christie ficava em casa e se vingava anotando ideias para um possível romance sobre bailes de debutantes "cujas mães vão morrendo em rápida sequência".

Onde não há nenhum fingimento é no gosto que Agatha tinha pela vida, em sua paixão, em sua regozijante capacidade de ser feliz. Basta ler *Desenterrando o passado*, um delicioso livrinho autobiográfico, para apreciar a substancial humanidade da escritora, para ver como o sangue corre por suas veias e como a existência cotidiana pode ser uma glória. Christie escreveu *Desenterrando...* durante a Segunda Guerra Mundial, cheia de saudade pela ausência do marido, e recria em suas páginas as expedições arqueológicas à Síria feitas por ela e o esposo, Max Mallowan, nos anos 1930. O livro é, na verdade, uma prova de amor, de amor à vida e a seu Max, com quem se casou aos quarenta anos, ele com 25, e de quem só a morte a separou, 45 anos mais tarde. É provável que a imaginativa e sempre bem-disposta Agatha enfeitasse sua convivência com Max acrescentando-lhe brilhos inexistentes, mas mesmo diminuindo, por precaução, a intensidade da história, poderíamos dizer que esse casamento foi um dos grandes êxitos de sua vida, uma relação cheia de humor, de cumplicidade e de aventura. E talvez o arqueólogo Mallowan mostrasse seu amor por ela envelhecendo bem depressa, como fez, e se deteriorando fisicamente de tal forma que mal sobreviveu um par de anos à sua mulher (embora tenha se casado de novo nesse meio-tempo).

A Agatha Christie que aparece refletida em *Desenterrando o passado* é a que mais me agrada: extravagante, glutona e divertida, sentada em sua bengala-cadeira nas escavações arqueológicas, suas carnes abundantes embutidas num digno vestido de seda com florzinhas que parece incongruente no meio do deserto. É a mesma inesperada Agatha que, para comprar uma banheira, entrava de casaco e chapéu dentro da que havia na vitrine da loja, porque essas coisas deviam ser experimentadas de antemão. Ou a Agatha que, como seu pai alegre e esbanjador, torrou seu dinheiro a ponto de passar por complicados apertos econômicos. É aquela mulher, enfim, capaz de se sentar às oito da manhã numa colina de minúsculas flores amarelas, na fronteira da Turquia, e se extasiar contemplando as azuladas montanhas do horizonte: "Trata-se de um desses momentos em que dá gosto estar vivo", escreveria quinze anos mais tarde, ao recordar a cena. É que Agatha pertencia a esse tipo de gente que sabe que a verdadeira substância do viver reside em instantes como esse.

Agatha Christie iniciou sua extensa e interessante autobiografia em 1950, aos sessenta anos, enquanto acompanhava o marido nas escavações de Nimrud (Iraque), e terminou-a em sua casa de Wallingford, quinze anos depois. Num epílogo emocionante, diz que põe um ponto-final em suas memórias "porque agora, já alcançados os setenta e cinco anos, parece o momento adequado para parar. No que diz respeito à vida, isso é tudo o que há para dizer". Agatha, que sofrera bem de perto a velhice senil de suas avós, tinha medo de um final semelhante: "Provavelmente vou viver até os noventa e três, e vou deixar todo mundo louco com minha surdez [...], vou brigar violentamente com alguma enfermeira paciente e a acusarei de me envenenar [...] e causarei incômodos sem fim à minha infeliz família", diz no epílogo. Na verdade, ela viveu até os 85 anos, e um ano e meio antes de sua morte foi publicado seu último romance, que, no entanto, teve de receber muitos retoques dos editores. Nesses meses finais ela cumpriu sua própria maldição e foi perdendo a cabeça progressivamente. Descontrolava-se e cortava mechas desordenadas dos cabelos, dos quais ela tinha muito orgulho. Negou-se a aceitar uma enfermeira, e o envelhecido Max teve de se instalar numa poltrona junto dela permanentemente. Ela, que sempre lutara muito para manter o controle, que sempre fugira do terror interior e das trevas, foi por fim capturada pelo perseguidor. Talvez todos levemos dentro de nós nosso próprio perseguidor; talvez ele sempre acabe nos capturando; talvez saber disso, e não se assustar, seja o próprio segredo da existência.

Mary Wollstonecraft
Ardente solidão

> *Façam-nas livres, e elas logo se tornarão sábias e virtuosas, ao mesmo tempo que os homens o serão mais. Pois o aperfeiçoamento deve ser mútuo, ou a injustiça a que metade da raça humana está obrigada a se submeter irá voltar-se contra seus opressores.*
>
> Mary Wollstonecraft

Na Espanha, Mary Wollstonecraft é praticamente desconhecida. No entanto, ela é uma das grandes figuras do mundo moderno. No âmbito anglo-saxão, Mary foi minimizada e ridicularizada durante um século e meio; e hoje, apesar do resgate de sua memória pela nova historiografia, as pessoas se lembram dela sobretudo como a mãe de Mary Shelley, a autora de *Frankenstein*.

Tal ignorância é assustadora, se considerarmos não apenas seus méritos, mas também seu fascínio como personagem. Estamos falando de uma mulher do século XVIII que foi capaz de se firmar como escritora profissional e independente em Londres, algo raríssimo para a época. Publicou contos, romances e ensaios; um deles, *Reivindicação dos direitos da mulher* (1792), estabeleceu as bases do feminismo moderno e transformou Mary Wollstonecraft na mulher mais famosa da Europa de seu tempo. Foi sozinha para Paris em meio à Revolução e lá viveu (ou seria melhor dizer sobreviveu, pois quase todos os seus amigos foram guilhotinados) os anos angustiantes do Terror. Além disso, teve uma filha com um aventureiro norte-americano e depois outra (a que se transformaria em Mary Shelley) com o escritor britânico William Godwin, com quem acabou se casando. Esse tipo de vida era, naquela época, completamente fora do comum, e ela pagou um preço alto por isso.

Mary era uma democrata radical, uma filha perfeita de seu tempo, daquele século XVIII fulgurante e estrondoso. Reformistas como ela havia muitos: homens que lutavam pelo sufrágio universal, pelos direitos individuais, pela liberdade, conceitos todos que hoje nos parecem básicos e indiscutíveis, e que na época eram revolucionários. Mas quando esses cavalheiros progressistas reivindicavam o voto para todos, esse *todos* só se referia aos homens; quando falavam de direitos individuais, só contemplavam os direitos dos varões; quando mencionavam a liberdade, excluíam completamente a da mulher.

É difícil imaginar, a partir de hoje, esse mundo tão arbitrário e intelectualmente incoerente; mas a vida de fato era assim, feroz na escravidão imposta às mulheres e na cegueira que o peso do preconceito causava até nas melhores cabeças. O filósofo Locke, por exemplo, defensor da *liberdade natural* do homem, sustentava que nem os animais nem as mulheres participavam dessa liberdade, e que deviam se subordinar ao homem. Rousseau dizia que "uma mulher sábia é um castigo para seu esposo, para seus filhos, para todo mundo". E Kant, que "o estudo laborioso e as árduas reflexões, até mesmo no caso de uma mulher ser bem-sucedida nisso, destroçam os méritos próprios de seu sexo".

Se até os mais brilhantes e inovadores pensadores da época diziam tolices desse calibre, supõe-se que o ambiente geral devia ser asfixiante para aquelas mulheres que, como Mary Wollstonecraft, eram dotadas de uma inteligência aguçada e do inconformismo e da coragem suficiente para perceber a flagrante injustiça sexista em que se vivia. Mas ninguém, ou quase ninguém, dava atenção a elas. Eram poucas as mulheres que pensavam assim (entre elas, a espanhola Josefa Amar y Borbón, que publicou em 1786 seu *Discurso en defensa del talento de las mujeres*), e pouquíssimos homens. Pois também houve homens nessa luta, varões rigorosos e honestos que souberam levar até o fim suas análises revolucionárias. Como Condorcet, o grande filósofo francês.

Como uma mulher consegue se transformar numa pioneira, sair da confortável *normalidade* de seu tempo e sustentar posições tão avançadas que se tornam marginais e perigosas? Imagino que não por uma precoce e clara vocação histórica, e sim, de uma forma mais humana e prosaica, por um ir se esgueirando, pouco a pouco, pelo caminho do intelectualmente inadmissível e da diferença. Na vida só há duas coisas de fato irreversíveis, a morte e o conhecimento. O que se sabe não se pode deixar de saber, a inocência não se perde duas vezes. Mary foi *sabendo* o que era injusto e teve que seguir agindo de forma consequente.

Ela nasceu em Londres em 1759, filha de um tecelão que dilapidou uma boa herança por ser um aficionado de cavalos e de álcool. É surpreendente constatar o grande número de escritores que passaram, na infância, por algum episódio de decadência econômica e social. Quando menina, Mary com frequência teve de defender a mãe das surras do pai bêbado; mas não deve ter sido essa a origem de seu feminismo, porque tal brutalidade era sumamente comum naquela época. Suponho que tenham influído mais sua fome de conhecimento e sua inteligência: como era uma menina, Mary só frequentou brevemente uma escola ruim do bairro, onde mal aprendeu a ler e a escrever, ao passo que seu tosco irmão Ned recebeu instrução completa num bom colégio.

Esse precoce agravo comparativo deve ter calado fundo no coração de Mary como uma prova evidente da injustiça social, pois em seus escritos Wollstonecraft insiste várias vezes no direito das meninas de serem educadas, bem como no desamparo que as mulheres sofriam pela falta de emprego. O fato é que uma menina decente da classe média só podia ser tutora/preceptora, dama de companhia ou professora (mas professora para senhoritas, num nível ínfimo do ensino). Três ofícios duros e tristes que Mary desempenhou dos dezoito aos 29 anos (mais tarde viveu de seus escritos), tentando manter a si própria e a suas irmãs, e sempre à beira da catástrofe econômica. Apesar de todas as dificuldades, Mary não renunciou à sua vontade de saber. Para isso, pôde tirar proveito de uma das novidades da época, em que os livros eram finalmente muito fáceis de se obter e muito baratos. Desse modo, embora as mulheres fossem mantidas afastadas da educação, já não era possível privá-las do conhecimento: o mundo inteiro se abria para elas por meio da letra impressa. E assim Mary Wollstonecraft se instruiu, de forma autodidata.

Nesse ínterim, o século XVIII enterrava a antiga estrutura feudal de um mundo hierarquizado e intocável, emanado desde sempre e para sempre da cabeça de Deus, e apresentava o conceito do individualismo tal qual o entendemos hoje. Na Inglaterra de Mary as mudanças eram vertiginosas. As execuções deixaram de ser públicas, por exemplo, e surgiram em Londres os primeiros restaurantes com mesas separadas no lugar dos habituais tabuões corridos onde todo mundo comia amontoado. Boswell, o biógrafo do pensador inglês Samuel Johnson, queixava-se desse tipo de inovação: "Essa maneira de cear, ou melhor, de ser cevado [...] é bem conhecida por muita gente como particularmente antissocial, porque cada pessoa come em sua própria mesa e não é obrigada a conversar com ninguém". Com efeito, o mundo medieval era estridente e promíscuo: comia-se em público, dividindo a mesa com desconhecidos; morria-se em público, nas exemplares execuções; dormia-se em público, porque nas pousadas alojavam-se dez pessoas em cada quarto. Já no século XVIII, teve início a solidão extrema da vida moderna. Mas também apareceram os benefícios do individualismo: os direitos humanos, o impulso democrático.

Além disso, as hierarquias sociais evoluíam rapidamente. Agora já não era preciso ser poderoso de nascença: seus próprios méritos poderiam levá-lo ao cume. As classes médias melhoravam e ascendiam, e isso criou uma atmosfera de otimismo que talvez tenha dado origem à teoria da perfectibilidade, que consistia em acreditar que a humanidade se aperfeiçoava progressivamente, de maneira irrefreável. Os entusiastas reformistas da época acreditavam nisso de pés juntos e pensavam que todos os males humanos, a fome, a violência, as guerras, e até mesmo as doenças e a morte, um dia acabariam sendo vencidos. As fronteiras do mundo tinham caído e tudo parecia estar ao alcance da mão do homem. O que Wollstonecraft fez foi reivindicar que a mão da mulher também tivesse direito a toda essa glória.

A evolução pessoal de Mary foi lenta e dolorosa. Ligou-se, a princípio, aos Dissidentes, um grupo democrata, mas não feminista; e antes de escrever a *Reivindicação dos direitos da mulher* que a tornou famosa, publicou outro panfleto político intitulado *Reivindicação dos direitos do homem*, em apoio aos ideais da Revolução Francesa e contra os ataques dos reacionários ingleses, especialmente de Edmund Burke. Ela chegou ao feminismo, então, por puro uso da razão: porque a liberdade ou era para todos ou não era para ninguém, como dizia Condorcet. Não tenho espaço aqui para explicar o alto preço que Mary teve de pagar por sua vida: a incompreensão, a polêmica, a censura social. Tudo isso foi muito difícil para ela: educar-se, ser independente, achar um meio de ganhar a vida decentemente, amar, e até mesmo escrever. Ser única beira a loucura. Não é de estranhar que fosse uma mulher retraída e melancólica.

Seu coração era tão quente como o chumbo líquido, e suas paixões podiam ser devastadoras; mas como tinha sido uma senhorita de sua época, educada no puritanismo imperante, por muito tempo ela considerou o sexo algo sujo e transformou seus primeiros amores em puros devaneios platônicos. Até que, aos 33 anos, foi sozinha para a França revolucionária, provavelmente ainda virgem e cheia de vontade de viver.

Wollstonecraft chegou a Paris no final de dezembro de 1792. Em janeiro de 1793, o rei Luís XVI foi guilhotinado; em setembro teve início o Terror. No arrebatamento dos primeiros anos da Revolução, um bom punhado de mulheres acreditou que a Declaração dos Direitos do Homem também falava delas. Houve certo debate social, criaram-se clubes de mulheres por toda parte, publicaram-se manifestos. Mas a ditadura de Robespierre acabou com todo esse florescimento democrático e humanista.

Na soberba biografia de Wollstonecraft feita por Claire Tomalin é fácil perceber como aquele tempo em Paris é o clímax de uma vida e de uma época, porque a existência de Mary está profundamente ligada aos avatares de seu século. E assim, Wollstonecraft se liberta, na França, de seus últimos preconceitos e, completamente apaixonada, se joga nos braços de um aventureiro norte-americano de 39 anos, Gilbert Imlay, bonito, alegre e bon vivant, um desses personagens inconstantes e leves que costumam florescer nos momentos históricos turbulentos. Com ele Mary descobre o fogo da carne, e logo engravida.

Fugindo do Terror, refugia-se em Neuilly e lá vive três meses de lua de mel e amor perfeito, enquanto em Paris são proibidos os clubes de mulheres e as cabeças de seus amigos rolam. Manon Roland e a feminista Olympe de Gouges são guilhotinadas (a primeira, ao subir ao cadafalso, dirá a famosa frase: "Liberdade, quantos crimes se cometem em seu nome"), e Condorcet, condenado à morte por Robespierre, continua escrevendo sobre os direitos da mulher escondido em um apartamento miserável, até que, descoberto e detido, prefere se envenenar em sua primeira noite de cárcere a acabar no opróbrio público da guilhotina. Mary sofre com tudo isso, mas os braços de Imlay são muito doces: em meio ao sangue e ao horror, ela é feliz. Passeia sua gravidez pelos campos de Neuilly e percorre, solitária e contente, o abandonado palácio de Versalhes (salões empoeirados, fantasmagóricos) enquanto o mundo desmorona ao seu redor.

O amor de Imlay, no entanto, foi tão breve e insubstancial quanto seu caráter, de modo que, quando Mary deu à luz, ele já havia se cansado: partiu para a Inglaterra e passou a viver com uma atriz. Então a paixão despeitada de Wollstonecraft adquiriu dimensões doentias: seguiu-o até Londres, chorou, clamou por ele, tentou se suicidar duas vezes, uma com láudano e outra se atirando no Tâmisa. "Você está me torturando", Imlay chega a lhe dizer: e certamente a obsessão de Mary por ele é angustiante. Mas é preciso levar em conta o que significava, naquela época, o passo que Mary havia dado: agora era uma *perdida*. O destino das mulheres era duro e restrito. Falando de Fanny, sua filha recém-nascida, Mary escreveu da Suécia: "Me angustia pensar na condição oprimida e dependente de seu sexo". Concretizando os medos da mãe, Fanny se suicidaria 22 anos depois bebendo láudano.

Mas já estamos chegando ao súbito final. Com o tempo, a dor e a vergonha causadas pelo abandono de Imlay foram se atenuando, e aos 37 anos Mary começou uma relação amorosa com seu amigo William Godwin, escritor e democrata como ela. Logo engravida outra vez e se casam, embora continuem vivendo em apartamentos separados. No final de agosto de 1797 nasce a futura autora de *Frankenstein*; dez dias mais tarde, devorada pela infecção, morre Mary Wollstonecraft. Tinha 38 anos.

Depois de sua morte, Godwin, cego de dor, publicou toda sua obra, incluindo as cartas a Imlay. Ele pensava, com isso, prestar uma homenagem a sua mulher, mas no mundo já sopravam ventos reacionários e os conservadores aproveitaram a *irregularidade* da vida de Mary (suas tentativas de suicídio, suas relações sexuais *pecaminosas*) para acabar com sua memória.

Foi demonizada e ridicularizada, e o sentido de seus trabalhos foi desvirtuado. Durante um século e meio conseguiram enterrá-la num conveniente estereótipo circular: era uma louca, uma desgraçada, uma imoral, uma feminista; as feministas eram imorais, desgraçadas, loucas.

Ao morrer, Mary estava trabalhando em seu segundo romance, *Maria: Or, The Wrongs of Woman* [Maria: Ou, os erros da mulher], no qual contava a história aterradora de uma mulher que o marido tinha encerrado num manicômio a fim de livrar-se dela (uma situação, ao que parece, bastante comum na Inglaterra da época: a mulher casada era propriedade do esposo e não tinha nenhum direito). O romance começa com uma referência pejorativa aos romances góticos tão em moda na época: o horror daqueles castelos cheios de fantasmas, diz, não é nada comparado ao horror da "mansão de desesperança" na qual a protagonista se encontra; ao horror, enfim, da própria vida. Ironicamente, apenas vinte anos mais tarde sua filha Mary escreveria um romance gótico como os que tanto a irritavam: mas um romance muito bonito, esse *Frankenstein* em cujo monstro queixoso alguns quiseram ver o emblema das mulheres subjugadas. "Devo respeitar o homem que me despreza?", diz o monstro. "Por toda parte vejo felicidade, da qual estou irrevogavelmente excluído." É o mesmo sentimento de exclusão da vida (a impossibilidade de ter uma existência plena) que as mulheres do século XIX experimentavam, aprisionadas por convenções e preconceitos. Cem anos teriam de se passar para que os europeus admitissem mulheres em suas universidades, e não se conquistou o voto feminino até bem entrado o século XX (na Espanha durante a República, na França em 1945). O monstro comovente de Mary Shelley só quer um tratamento humano e igualitário: mas ninguém o entende e ele acaba morrendo na infinita solidão polar, imolado em sua própria fogueira. Como Mary Wollstonecraft, ardendo de razão e de paixão num mar de incompreensão e gelo.

Zenobia Camprubí
A vida mortífera

Tem gente que chama qualquer coisa de amor. A necessidade patológica do outro, por exemplo, o parasitismo mais feroz e destrutivo. Sem dúvida, o escritor Juan Ramón Jiménez, prêmio Nobel de 1956, necessitava de sua esposa Zenobia Camprubí de uma forma esmagadora e indescritível; mas isso não significa, forçosamente, que ele gostasse muito dela (ou mesmo que *gostasse dela*: um personagem tão monstruosamente egocêntrico seria capaz de gostar de alguém?). No entanto, alguns dos estudiosos juanramonianos empenharam-se em construir, durante anos, uma miragem de amor conjugal, a mentira irisada do casal perfeito. E assim, durante décadas se escreveu profusamente sobre "o casal exemplar" e "a relação tão bonita que sustentaram". Até que, em 1991, Graciela Palau de Nemes editou e publicou a primeira parte do diário de Zenobia. Curiosamente, a professora Palau, em seu prólogo, tenta salvar o que não tem salvação: a lenda rosa da história de amor. Talvez não se desse conta de que o material que estava desenterrando era uma bomba: um livro desolador e aterrorizante, um estudo minucioso e involuntário sobre a patologia humana. O casal como destruição, como armadilha perversa.

Mas, para começar do início, diremos que Zenobia nasceu na Costa Brava em 1887. Era filha de uma porto-riquenha rica e de um engenheiro civil catalão: uma menina, enfim, de família muito boa. O inglês era sua língua materna (também sabia francês) e durante a adolescência passou vários anos nos Estados Unidos, de modo que quando voltou definitivamente para a Espanha, em 1909, era chamada de *Americanita*, porque não parecia da terrinha. E não parecia porque era culta, ativa, desenvolta, moderna. Acreditava em Deus de uma forma muito livre e participava daquele espírito de servir aos demais tão típico da época, uma espécie de caridade ilustrada da classe alta (lembremos que, naqueles tempos, as desigualdades sociais eram enormes) que, em sua vertente mais substancial, responsável e lúcida, resultara na criação da Institución Libre de Enseñanza. De modo que, ao voltar para a Espanha, ela organizou uma escola para crianças camponesas e colaborou com diversas instituições de caridade.

Zenobia recebia uma pequena renda da herança materna, que complementava com diversos trabalhos. No exílio, foi professora de língua e literatura, primeiro numa universidade próxima de Washington, depois na de Porto Rico. Antes da guerra tinha uma loja de artesanato em Madri e mobiliava com primor apartamentos de aluguel para estrangeiros. Foi fundamentalmente das rendas e dos empregos de Zenobia que o casal viveu durante os quarenta anos que ficaram juntos: os proventos de Juan Ramón eram escassos e intermitentes. Em seu diário, Zenobia lamenta repetidas vezes, com amargura, a manifesta incapacidade do marido para ganhar dinheiro: passaram por muitos apertos econômicos. Mas dentro do naufrágio geral da relação e das outras perfídias cotidianas, essa inutilidade de Juan Ramón para as questões práticas resulta menor, até mesmo simpática.

Ele era, como se sabe, um doente. A primeira vez que pisou num centro psiquiátrico (um manicômio, como era chamado na época) foi aos dezenove anos, depois que seu pai faleceu subitamente enquanto dormia e ele foi arrancado do sono aos trancos para receber a terrível notícia. Não conseguiu superar isso: "A morte repentina de meu pai se reproduziu em minha alma e em meu corpo, como num espelho; ou melhor, numa chapa fotográfica. Feriu-me, como uma realidade na chapa, a morte de meu pai. E com a morte gravada em mim, eu me sentia morrer a cada instante". Era hipocondríaco, e em seus piores momentos pensava estar agonizando: não comia, não tomava banho, não fazia planos para o dia seguinte porque pensava que até lá já teria morrido. Era cheio de manias: acumular quantidades enormes de jornais e recortes que depois era incapaz de jogar fora, por exemplo, ou fechar as janelas hermeticamente porque não suportava as correntes de ar.

Ele sem dúvida sofreu muito: isso é divulgado, compassiva e liturgicamente, por todos os seus estudiosos. Mas me ocorre que há *loucos* e *loucos*; há doentes dignos e comoventes, que só prejudicam a si mesmos, e doentes malignos que sobrevivem à custa de destruir os outros. Rilke diz que todos morremos de nossa própria morte, e acredito, da mesma forma, que todos enlouquecemos de nossa própria loucura. Embora às vezes fosse capaz de gestos magnânimos, Juan Ramón era, ou pelo menos é o que dizem dele, de um egoísmo descomunal; um misantropo seco e amargo, um homem frequentemente cruel e mesquinho. Tinha muitos inimigos (Bergamín, Alberti, Guillén, Neruda, Salinas) porque falava mal de quase todo mundo. Parecia demonstrar ternura apenas com os animais e as crianças: isso porque, desconfio, de algum modo via sua própria infância refletida neles. Ou seja, digamos que era muito difícil para ele olhar para outra coisa além de si mesmo. Luis Cernuda escreveu que Juan Ramón era o caso mais claro de dupla personalidade que ele já vira, uma encarnação do dr. Jekyll e Mr. Hyde; e que, como Mr. Hyde, ele era uma "criatura ruim".

A defesa de Juan Ramón contra sua doença, contra a angústia constante do morrer e o vazio sinistro do não ser, era seu trabalho: uma produção literária obsessiva que ele alterava e reorganizava várias vezes, em seu anseio por conseguir algo impossível, a Obra Completa e Perfeita que o salvasse da transitoriedade. Juan Ramón combatia a vertigem existencial com seus atos: uma resposta tradicionalmente masculina. Zenobia, ao contrário, fez isso destruindo seu eu, diluindo sua personalidade na de seu homem: uma resposta tradicionalmente feminina.

O que torna a autoanulação de Zenobia mais chamativa no quadro de muitos casos semelhantes é o potencial prévio que essa mulher tinha de se mutilar. Zenobia era inteligente, generosa, ativa, culta, alegre. E também escrevia; desde bem pequena ela manifestara uma clara vocação narrativa. Adolescente, publicava contos em inglês numa revista norte-americana para crianças. Li *Malgrat*, um relato seu escrito em castelhano aos quinze anos: é um texto poderoso, surpreendentemente bom para sua idade. O diário publicado por Graciela Palau não tem essa força nem essa vontade de estilo: fica claro que, nessa época, Zenobia já havia se dobrado. A não ser por um punhado de frases isoladas muito bonitas que deixam entrever sua capacidade literária (ao explicar, por exemplo, como Juan Ramón se desfaz dos rascunhos de seus poemas: "Rasga o papel em pedacinhos com deleite, como se fosse um trabalhador recolhendo o andaime"), o diário é um relato árido e quase notarial dos dois anos que passaram em Cuba (de 1937 a 1939), quando Zenobia tirou Juan Ramón da Espanha "para que não ficasse louco", em agosto de 1936, pouco depois que a guerra estourou.

É um livro patético. Zenobia o inicia no dia de seu aniversário de casamento: estão casados há 21 anos, ela prestes a completar cinquenta anos, ele com 56. As pautas de sua relação, enfim, estão perfeitamente estabelecidas, e são as de uma total e completa submissão. Zenobia anula todos os seus planos e compromissos toda vez que o marido lhe pede alguma coisa: passar a limpo seus poemas, ou simplesmente lhe fazer companhia. Devia ser terrivelmente difícil conviver com um ser tão repleto de morte, um homem quase incapaz de sentir prazer com qualquer coisa; além disso tudo, Zenobia está sempre atenta a seus múltiplos e neuróticos caprichos. Como não têm dinheiro, vivem num modesto quarto de hotel que vai entulhando-se de forma insana e sufocante com os jornais de Juan Ramón: "O resultado é que o criado só pode entrar no quarto a cada três dias, e é como se eu vivesse numa pocilga. A visão desse monte de jornais o tempo todo me dá náuseas". Ademais, como Juan Ramón "não suporta nenhum barulho ou movimento quando está escrevendo, o que é perfeitamente compreensível", Zenobia passa os dias enfiada no banheiro. Também quando ele faz a sesta: "Fiquei nervosa trancada no banheiro enquanto J. R. cochilava, pois o dia estava belíssimo".

Só que ela não pode sair, não pode deixá-lo sozinho. Juan Ramón não permite que Zenobia opere de um lipoma (tumor de gordura) que tem no ventre: ela teria de ficar internada no hospital e ele não suportaria sua ausência (e talvez, tampouco, sua doença, sua fragilidade): "Meu primeiro e mais ardente desejo é ir imediatamente à clínica mais próxima para que me operem de minha incômoda protuberância", diz ela no diário: "Se não pesassem sobre mim tantas tradições idiotas, eu iria lá sem mais delongas e J. R. já poderia começar a roer as unhas. É ridículo impor algo tão mortificante a outra pessoa [...]. Mas nunca terei coragem nem determinação suficiente para resolver meus problemas enquanto J. R. estiver por perto". E, de fato, os anos passam e Zenobia continua criando seu tumor.

Contudo, o que é mais sinistro no diário cubano é a sempre adiada viagem aos Estados Unidos. A família toda de Zenobia mora nesse país, ao qual ela não vai há 21 anos (salvo por uma brevíssima temporada no começo do exílio), e está ansiosa para revê-los. Assim que chega a Cuba, começa a organizar a viagem; várias vezes estabelece uma data de partida, vai a companhias marítimas, consulta preços, reserva passagens; várias vezes o dia combinado chega e Zenobia continua em Havana. A estratégia obstrucionista de Juan Ramón é sempre a mesma: primeiro concorda em ir com ela (e ela procura um alojamento adequado a suas manias e organiza tudo *para ele* nos Estados Unidos), depois começa a ficar nervoso e diz que é melhor que Zenobia vá sozinha (e ela anula as disposições em torno dele, reserva seu próprio bilhete, reduz a viagem a apenas um mês), e por fim Juan Ramón torna sua vida tão impossível diante da ideia de sua ausência que Zenobia cede e não viaja. Essa lenta tortura se prolonga durante um ano e meio, até que finalmente Zenobia consegue partir.

As críticas mais duras que Zenobia dirige a Juan Ramón são relacionadas a essa viagem tantas vezes frustrada: "Realmente não sei como aguento ficar aqui tendo minha família inteira e minhas amigas tão perto [...] se eu não tomar a decisão de ir sozinha, vou me ver ainda mais atormentada aqui, junto de J. R., pois ele nunca quer fazer nada que eu quero fazer e sempre quer que eu faça o que ele quer". Ou seja: "Ir para os Estados Unidos com J. R. significa tanta complicação que eu quase preferiria não ir. Sempre que quero fazer alguma coisa há um entrave e lembro que depois de poucos dias em Nova York já estava ansiosa para que terminassem. É horrível". E: "Não faz sentido eu me sacrificar em vão pelo egoísmo de J. R.". Apesar da grande contenção que Zenobia pratica em seu diário, muitas entradas falam sucintamente de sua infelicidade e de seu desespero. Em nenhum momento ela diz ter chorado, mas são páginas com gosto de lágrimas. É claro que em outras ocasiões há bons momentos, que, por serem raros, são tão valorizados.

"Se eu vejo as coisas claras e ele não as vê", escreve Zenobia, "qual o sentido de deixar que ele acabe com minha existência?" É uma pergunta exata e pertinente. A vítima é culpada de ser vítima? Conheço muitas mulheres como Zenobia:

fêmeas fortes e frágeis ao mesmo tempo. É nessa ambiguidade que se aninha a patologia da mulher dependente, de quem por sua vez depende, morbidamente, o homem que a tiraniza. Há um inferno na relação entre Zenobia e Juan Ramón, mas os demônios (tão reconhecíveis, tão humanos) estão nas duas partes. A necessidade absoluta que Juan Ramón tinha de Zenobia acabou por prendê-la: "Ele é queridíssimo, ainda que me deixe louca". Destruir-se por alguém (ainda mais se esse alguém é um artista mundialmente reconhecido) pode se transformar num prazer perverso e fatal: no fim das contas, soluciona a angustiante pergunta do que a pessoa vai fazer (ou vai ser) na vida: "Cresce minha preocupação em me tornar útil para a sociedade. Mas estou consciente de que [para me dedicar a outros trabalhos] eu teria de abandonar J. R., que nesse momento está precisando de muita atenção. Confusa sobre qual será o melhor caminho a seguir".

No fim, ela resolveu continuar apoiando o *gênio* e, com o tempo, conformou-se cada vez mais a seu papel (mergulhou mais em sua própria patologia?), a ponto de, no final de sua vida, com Juan Ramón terrivelmente desequilibrado e internado num centro psiquiátrico, os médicos chegarem a dizer a Zenobia que sua presença superprotetora era negativa para o marido. Zenobia parece admitir isso e planeja, vagamente, deixá-lo sozinho por um tempo, mas nunca o faz: nessa época, a doentia interdependência está demasiado consolidada.

Em 1951 descobrem que Zenobia tem um câncer de útero. Ela viaja a Boston e é operada com sucesso, mas em 1954, morando em Porto Rico, ele reincide. Recomendam-lhe que volte a Boston, mas, para não deixar Juan Ramón, que está muito mal, ela resolve não partir e se submete à radioterapia em Porto Rico. O tratamento é tão equivocado e brutal que Zenobia é queimada lentamente, sessão após sessão, até ficar completamente abrasada. Quando ela por fim viaja a Boston em 1956, os médicos ficam horrorizados: as queimaduras são tão enormes que não podem operá-la. Tem apenas três meses pela frente, comunicam-lhe. E ela regressa a Porto Rico para pôr em ordem a vida e os papéis de Juan Ramón.

Naqueles últimos anos, Juan Ramón começa a conceder a Zenobia o que antes lhe dava com parcimônia: a certeza de seu lugar histórico como *musa do gênio*. O que não passa do justo retorno pelo investimento feito por Zenobia dia após dia. E assim, nas cartas que envia a Boston na época da operação de 1951, Juan Ramón lhe vai detalhando os poemas que escreveu por ela e para ela. E atesta: "Você foi, com minha mãe, minha melhor fonte de inspiração". Zenobia, por sua vez, começou a contar a si mesma seu próprio passado de forma mentirosa, como nós, humanos, costumamos fazer no fim da vida (memória misericordiosa, que nos permite um olhar retrospectivo consolador), para dar um sentido de destino a seus sacrifícios. E então Zenobia escreve: "Ao me casar com quem, desde os catorze anos, havia encontrado o rico veio de seu tesouro individual, percebi no ato que o verdadeiro motivo de minha vida seria me dedicar a facilitar o que já era um fato".

Sua agonia foi lenta. Pouco antes do fim, Juan Ramón recebeu o Nobel de Literatura: para Zenobia foi a confirmação oficial de que sua existência não fora desperdiçada. Ricardo Gullón conta que, quando a informaram do prêmio, Zenobia não conseguia mais falar; sussurrou uma canção de ninar e morreu dois dias depois (em 28 de outubro de 1956). Juan Ramón ficou, literalmente, louco de dor; teve de ser internado e nunca mais escreveu. Faleceu um ano e meio depois. Após a sua morte, encontraram uma caderneta que dizia: "A Zenobia de minha alma, esta última lembrança de seu Juan Ramón, que a adorou como a mulher mais completa do mundo e não pôde fazê-la feliz".

Zenobia e Juan Ramón se conheceram em 1912. Ele se apaixonou por ela à primeira vista, mas ela fugiu de seu cerco insistente durante dois anos: não queria se casar com um espanhol (considerava-os machistas), tinha muitos planos próprios para o futuro, Juan Ramón lhe parecia um sujeito estranho e triste demais. As numerosíssimas cartas de Juan Ramón nesse período são um catálogo de truques sentimentais: tenta despertar em Zenobia a vocação regenerativa que há em toda mulher (*este aqui eu salvo*) e chega a lhe propor acreditar em Deus se ela o amar.

Mas a gota final foi literária. Zenobia, que via semelhanças entre *Platero e eu* e a obra do Nobel Tagore, traduziu um livro do escritor bengali para mostrar a Juan Ramón. E então ele gastou seu último cartucho: revisou o texto espanhol, publicou a tradução assinada pelos dois, insistiu para que fizessem outras (acabaram traduzindo vinte obras). Juan Ramón ofereceu a Zenobia, em suma, uma colaboração criativa de colegas literários, um futuro de trabalho em comum: "Todas as traduções que fizermos de coisas belas, você assinará. Depois vai fazer algo original, não é? Quero que, no futuro, unam nós dois em nossos livros", diz Juan Ramón numa de suas cartas de conquista. E Zenobia, que tinha aspirações literárias, finalmente baixou a guarda e se casou com ele... para nunca mais escrever nada próprio, exceto seus modestíssimos diários. Talvez estivesse pensando nisso tudo (nas ilusões perdidas, na vida não vivida) quando anotou nos cadernos cubanos este parágrafo comovente: "Quando voltamos, as nuvens ao nordeste tinham se dissipado, e o resplendor do entardecer [...] fazia o mundo parecer novo [...]. E de repente todos os sonhos infantis se tornaram realidade, e embargou-nos a intensa esperança de que todo esse tempo de incredulidade tivesse sido um desperdício da alegria".

Simone de Beauvoir
Vontade de ser

Uma de suas jovens amantes, Nathalie, disse que ela era como um relógio dentro de uma geladeira. Nathalie ficava ressentida porque Simone de Beauvoir não lhe dava todo o amor que pedia, mas ainda assim diríamos que sua comparação foi certeira. Simone, o Castor, a imensa Simone que gravitou sobre gerações de mulheres com seu contundente exemplo de força e independência, parece que era assim em sua vida privada: trabalhadeira, precisa, gélida. Implacável na construção de sua vida e em sua relação com os outros.

Ela nasceu em 1908 em Paris, numa família da alta burguesia com ares de aristocracia arcaica. Como tantos outros escritores, Simone também experimentou, em sua infância, o sabor da decadência. Em seu caso, isso foi espetacular e muito literário, com um avô banqueiro que declarou uma bancarrota fraudulenta e passou quinze meses na prisão, com o ambiente burguês dando as costas à família, com Simone e seus pais se mudando para um apartamento tão miserável que não tinha nem água corrente e no qual tiveram de prescindir, que horror, da criadagem. Seu pai era um sujeito de direita e frustrado que inculcou nas duas filhas um sentimento ridículo de superioridade, o patético desdém pela humanidade de um aristocrata mais pobre que um rato. Com o tempo, Simone se rebelou contra os valores burgueses de seu entorno, mas sempre manteve esse senso elitista da existência.

Porque Simone era altiva e se achava superior a quase todo mundo. Não a Sartre, claro, a quem ela venerava, provavelmente muito além de seus méritos. Quando os dois compareceram, ela com 21 anos, ele com 24, ao exame final de filosofia, Sartre tirou o primeiro lugar e Simone o segundo, mas os membros da banca estavam convencidos de que "a verdadeira filósofa era ela". Sartre sempre foi muito mais criativo, Simone mais rigorosa. Ela provavelmente deveria ter se dedicado mais ao ensaio que à narrativa (seus romances são muito fracos), mas, numa de suas poucas fraquezas tradicionalmente femininas, sempre considerou que a grandeza do pensamento cabia a Sartre e que ela ocupava um lugar subsidiário.

Certa vez, em pleno e ardente romance com Nelson Algren, o escritor norte-americano que foi seu grande amor da maturidade, Simone o deixou plantado e voltou para a França: Sartre queria que ela o ajudasse a corrigir o manuscrito de um de seus livros filosóficos. Nada, nem você, nem minha vida, nem minha própria obra, está acima da obra de Sartre, Simone disse na época ao estupefato Algren. Regressou a Paris e lá viu que Sartre tinha viajado de férias com sua amante da vez. Em sua entrega, em sua aceitação do papel substancial do homem eleito (o homem como o sol, a mulher um planeta), Simone acatou sua herança cultural, as antigas normas de seu sexo. Porém, o formidável, no seu caso, o que fez com que se transformasse num novo símbolo para a mulher, foi sua capacidade de se construir como pessoa. Acabaram-se os antigos sacrifícios femininos, as cerimônias de autodemolição, como aquela levada a cabo por Zenobia, a mulher de Juan Ramón Jiménez (também prêmio Nobel, como Sartre): Simone mostrou que a mulher podia *ser* por si mesma, além de *estar com*.

Beauvoir sem dúvida deu esse salto graças a sua imensa vontade, a sua disciplina e esforço (daí lhe veio o apelido de "Castor": um bichinho diligente que não para de trabalhar e de construir), mas também pôde dá-lo graças às condições de sua época. Simone viveu sua adolescência nos anos 1920, depois da Primeira Guerra Mundial, que tinha acabado com a sociedade do século XIX. Na Rússia os bolcheviques pareciam estar inventando o futuro, o mundo era um lugar vertiginoso, a revolução tecnológica mudava a face da Terra como um vento de fogo. Em meio a essa mudança toda, havia surgido um novo tipo de mulher, a garota *emancipada* e *liberada*, duas palavras da moda. Acabaram-se os espartilhos, as anáguas até os tornozelos, os saiotes; as moças cortavam o cabelo *à la garçon*, deixavam as pernas ao ar livre, eram fortes e atléticas, jogavam tênis, dirigiam carros conversíveis, pilotavam perigosos teco-tecos. Eram os febricitantes e maravilhosos anos 1920, os crispados e intensos anos 1930, tempos de renovação em que a sociedade refletia sobre si mesma, buscando novas formas de ser. Era preciso acabar com a moral burguesa tradicional, e no ardor daqueles anos foram postos em prática todos os excessos que depois voltariam a se ensaiar, como se fossem novos, nos anos 1970: o amor livre, as drogas, a contracultura.

A pulsação da época se manifestava com toda sua intensidade em Montparnasse, o bairro parisiense onde Simone morou a vida inteira: por lá haviam passado Trótski, Lênin, Modigliani; por lá andaram os cubistas, com Picasso à frente, e os surrealistas (Breton, Aragon), uma tropa bárbara e risonha que se dedicava a detonar funções teatrais e a se pegar no tapa com os bem-pensantes em jantares e atos públicos: praticavam uma espécie de terrorismo urbano. A cocaína corria pelos bares, experimentava-se a psicodelia (Sartre se injetou mescalina em 1935 e andou meio louco durante alguns anos: dizia que uma lagosta o perseguia pela rua), tomava-se anfetaminas, bebia-se muito. Na verdade, o envelhecimento abrupto e prematuro de Sartre deve ter tido muito a ver com seus excessos: desde muito jovem ele se entupiu de anfetaminas e sedativos, tudo regado a um bom vinho. Simone também se excedeu com as pílulas estimulantes e principalmente com o álcool: quando morreu, aos 78 anos, tinha cirrose.

Contudo, e em meio a tanta turbulência, o mundo ainda era muito inocente. Beauvoir e Sartre, por exemplo, sempre tiveram muito claro que queriam ser famosos ("Eu era muito consciente de ser o jovem Sartre, da mesma forma com que se disseram o jovem Berlioz ou o jovem Goethe") e se dedicar a "salvar o mundo por intermédio da literatura". Quem hoje, em sã consciência, acreditaria que a literatura possa servir para salvar o mundo, ou mesmo que o mundo seja, de algum modo, passível de ser salvo? A puerilidade do empenho só tem paralelo com o nível de psicopatia que ele supõe. O fato é que, nisso, Sartre e Simone foram almas gêmeas: narcisistas,ególatras, elitistas, insuportavelmente megalomaníacos. Em seu romance *A convidada,* Simone diz que seus protagonistas são o decalque exato de Sartre e dela (Beauvoir sofria de uma absoluta, espantosa falta de imaginação, e sempre, até mesmo em seus romances, falava de sua própria vida), que ambos "estavam juntos no centro do mundo, mundo que deviam explorar e revelar como missão prioritária de suas vidas".

Essa missão se desenvolvia por meio das palavras. Poucas vezes vi dois seres tão dependentes da palavra, tão construídos por e para ela, como Simone e Sartre. Escreveram e falaram incessantemente desde muito jovens, uma torrente interminável de sílabas. Palavras pronunciadas nos bares de Montparnasse, ou nas instituições em que ambos deram aulas, ou nas exaustivas noitadas com seus numerosíssimos amantes, moços e moças tão ansiosos por fazer amor com eles como por escutá-los. Palavras escritas numa infinidade de livros, ensaios, artigos, e numa correspondência maníaca e interminável. Grandes palavras maravilhosas com que construíram mundos (o melhor da obra de Beauvoir são seus volumes de memórias, os livros sobre a morte e a velhice e, claro, o fundamental ensaio feminista *O segundo sexo*) e também palavras mesquinhas, banais, mentirosas; palavras indecentes e cruéis que vieram à luz depois da morte de ambos, com a publicação de suas cartas e diários íntimos.

Acontece que há duas Simones, dois Sartres, duas interpretações desse casal insólito. A primeira versão se ajusta ao olhar público, à imagem que eles quiseram oferecer, ou sobretudo Simone, porque foi ela, memorialista obsessiva, sempre escrevendo e refletindo sobre o tema único de suas experiências íntimas, quem tentou edificar sua personalidade (e, de quebra, a de Sartre) como um êxito literário e histórico. Ela narrou a si mesma, ou traduziu-se.

Segundo essa versão mais ortodoxa, Simone e Sartre foram aqueles grandes intelectuais que todos conhecemos, iconoclastas e engajados (um engajamento quase sempre embaçado: foram pró-soviéticos em tempos tardios e bastante opressivos), pensadores argutos capazes de sintetizar ideias fundamentais para sua época: o feminismo de Beauvoir ou o existencialismo de ambos, com o qual se defendia uma nova moral ateia, a liberdade e a responsabilidade absoluta do ser humano na construção de seu próprio destino. Ainda mais atraente era sua extraordinária relação: se tratavam de maneira formal, nunca tinham morado juntos, só em quartos contíguos de hotéis ou em apartamentos no mesmo bairro, e os dois tiveram diversos amantes *contingentes*, ou seja, importantes e apaixonados, mas secundários. Visto de fora, esse casal insólito parecia maravilhoso e indestrutível (durou 51 anos), um exemplo de outras formas possíveis de convivência. Eles, por sua vez, só falavam em *honestidade* e *transparência*, suas palavras-totem como existencialistas e como amantes.

Mas depois aparecem a Simone e o Sartre privados, que foram emergindo, como uma espuma suja, com a publicação póstuma dos papéis íntimos. Soubemos, assim, que Sartre era um donjuán compulsivo e patético, que precisava conquistar absolutamente todas as mulheres, as quais inundava com cartas amorosas de uma ênfase canhestra, "meu amor absoluto, minha pequena paixão, meu grande amor para todo o sempre", frases repetitivas escritas no mesmo dia em missivas distintas para as diversas amantes simultâneas que tinha clandestinamente. O fato é que Sartre e Simone só usaram a transparência entre si mesmos, comentando cinicamente os mais escabrosos detalhes de seus casos.

Tanto Simone como Sartre pareciam precisar de um séquito de admiradores cativos. É curioso constatar que tiveram poucos amigos (e pouquíssimos amantes) da idade deles: preferiam reinar como budas felizes sobre o que eles denominavam *a família*, um grupo de jovens alunos e discípulos que os inundavam de amor e reverência, e para quem eles pagavam os aluguéis ou as contas do médico, arrastando-os pela vida sem nunca cortar o cordão umbilical com que os mantinham frágeis e dependentes de seu brilho. A bissexual Simone estabeleceu vários trios com Sartre: compartilharam, por exemplo, suas alunas Olga e Louise, que mal tinham dezoito anos quando se apaixonaram pela também jovem Beauvoir (a idade das garotas acabou virando um problema: em 1943 a mãe de Nathalie denunciou Simone por corrupção de menores e Beauvoir foi expulsa do ensino). O palco emocional em que Sartre e Simone estavam metidos era, enfim, tão tolamente complicado e tão risível quanto um vaudeville ruim.

Durante a guerra, por exemplo, Simone mantinha ao mesmo tempo relações clandestinas com Bost, um aluno de Sartre; com Nathalie, com Louise e com Olga, e só Sartre sabia da existência de todos eles; o que não seria necessariamente censurável nem mesmo estranho (quem, em algum momento da vida, não passou por épocas loucas?), não fosse o tom intoleravelmente superior, cruel e frívolo que Beauvoir e Sartre usam em suas cartas. "Wanda tem o cérebro de um mosquito", dizia Sartre a Beauvoir, referindo-se a uma amante a quem prometia fervoroso amor eterno; e de outra, comenta: "É uma fulana muito maciça que chupou minha língua com a potência de um aspirador elétrico". Ambos, depois de jurar paixões arrebatadas à pobre Louise, que compartilhavam ("quero que saiba que a amo apaixonadamente e para sempre"), esfolavam-na com frieza total, planejando as mentiras que lhe diriam "para que fique feliz sem chatear demais". Um dos comentários mais vis de Beauvoir é a respeito dessa Louise: reclama que a garota tem um odor corporal fétido que torna "penoso" o encontro sexual (mas nem por isso Simone deixava de se deitar com ela).

A leitura das cartas e dos diários íntimos de ambos acaba por desenhar um retrato um tanto pavoroso: no pior dos casos, parecem colegas de quartel dividindo a glória suja de suas conquistas; no melhor, entomólogos frios e ferozes capazes de dissecar todas as vidas como mera matéria literária. "Estou convencido de que sou um porco", dizia Sartre de vez em quando; e Beauvoir corria a convencê-lo do contrário: puras palavras ocas que devoravam a si mesmas. "Quando vejo todos esses fracassos e todas essas pessoinhas amáveis e fracas como Louise ou Olga, et cetera, gosto de pensar em como nós somos sólidos, você e eu", diz Simone a Sartre, inebriada de autocomplacência. É isso que Beauvoir parece procurar nos outros: o espelho de sua própria grandeza. Então, ela diz de Nathalie: "Ela me ama pelo menos tanto quanto Louise me amou". Uma frase revela, sem dúvida, sua maneira de se relacionar: porque diante de um novo amor a gente costuma ressaltar as próprias emoções (*ninguém o ama mais do que eu*), não fazer cálculos comparativos mercantis sobre a quantidade de carinho que recebeu.

Esse uso implacável e entomológico do coração do outro teve seu custo. Olga, que ficou tão transtornada ao longo dos dois anos de duração do triângulo que terminou apagando cigarros nas mãos, encontrou na velhice as cartas íntimas de Sartre, publicadas por Beauvoir após sua morte; e foi tal o horror de Olga ao ver como se referiam a ela que rompeu com Simone e morreu poucos meses depois, sem ter se reconciliado. Quanto a Nelson Algren, o escritor norte-americano, faleceu aos 72 anos de um infarto, depois de ter um piripaque diante de um jornalista que recordou o mal uso que Simone dera à sua relação: ela a narrara em seu romance *Os mandarins* e em suas memórias; publicara-a "impudicamente", incluindo parágrafos das cartas de Algren, e isso ele não pôde perdoar.

Talvez Sartre não tenha sido capaz de amar ninguém; mas Simone sim: ela amou fielmente Sartre, ou pelo menos amou profundamente o amor que inventou para ele. O que quero dizer é que, em seu empenho férreo por se fazer a si mesma, Beauvoir também desenhou um lugar para um amor perfeito. Por isso aguentou os caprichos e as grosserias de Sartre; e foi Simone quem sustentou a história através do tempo, até mesmo quando mantinha relações intensas com outras pessoas, como o jornalista Claude Lanzmann, dezessete anos mais jovem que ela, e único homem com quem conviveu.

Mas com frequência a vida é cruel e não há vontade humana, por mais poderosa que seja, capaz de resistir aos ventos do acaso. Com o tempo, Simone e Sartre foram se afastando um do outro. Ambos acabaram suas vidas com mulheres com quem estavam havia mais de trinta anos: Arlette, no caso de Sartre, e Sylvie, no caso de Beauvoir. Ambos as adotaram legalmente, cada qual sua própria filha; e pouco a pouco cada um foi construindo um mundo de relações que já não eram comuns. Os últimos sete anos de Sartre foram os piores: o filósofo estava cego e talvez mentalmente afetado. Jogou-se nos braços de um grupo maoista, começou a publicar reflexões de nível inferior que Simone não conhecia e que não compartilhava. Foi a última traição: tinham deixado de ser dois corpos com uma só cabeça. Simone contou a seus biógrafos Francis e Gontier os derradeiros instantes de Sartre: estava na cama do hospital e, sem abrir os olhos, disse: "Te amo muito, minha querida Castor", e lhe ofereceu os lábios, que ela beijou; e depois dormiu e morreu. Cena comovente, perfeita culminância literária de uma vida de amor, que Francis e Gontier publicaram em seu estupendo livro, pensando que fosse verdadeira. Mas parece que não foi assim que aconteceu: era Arlette quem estava com Sartre quando ele morreu. Simone chegou depois e tentou se meter na cama com o cadáver.

O caráter patético dessa mentira de Simone só vem referendar o pateticismo de seus atos seguintes. Porque Arlette era e é a herdeira legal de Sartre, a testamenteira de todos os seus escritos (uma tremenda e insuportável crueldade de Sartre para com Beauvoir); de modo que, para reconduzir novamente a história à moldura desenhada por sua vontade, Simone escreveu *A cerimônia do adeus*, seu comovente livro sobre os últimos anos de Sartre; e quando Arlette publicou os manuscritos póstumos do filósofo, Simone lançou as cartas que ele lhe havia mandado: palavras e palavras, palavras como laços para amarrar a imagem de Sartre à sua.

Beauvoir só sobreviveu seis anos a seu mítico parceiro: morreu em 1986. E em 1990, Sylvie, sua filha adotiva, lançou a edição integral dessas cartas pessoais de Beauvoir, tão turvas e tão miseráveis. Por que teria decidido publicá-las? Por amor à lembrança de Simone? Por dinheiro? Por vingança? Nada se sabe da relação de Sylvie com Beauvoir, que se estendeu durante os últimos 23 anos da vida da escritora, e que Simone comparou, por vezes, à sua relação com Sartre; mas o certo é que a publicação de seus papéis privados maculou o mito de Beauvoir. Ela que tanto espalhou, impudentemente, as intimidades dos outros, de repente virou objeto de impudente fofoca: talvez tenha sido um caso de justiça poética. Seja como for, agora sua imagem é mais complexa e mais humana: porque todos temos vergonhas e incoerências a esconder em nossa vida privada. E no fim, entre tanta glória e tanta miséria, o que permanece é a magnífica proeza de ter sido livre e responsável por seu próprio destino. Para o bem e para o mal, Beauvoir se fez a si mesma.

Lady Ottoline Morrell
O excesso e a grandeza

Soube da existência de Lady Ottoline Morrell há muitos anos, e da mesma forma como ficamos sabendo, por exemplo, da existência do mito de Atlântida: era uma referência fabulosa que se repetia aqui e ali em contextos diversos. Ottoline aparecia com seu 1,85 metro de altura, sua cara de cavalo e seu cabelo de fogo nas cartas ou diários de uma legião de intelectuais e artistas britânicos: aqueles que viveram sua maturidade no primeiro terço do século XX. Foi a geração que enterrou a sociedade vitoriana, e estavam empenhados em dinamitar a mórbida rigidez de sua moral; por isso reivindicavam o emocional e passavam os dias analisando até o menor detalhe de suas atormentadas vidas íntimas. Vindo, como vinham, de um mundo de poder e ordem no qual não haviam existido nem o corpo nem os sentimentos, para eles falar do amante com quem tinham se deitado na noite anterior era um ato revolucionário.

Talvez por isso, por estarem voltados para si mesmos, os integrantes dessa geração foram memorialistas obsessivos, e quando não estavam anotando algo em seus diários, escreviam uma aluvião de cartas uns para os outros. A partir de todo esse material foi editada uma infinidade de livros (biografias, autobiografias, coleções epistolares), muitos deles fascinantes; e todos oferecem como figura de fundo uma caleidoscópica, incomensurável e extravagante Ottoline Morrell. É essa Ottoline que manteve durante décadas um importante salão artístico e intelectual, no estilo das *salonnières* francesas do século XVIII: por ali passaram não só todos os integrantes do chamado grupo Bloomsbury (Virginia Woolf, Lytton Strachey, E. M. Forster, Maynard Keynes etc.), mas também D. H. Lawrence, Henry James, T. S. Eliot, Aldous Huxley, Katherine Mansfield, Nijinsky, W. B. Yeats, Bertrand Russell, Robert Graves, Bernard Shaw, Graham Greene e Charles Chaplin, para citar alguns.

Ottoline foi mentora e mecenas de muitos deles, protetora de todos, amante de alguns: do pintor Augustus John, por exemplo, e de Bertrand Russell, com quem manteve uma longa e importantíssima relação que foi fundamental para a vida e a obra do prêmio Nobel. "Ottoline comoveu profundamente a imaginação dos homens, e isso talvez seja o máximo que uma mulher pode fazer", disse D. H. Lawrence com masculina desfaçatez. A verdade é que os pintores mais importantes da época a retrataram, e uma dezena de escritores a transformaram em personagem de ficção. Como Aldous Huxley (*Cromo amarelo*), D. H. Lawrence (ela é a Hermione de *Mulheres apaixonadas*) ou Graham Greene (*It's a Battlefield*).

Mas todos esses retratos são, em sua maioria, brutais e debochados. Em suas cartas, nos romances, os intelectuais da época (principalmente os de Bloomsbury, mexeriqueiros célebres que faziam da malevolência uma arte) se enfurecem com Ottoline, desenhando uma espécie de palhaço grotesco. Demonstram tanta fúria que, sabendo que ela muito os apreciava, cuidando deles e os alimentando durante décadas, a gente sente um fascínio ainda maior pelo personagem. E se pergunta como foi que Ottoline escolheu tão mal seus amigos.

"Ottoline se exibe sobre Londres, não sem certa *grandeur*, como se fosse um barco que teve suas velas comidas pelos ratos, com o mastro mofado e verdes serpentes marinhas se arrastando pelo convés", escreve, por exemplo, Virginia Woolf numa carta. "Mas a verdade é que nenhuma imagem jamais poderá transmitir essa combinação, tão dela, de esplendor, humildade e hipocrisia. Ia derramando pós faciais pelo chão enquanto perguntava: 'Virginia, por que as mulheres se maquiam?'". Esse é um exemplo típico do gênero satírico ottolinense: tanta maldade, e tão bem escrita. Contudo, além de sua língua pérfida, Virginia tinha bom coração, com o qual foi capaz de reconhecer e de admirar, em outros momentos de sua vida, os valores de Ottoline.

A imagem majoritária que persiste dela, enfim, é a de uma pobre excêntrica, uma aristocrata estrambótica, feiíssima e murcha, com o cabelo mal tingido de vermelho e o rosto carregado de pintura como um móvel velho. Mas se você lê as entrelinhas e procura outras fontes (principalmente a magnífica biografia de Ottoline feita por Seymour), o retrato que emerge é bem diferente.

Em primeiro lugar, ela não era nem um pouco feia. Até os quarenta e tantos anos foi considerada uma beleza extraordinária: tinha uma maravilhosa cabeleira resplandecente cor de cobre, intensos olhos verdes, um corpo escultural. É inquietante que a mulher que foi uma das beldades mais famosas de sua época seja transformada, na velhice, no próprio símbolo da feiura patética. Só que a beleza de Ottoline, como tudo nela, estava na fronteira com o excesso. Era muito alta, suas feições eram largas demais, sua aparência demasiado diferente. As fotos dão fé desse equilíbrio precário e insólito: há retratos em que ela está belíssima e outros em que está horrorosa. Jamais comum e banal, jamais olvidável.

Sua singularidade e o donaire com que viveu a vida devem ter influído na maledicência que suscitou: os grupos sempre atacam quem é diferente, ainda mais se as vítimas parecem não se ressentir do ataque e se mostram impávidas e olímpicas. Ottoline, ainda educada no duplo autocontrole da aristocracia e do vitorianismo, sempre tentou manter uma fachada serena. Nasceu em 1873 e pertencia à mais alta nobreza britânica. Tinha apenas seis anos quando seu meio-irmão herdou o título de duque de Portland e ela começou a ser tratada servilmente de lady por todo mundo; seu meio social era tão arcaico e elevado que não se esperava dela que se vestisse ou se penteasse sozinha. Uma daminha assim, naturalmente, não devia nem estudar nem se dedicar a nada, exceto a procurar um marido adequado e a representar a si mesma.

Mas Ottoline estava cheia de inquietações: tinha anseios artísticos, intelectuais, espirituais, filantrópicos. É claro que não lhe cabia se propor nenhum tipo de carreira: mulheres como ela não faziam isso. Então ela empregou sua capacidade criativa em inventar para si mesma roupagens fantásticas, e em decorar com imaginação oriental as três casas que, sucessivamente, foram o centro de suas reuniões: a de Bedford Square, em Londres; a de Garsington, no campo, perto de Oxford; e a de Gower Street, também em Londres. E seu espírito filantrópico focou-se em ajudar os outros: artistas, intelectuais jovens, cujas qualidades ela sabia descobrir com uma intuição certeira.

Tinha 34 anos e já era casada quando começou a receber em seu salão. Agradava-lhe criar uma atmosfera de fábula, mágica e romântica. Suas casas recendiam a incenso e eram repletas de pequenos objetos requintados e exóticos. Foi na mansão rural de Garsington, para a qual se mudou em 1915, que suas reuniões adquiriram um aspecto mítico. Garsington estava sempre cheia de hóspedes, que ela alimentava opulenta e milagrosamente em plena guerra; o edifício central era decorado com primor, e seus jardins, cheios de ciprestes, estátuas e pavões, eram o Jardim Primordial, o Paraíso. Pois Ottoline não queria apenas ser mecenas de seus amigos no sentido tradicional (apoiando seus trabalhos, apresentando-os a pessoas influentes, mantendo-os por temporadas); também tentou cercá-los de um ambiente fabuloso, fazendo de sua vida de anfitriã uma obra de arte. Assim, organizava charadas, bailes de máscaras, sofisticados piqueniques nos jardins, danças à luz do luar, noitadas musicais. Aspirava à beleza absoluta, e isso era motivo de grande zombaria entre seus convidados, que eram mais jovens que ela e já pertenciam ao século XX: ou seja, a uma época cínica que descobriu que o absoluto não existe.

Ottoline, por sua vez, era um completo anacronismo. Seu tempo era irreal: agia, se vestia e falava como um personagem do Renascimento. Mas de um Renascimento também fictício, recriado ou imaginado a partir do Romantismo, com muita purpurina e papier mâché. "Será que ao menos a luz do sol é normal em Garsington?", pergunta-se Virginia Woolf em carta a uma amiga: "Não, acho que até o céu está forrado com uma seda amarelo-pálida, e claro que os repolhos foram perfumados". Esse afã de cuidar até do menor detalhe divertia seus malévolos amigos: sendo todos, como eram, artistas em atividade, não entendiam a comovente necessidade que Ottoline tinha de criar beleza no único espaço que possuía: nas minúcias da vida doméstica.

Talvez Ottoline às vezes fosse um pouco absurda em seus anseios de inventar a felicidade, e um pouco mandona na maneira de querer impor essa felicidade aos demais. Mas Garsington deve ter sido um lugar formidável, uma espécie de olimpo em que os jovens intelectuais ocupavam a posição de deuses (um dia chegaram de visita Asquith, então primeiro-ministro, e Maynard Keynes, e foram anunciados como "o sr. Keynes e outro cavalheiro"), um refúgio de bem-estar a que os convidados acudiam como moscas: por mais que caçoassem, é evidente que adoravam frequentá-lo. Mas Garsington era uma espécie de Disneylândia da cultura, e ninguém podia admitir abertamente que desfrutara desse ambiente de artística inocência, ao mesmo tempo belo e pueril. "Eu me senti terrivelmente sozinho naquela ocasião", escrevia Lytton Strachey a um amigo depois de uma de suas visitas: "Uma espécie de soturna alegria setecentista nos oprimia, e era muito difícil distinguir as pessoas dos cães fraldiqueiros". Mas escreveu também a Ottoline, falando de como sua estada tinha sido deliciosa e se autoconvidando ansiosamente para próximas vezes.

Ottoline não foi só uma anfitriã perfeita e uma atuante mecenas das letras e das artes (impulsionou decisivamente, ao lado de Roger Fry, a chegada do pós-impressionismo à Grã-Bretanha), como também teve um papel político destacado no pacifismo inglês durante a Primeira Guerra Mundial. Se Bertrand Russell foi o herói desse movimento (acabou na prisão por seus escritos críticos), ela foi a nau capitânia. Impeliu seu marido, o deputado laborista Philip Morrell, para que fizesse um discurso pacifista diante do Parlamento, o que Philip corajosamente fez contra todo mundo, arruinando para sempre, desse modo, sua carreira política (que tampouco havia sido muito brilhante até o momento). Depois transformou Garsington num centro de apoio para os objetores de consciência, que contratava para cuidar da terra: o cultivo do campo era considerado um trabalho prioritário pelo governo.

E assim, durante os anos da guerra, mantiveram e pagaram quase uma dezena de objetores, a maioria artistas preguiçosos e completos inúteis, para os trabalhos agrícolas. Simplesmente se aproveitaram de Ottoline, que consideravam riquíssima, acima de qualquer ponderação. Mas ela não era (sua mãe a deserdara), e os enormes gastos de sua vida de anfitriã generosa começaram a consumir seu capital. De fato, acabou com tantas dificuldades econômicas que se viu obrigada a vender a casa de Bedford Square e a mansão de Garsington, e a mudar-se para uma residência pequena, sombria e modesta em Gower Street. Mas seus amigos nunca souberam dessas penúrias todas, tampouco de suas muitas outras dores físicas e anímicas.

O marido de Ottoline, Philip, foi um personagem ambíguo. Era muito atraente (todos os amantes de Ottoline, exceto Russell, eram muito bonitos) e em algumas ocasiões se comportou com uma rara grandeza, como ocorreu com o discurso pacifista no Parlamento. Ou quando foi a um hotel alemão se encontrar com Ottoline, que recebera a visita de Russell nas semanas anteriores, e o puritano dono do estabelecimento lhe assinalou que um senhor havia ido ao quarto de sua esposa todos os dias, e que tinha até queimado o sofá do quarto com seu cigarro: então Philip sorriu, pagou os estragos do sofá e disse que se alegrava de que sua mulher não ficara sem companhia. Porém, por outro lado, parece que Philip era frágil e irresoluto; Ottoline tentou construir uma carreira política para ele e o mimou e o protegeu a vida inteira. Philip deixara claro, desde que se casaram, que ela não o atraía sexualmente; mas as criadas, sim, o atraíam, e ele teve dois filhos naturais, um com uma servente e outro com sua secretária. Além disso, seu equilíbrio psicológico era precário: na maturidade, padeceu repetidas e graves crises mentais.

Há um lugar moral inquietante onde com frequência encontramos as mulheres, presas às necessidades do outro, capturadas na demanda do fraco. Isso acontecia também com Ottoline ("sou um ímã para egoístas"), que já fora explorada por uma mãe inválida e ferozmente possessiva. A partir daí, todas as suas histórias sentimentais foram iguais: ela sempre doava mais. Talvez não mais paixão (Russell era louco por ela e foi Ottoline quem se negou a deixar Philip), mas sem dúvida muito mais cuidado, mais interesse, mais mimo e mais carinho. Até que chegou Lionel, o belo *Tigre* de sua maturidade.

Ottoline completara cinquenta anos quando se apaixonou por *Tigre*, um rapaz de apenas vinte, jardineiro em Garsington.

Tigre era bom e generoso, e estava deslumbrado com ela. Ottoline escreve em seus diários que finalmente encontrara o companheiro ideal: "Sempre amei me doando, e agora me é permitido receber. É um milagre". A relação com *Tigre* durou dois anos, até que um dia o rapaz faleceu de repente de uma hemorragia cerebral: uma morte estranha, que se soma à lenda de Ottoline. Pois, se é para inventar disparates românticos, por que não imaginar que ele foi envenenado pelo marido, por exemplo, na época muito desequilibrado? São os segredos de alcova, a intimidade impensável, oculta, que todo ser humano guarda.

Ottoline suportou a perda atroz de *Tigre* como suportava tudo: com imensa coragem. Desde pequena lidara com uma saúde extremamente precária; padecia de enxaquecas dolorosíssimas e também de diversos males imprecisos, que talvez fossem indícios de diabete. Era, em suma, uma doente crônica, algo bastante comum entre as mulheres da classe alta do século XIX; na juventude, recusara-se a comer, como a anoréxica Virginia Woolf (a anorexia também era uma doença habitual entre as senhoras da época). Aos 55 anos lhe descobriram um câncer na mandíbula: a brutal operação a deixou desfigurada. Foi aí que seus amigos descobriram as dores que Ottoline era capaz de aguentar firme sem se queixar.

Sua vida, nessa época, era a travessia do deserto. Tinha sido tão pouco convencional (costumava dizer que "o convencionalismo e a autocomplacência são a morte": um pensamento vigoroso) que teve de pagar, socialmente, um preço alto. Rejeitada pelos de sua classe e nunca admitida pelos intelectuais que ajudou, Ottoline era um personagem isolado e solitário. Estava arruinada, o marido ficara meio louco, seu grande amor tinha morrido, suportava dores físicas torturantes, o rosto se deformara, estava ficando surda e passara a usar uma corneta acústica ridícula, tivera de vender sua adorada Garsington e, o que era pior, fora traída várias vezes por seus amigos. Começaram a aparecer romances que incluíam retratos seus cruéis (os mais dolorosos, pela intimidade que tivera com seus autores, foram os de Lawrence e Huxley), e depois foi se inteirando, por amigos de amigos, de todas as zombarias que lhe faziam pelas costas: "Sou considerada uma mulher intrigante e perigosa, imoral e suja... ninguém me ama... Tudo aquilo por que vivi caiu por terra. O que eu pensava estar dando aos outros estava só na minha cabeça: os outros *não gostavam* disso. Se pudesse deixar Philip, sem dúvida iria embora para longe daqui e começaria minha vida em outro lugar. Mas não posso fazer isso", escreveu em seu diário.

No entanto, tentou fazer com que ninguém no exterior soubesse de sua humilhação e de seus sofrimentos. E assim continuou recebendo em sua modesta casa de Gower Street (ainda que agora só convidasse para um chá), e tingindo precariamente o cabelo branco com pó de alfeneiro, e vestindo baratos trapos dourados, e redobrando a maquiagem para atenuar os estragos da doença e do tempo. Tentou se manter fiel a si mesma, em suma, para além de toda circunstância, disposta a continuar fazendo da vida um lugar belo e habitável. Virginia Woolf, impressionada com tanta integridade, acabou por admirá-la e amá-la intensamente. Na verdade, ficaram íntimas; e quando Ottoline morreu, aos 64 anos, após uma longa e enigmática doença, Virginia escreveu, com T. S. Eliot, este epitáfio: "Leal e corajosa/ A mais generosa, a mais delicada/ Na fragilidade de seu corpo/ Ela guardava, no entanto/ Um espírito bravo e indomável". O fato é que Ottoline teve a grandeza imensa, insólita, de ir se transformando, com absoluta dignidade (ela, que tanto amava os absolutos), num personagem decadente e patético.

Alma Mahler
Com garras de aço

Alma Mahler (nascida Alma Schindler, filha do conhecido pintor Schindler) era uma artista. Começou a compor aos nove anos, e aos vinte já havia escrito uma centena de lieder e de fragmentos instrumentais e operísticos. Era uma pianista magnífica, e em Viena diziam-se maravilhas de seu talento promissor. Claro que falavam mais ainda de sua beleza, porque na época o talento das mulheres não passava de um adorno ou de uma extravagância. Alma era uma das grandes beldades da época: alta, opulenta, os olhos muito azuis, os traços perfeitos. De um ponto de vista atual, suas feições talvez pareçam muito corretas e ingênuas, seu físico roliço demais: mas na época ela reunia todos os atributos da moda. De qualquer modo, sua mítica capacidade de atração devia residir mais em sua própria personalidade do que meramente na aparência. Era coquete, inteligente, culta, brilhante, original. Os homens de seu entorno eram literalmente loucos por ela.

Maga, bruxa boa, mãe terra, feiticeira: os homens dizem coisas assim a seu respeito. Palavras lendárias, primordiais, que definem Alma como um modelo do feminino. Ela é *a mulher*, um arquétipo saído da cabeça e dos sonhos e dos medos do homem. E Alma se adaptou a essa miragem que outros imaginaram, porque seu grande êxito (e sua total derrota) consistiu em satisfazer os desejos masculinos. Portanto, vivendo como musa pelo olhar do homem, Alma foi peça fundamental na vida do compositor Gustav Mahler, seu primeiro marido; do importante pintor expressionista Oskar Kokoschka, seu tórrido amante durante três anos; do arquiteto Walter Gropius, seu segundo marido, fundador da Bauhaus; e de Franz Werfel, o terceiro esposo, um romancista hoje meio esquecido, mas muito famoso e apreciado em sua época. Houve muitos outros cavalheiros rendidos a seus pés, ainda que com eles as relações tenham sido platônicas: como Gustav Klimt, o conhecido pintor modernista, ou o dramaturgo e prêmio Nobel Gerhart Hauptmann. Alma tinha um excelente faro para discernir o talento criativo, e era justamente isso que a deixava apaixonada.

Alma foi magnífica com seus homens. Era mãe e amante, cuidava da casa nos mínimos detalhes, administrava a economia de forma admirável, organizava a vida doméstica com primor, colaborava eficazmente no trabalho de seus amados (copiava e orquestrava a música de Mahler, por exemplo) e, o que é mais importante, galvanizava seu parceiro, fazia com que desse o melhor de si mesmo como artista, lhe insuflava força. "Você restitui a vida aos inúteis", disse-lhe Kokoschka. E até o biólogo Paul Kammerer, a cujo amor Alma nunca correspondeu, comentava: "Quando estou com ela, acumulo a energia de que preciso para produzir". Alma era, de fato, uma espécie de bateria existencial, capaz de iluminar o mundo com cores.

Essa eletricidade interior, essa potência vital, recarregava-se várias vezes no amor. Mas não num amor simples e cotidiano, e sim na mais arrebatada paixão. Nesse sentimento romântico e arrasador, produto da imaginação, pelo qual se busca a fusão absoluta com o outro, a alma gêmea. Um objetivo inumano, impossível, que sempre leva à repetição infinita da busca amorosa. Alma perdeu o pai, a quem idolatrava, aos treze anos, e mitificou o homem e o artista. Quando se apaixonava, inventava no outro a perfeição; e seu parceiro, ao se ver refletido como um deus nos olhos dela, apreciava mais a si mesmo: se uma mulher tão bela, tão inteligente e tão brilhante me considera divino, é isso que sou. Mas depois a torpe realidade ia corroendo os pés de barro de seus príncipes azuis, e Alma ia se desapaixonando, ficava angustiada e deprimida. Precisava se apaixonar outra vez, voltar a amar alguém, sentir-se viva. Aí começavam os conflitos.

Todas essas turbulências interiores se desenrolavam num entorno também turbulento. Alma nasceu em Viena em 1879, ou seja, numa Europa central convulsa, no coração de um mundo que estava desmoronando. Era o fim de uma época, e como costuma acontecer em todas as decadências colossais, a agonia do Império Austro-Húngaro veio acompanhada de uma efervescência intelectual e artística. Há pouco mais de um século, Viena apurava alegremente seus últimos dias de glória; nos salões literários e nos apinhados cafés se debatiam o divino e o humano, flertava-se, conspirava-se, criava-se. Ali, naquela época, surgiu a importante escola filosófica conhecida como Círculo de Viena; Loos inventou a arquitetura moderna e Schönberg, a música dodecafônica; Robert Musil e, sobretudo, Kafka, revolucionaram a literatura, e Freud descobriu (ou melhor, nomeou) o inconsciente, mudando para sempre a percepção que nós, humanos, temos de nós mesmos. A vida ardia naquela Viena intensa.

Era também uma vida louca, borbulhante e hedonista, na qual as mulheres ocupavam um papel especial. Na Europa da época, a vienense era vista como a encarnação do mito masculino da mulher-mulher: picante, sensual, secreta, perigosa para o homem, trágica e alegre ao mesmo tempo, ardente, incompreensível. Mercé Rodoreda retrata, em seu romance *Espejo roto* [Espelho quebrado], a vienense finissecular e arquetípica: uma jovem violinista que se entrega ao protagonista e depois se suicida, o exemplo perfeito do enigma do feminino. E Alma Mahler era a mais vienense das vienenses, era a rainha daquelas mulheres espumantes que, entre redemoinhos de leves rendas, estreitavam-se contra o peito dos homens para valsar, com a vida palpitando nos pulsos e os olhos ofuscados pelo cintilar dos grandes lustres de cristal.

Mas voltemos ao início: Alma era uma artista e se levava muito a sério como compositora. Nesse meio-tempo, ficou adulta e começou a amar; foi tomada pela febre adolescente, pelo atordoamento das belas. Apaixonou-se algumas vezes, espalhou sua foto por toda parte, divertiu-se flertando. Mas sua música continuava em primeiro lugar. Até que, com 21 anos, conheceu Gustav Mahler. Ele tinha o dobro de sua idade e era diretor da Ópera de Viena. Posso imaginar Alma no teatro vendo-o dirigir a orquestra, e ele lá no meio, poderoso, centro de toda atenção e toda glória. Era o Grande Homem, sobre o qual ela podia inventar uma Grande Paixão. Não é de estranhar que tenham se casado logo depois.

Mas antes da boda houve uma cerimônia antiquíssima e tradicional que levou os dois à perdição: a anulação de Alma como pessoa. Há uma longa e assustadora carta de Mahler que compendia todos os clichês, todos os preconceitos, todas as injustiças da época. Primeiro, e do alto de sua idade e de seus triunfos, ele caçoa da capacidade intelectual de Alma (que lia muito e era muito culta), que chama de "arrogante" por ter a ousadia de dizer que não concorda com ele em determinadas ideias: "Alma, minha menina, estaremos unidos por nosso amor e nosso coração… mas também por nossas ideias? Minha Alma, quais são suas ideias? Talvez o capítulo relativo às mulheres, de Schopenhauer?". Depois de destruir, com argumentos semelhantes, a confiança da jovem Alma em si mesma e em seu próprio critério, Mahler entra no assunto: "Continuo cismado com essa obsessão que se fixou nessa cabecinha que eu tanto amo, com esse seu desejo de continuar sendo você mesma. Você escreve: *Você e minha música*. Desculpe, mas temos que discutir isso também! Como você imagina a vida matrimonial de um homem e uma mulher que são, os dois, compositores? Tem alguma ideia de quão ridícula e, com o tempo, degradante que inevitavelmente seria para nós dois uma relação tão competitiva como essa? O que vai acontecer se, justo quando lhe vier a inspiração, você se vir obrigada a cuidar da casa ou de qualquer afazer que se apresente, dado que, como você escreveu, gostaria de me poupar das minudências da vida cotidiana? Significaria a destruição de sua vida [...] se tivesse de renunciar completamente à *sua* música em troca de me possuir e de ser minha? [...] Você deve ter apenas uma profissão: a de me fazer feliz. Tem de renunciar a tudo que é superficial (tudo o que diz respeito a sua *personalidade* e seu *trabalho*). Deve se entregar a mim sem condições, deve submeter sua vida futura em todos os detalhes a meus desejos e necessidades, e não deve desejar nada além do meu amor".

E foi o que Alma fez, ou jurou fazer, depois de uma noite de insônia e choro após receber a carta. Afinal de contas, *sua* música ainda era muito jovem e balbuciante: ainda tinha tanto a aprender que não parecia que o mundo fosse perder, com sua renúncia, um bem artístico supremo, ao passo que Mahler, isso era evidente, era um músico importante. Além do mais, todo o entorno dissuadia a mulher dos empenhos profissionais, e tudo fomentava, ao contrário, sua função conjugal e doméstica. E então Alma sacrificou sua carreira e se casou em 1901. "Meu único desejo é fazê-lo feliz, ele merece!", diz pateticamente sobre o marido, justo quando ele não parece, de modo algum, merecê-lo. E assim estabelece as bases do desastre, desse mal-entendido fundamental que tanto ocorreu entre homens e mulheres, eles contemplando o casamento como uma instituição a seu serviço, elas como um açucarado conto de fadas.

Os dez anos que Alma viveu com Gustav não foram gloriosos. Em sua interessante autobiografia, Alma se queixa do egocentrismo do marido e do pouco-caso que faz dela. Segundo todas as fontes, Mahler está absorto em sua própria obra, é austero, tedioso e, ao que parece, impotente. Alma chora, se angustia, adoece, tem depressões, sente falta de sua própria música, não se resigna ao vazio de sua vida. Num balneário, enquanto se recupera de uma de suas angústias, conhece Walter Gropius, quatro anos mais jovem que ela. Apaixonam-se e vivem um ardente romance clandestino; um mês mais tarde, e num lapso que teria feito as delícias de Freud, Gropius dirige a Gustav, equivocadamente, uma das cartas de amor que envia a Alma. Mahler lê a missiva e fica estupefato. Alma então lhe explica tudo: a história com Gropius, mas também sua infelicidade e frustração no casamento. Mahler, despojado da divindade que o olhar de Alma lhe outorgava, mergulha no mais absoluto desespero. Agora descobre o quanto a ama e como a tratara mal. Escuta pela primeira vez (antes nunca se dignou a isso) algumas das canções de sua mulher: "Mas o que foi que eu fiz!", exclama, contrito, "São estupendas, você tem de continuar compondo". Agora ele a inunda de atenções amorosas e lhe dá presentes de Natal. Mas é tarde demais. Alma, enternecida, diz que fica com ele e renuncia a Gropius; mas continua vendo o amante de forma clandestina, porque gosta muito de Mahler, mas não o ama mais. E ela precisa amar para viver. No fim, o agitado, aterrorizado e comovente Mahler adoece de uma amigdalite; em pouco tempo se manifesta uma septicemia, e meio ano depois ele morre. Certamente os dois teriam sido mais felizes se tivessem planejado sua parceria em condições mais livres de preconceitos, mais paritárias.

Ao enviuvar, Alma está com 31 anos: "Não consigo, a essa altura, aprender a caminhar outra vez", diz de seu trabalho como compositora. E abandona a música para sempre. Porém, nunca mais permitirá que um homem mande tanto nela como o primeiro marido. Nem Kokoschka, seis anos mais jovem que ela, com quem viveu sua história mais apaixonada (quando o deixou, Kokoschka, enlouquecido, mandou copiar seus traços numa boneca de tamanho natural com a qual conviveu durante um ano, para depois decapitá-la numa festa); nem Gropius, o mais respeitoso e generoso de todos os seus homens e a quem ela, talvez por isso mesmo, pior tratou ("não quero nada além de fazer esse homem feliz", Alma diz novamente ao se casar com ele; e dessa vez acrescenta: "Deus me conserve o amor!", agora ciente de que as paixões eternas acabam logo); nem Franz Werfel, seu terceiro marido, dez anos mais jovem que Alma, amável e imaturo.

Entretanto, a vida estava lhe cobrando um preço alto. Alma perdeu três filhos, os três com grandes sofrimentos: uma menina, filha de Mahler, que faleceu de difteria aos cinco anos, depois de uma traqueotomia de urgência sem anestesia; um bebê, filho de Werfel, que sobreviveu dez meses com encefalite; e Manon Gropius, a perda mais dura, que agonizou durante um ano inteiro (tinha dezesseis anos), paralisada pela pólio. E também o seu mundo, o mundo em que Alma tinha crescido, estava mortalmente doente. Tocou-lhe viver tempos muito difíceis: a Primeira Guerra Mundial, a derrota, o Tratado de Versalhes, que impôs condições brutais de paz aos vencidos. E em seguida o inferno do nazismo.

O fogo de Hitler (lembremos que ele chegou ao poder em 1933 por meio de eleições democráticas) se acendeu num terreno fértil em humilhação, miséria e desesperança. A inflação subia tanto que os salários eram pagos diariamente para que pudessem comprar o jantar. As economias se esfumaram: os selos da carta com que o banco lhe comunicava o fechamento de sua conta valia mais que o que você tivesse economizado nessa conta durante trinta anos (isso tudo é muito bem explicado por Arthur Solmssen em seu fascinante romance *Uma princesa em Berlim*). Em meio a tanta dor e incerteza, a revolução inflamava as ruas: uma revolução autêntica que acabava de subverter a ordem no Império Russo, uma revolução temível para a burguesia. Por isso os burgueses apoiaram o nazismo emergente: contra os bolcheviques. Até mesmo os judeus ricos ajudaram os nazistas no começo: na Áustria, a extrema direita se apoiava num periódico de propriedade judia e recebia suas armas de um empresário judeu.

Alma foi pró-nazista, ou melhor, pró-fascista: acreditava na bondade do projeto de Mussolini e rejeitava o antissemitismo de Hitler. Curiosamente, os diários de Alma estão repletos de tolos comentários antissemitas; no entanto, casou-se com dois judeus (Mahler e Werfel); e quando o terror de Hitler se espalhou pela Europa, ela corajosamente uniu seu destino ao de Werfel e teve de fugir por toda a França nas condições mais espantosas, cruzando a pé os Pirineus (tinha mais de sessenta anos) para salvar sua vida. Eram tempos em que Hitler parecia o claro vencedor e Alma poderia, sem dúvida, ter assumido outra posição: toda sua família, na verdade, tornou-se pró-nazista em Viena. Por outro lado, Werfel era pró-comunista ("Franz escreveu um poema na morte de Lênin!", espanta-se Alma em seu diário em 1928), e as ferozes discussões políticas entre os dois deixaram seu casamento à beira de uma crise. Com o tempo e com as revelações que vieram à tona, os dois se tornaram muito mais moderados. "Werfel e eu temos colhido fracassos", escreveu Alma anos mais tarde: "Na juventude, ele acreditou na revolução mundial por via do bolchevismo, e não soube prever no que aquilo iria se transformar. E eu acreditei na salvação do mundo por via do fascismo de Mussolini, e também não soube prever no que aquilo depois se transformaria por obra de Hitler".

Além de suas veleidades pró-fascistas e de seus paradoxais preconceitos antissemitas, Alma tinha outros pontos obscuros: por exemplo, era descaradamente ciumenta e possessiva, e estabelecia uma competição tão feroz com as outras mulheres pela supremacia diante dos homens que nunca teve amigas (conheço essas mulheres que precisam ser as únicas: são muito chatas). Tenho pena de sua pobre irmã Grete, a quem deve ter dado uma infância difícil. Alma jamais a nomeia em suas memórias, apesar de Grete ter sofrido um destino terrível: era depressiva e, após várias tentativas de suicídio, foi internada num hospital psiquiátrico. Lá foi executada depois que Hitler invadiu a Áustria (1938), quando os nazistas decretaram a eliminação de todos os *loucos*.

Mas embora Alma não fosse santa (e quem o é?), jamais entendi a implicância e a mesquinhez com que geralmente é tratada. É considerada, por exemplo, coquete, frívola, leviana; no entanto, em toda sua vida só se deitou com quatro homens (ou talvez cinco: há um, um padre, que parece duvidoso), três deles seus maridos; e com dois deles viveu dez anos (Mahler) e trinta anos (Werfel), até a morte de ambos. Não parece o histórico de uma conquistadora sem escrúpulos. Françoise Giroud, ex-ministra da Cultura da França, que escreveu uma biografia interessante e original de Alma Mahler, chega a ser indecente na arbitrariedade de suas críticas. Ocorre que a ex-ministra é uma mulher de direita, e o pior inimigo da mulher que rompe com os moldes é a mulher conservadora. "Na sequência ela será a rainha cruel deste súdito louco", diz Giroud, por exemplo, do momento em que Mahler descobre, no fim da vida, que está perdendo a esposa. Mas, na verdade, Alma não foi nenhuma rainha cruel: dedicou-se a cuidar com absoluta entrega e amor à agonia de Mahler, que durou seis meses, como mais tarde faria ao longo de dois anos com a de Werfel.

Alma começara a se exceder na bebida quando era muito jovem, durante seu frustrante casamento com Mahler, e nos últimos trinta anos de sua vida tomava diariamente uma garrafa de licor Benedictine. Apesar disso, ela viveu muitíssimo:

morreu com 85 anos em Nova York, onde tinha um pequeno apartamento. Se tivesse vivido em nossos dias, tenho certeza de que não teria abandonado a música e de que teria desenvolvido uma carreira pública, boa ou ruim, como compositora. Em sua época e em sua pele ela não soube fazê-lo, embora sempre tenha sido consciente de suas contradições: "Com bastante frequência o casamento desloca na mulher seu próprio eu de um modo estranho", assinala em seu diário. Mais à frente, acrescenta uma ironia autodepreciativa e amarga sobre sua condição secundária em face do homem: "Com garras de aço vou fazendo meu ninho roubado... cada gênio não passa, para mim, da palha que me falta... um pouco de butim para meu ninho". Com essas mesmas garras de aço, no entanto, aferrou-se à existência; e viveu, viveu com grande intensidade, superando seus muitos sofrimentos e todos os limites. "Tive uma vida bonita", diz Alma no final de sua autobiografia: "Qualquer pessoa pode fazer tudo, mas também tem de estar disposta a tudo". Nem todo mundo é capaz de manifestar semelhante arrojo. Deve ser isso que não lhe perdoam.

María Lejárraga
O silêncio

A história que vou contar é espantosa. E não só pela fascinante peripécia vital da protagonista, mas também porque ignoramos tudo sobre ela. Estou falando de María Lejárraga, esposa de Gregorio Martínez Sierra, um dos dramaturgos espanhóis mais famosos do início do século XX: *Canción de cuna*, a obra que Garci levou para o cinema com *Berço da canção*, é dele. Ou melhor, está assinada por ele. Porque na verdade foi María quem a escreveu, assim como escreveu todas as outras obras do marido: é um fato comprovado (as pesquisas de Patricia O'Connor, Alda Blanco e Antonina Rodrigo são irrefutáveis) que Gregorio colaborou muito pouco, talvez nada.

De modo que ela foi autora de numerosos sucessos teatrais (suas obras foram representadas no exterior e transformadas em filmes em Hollywood), bem como a inspiradora de *Álbum de viaje*, do compositor Joaquín Turina, e de *Noches en los jardines de España*, de Manuel de Falla. Escreveu também os libretos de *El amor brujo* e *El sombrero de tres picos*, de Falla, e numerosas zarzuelas (como a celebérrima *Las golondrinas* [As andorinhas], de Usandizaga). Como se não bastasse, foi ensaísta, feminista, socialista e deputada (uma das primeiras) durante a República. Depois da guerra, viveu no exílio, trabalhando em jornais e rádios. Morreu em Buenos Aires, lúcida e ativa, poucos meses antes de completar cem anos. Isso foi em 1974: ou seja, ainda ontem. No entanto, seu nome não nos diz nada. Quando a esquerda começou a recuperar seus santos e a metê-los em nichos, esqueceram-se dela.

María nasceu em 1874, em San Millán de la Cogolla (La Rioja), mas se criou no povoado de Carabanchel (hoje um bairro de Madri), junto a um orfanato em que seu pai trabalhava como médico: viu, desde menininha, o horror e a dor da miséria. Na época, a Espanha era um país imobilista e atrasado, fechado a sete chaves ao devir da história. No mundo ocidental as coisas se moviam e as sufragistas começavam a reivindicar o voto e a voz para a mulher, mas aqui continuávamos ancorados num conceito retrógrado da feminilidade e da família, imposto por uma hierarquia eclesiástica ultramontana. Tão tardiamente como em 1920, por exemplo, tentou-se celebrar na Espanha uma coisa tão normal e inocente como o VIII Congresso Internacional da IWSA, a principal associação mundial para o sufrágio da mulher: mas no fim o evento foi suspenso e transferido para Genebra, pela oposição frontal do governo e das associações católicas.

Em 1870, Fernando de Castro fundou a Asociación para la Enseñanza de la Mujer, e, em 1876, Francisco Giner de los Ríos criou a Institución Libre de Enseñanza: dois pilares básicos para a modernização de nosso país. Ocorre que os progressistas sabiam que não podia haver progresso sem cultura, sem uma revolução básica que tirasse os cidadãos de sua miséria intelectual: no início do século XX, 70% dos espanhóis eram analfabetos. Esse anseio desesperado de modernidade e de futuro floresceu entre os grandes e inquietos intelectuais da chamada geração de 1914: Gregorio Marañón, Fernando de los Ríos, Salvador de Madariaga, Azaña, Clara Campoamor, Américo Castro, Victoria Kent, Ramiro e María de Maeztu... e nossa María Lejárraga, que também era professora. Eles todos, e mais alguns, fizeram a Espanha dar um salto de séculos na breve, fulgurante e desastrosa Segunda República.

Mas até chegar a esse ponto, o ambiente, sobretudo para as mulheres, era quase irrespirável. Em 1908, o jesuíta Alarcón dizia num livro que a emancipação da mulher era uma coisa aberrante e que "é preciso encerrar essas Eumênides em casas de correção ou em manicômios imediatamente". E em 1927 a revista religiosa *Iris de Paz* investia contra as sócias (Lejárraga entre elas) do Lyceum, o comportadíssimo clube feminino criado por María de Maeztu, no qual a única coisa que se fazia era comparecer a conferências culturais e beber chá e estudar um pouco: "A sociedade faria muito bem enclausurando-as como loucas e criminosas. O ambiente moral da rua e da família ganharia muito com a hospitalização ou o confinamento dessas mulheres excêntricas e desequilibradas". A hilaridade que tolices como essas nos causam hoje se obscurece se pensamos que ambos os padres se baseavam na experiência: encerrar em manicômios as mulheres rebeldes foi uma prática comum no mundo inteiro nos séculos XVIII e XIX.

Nesse entorno cresceu, viveu e se criou María Lejárraga. Seus contemporâneos dizem que era feinha; as fotos que temos de sua juventude nos mostram uma moça morena de aparência agradável. Provavelmente ela *se sentiu* feia e, sobretudo, diferente: era culta, escrevia, amava o teatro, falava idiomas, tinha estudos superiores (magistério), trabalhava. Aos 23 anos encontrou seu primeiro e último namorado: Gregorio Martínez Sierra, o filho de um vizinho, um fedelho de dezessete anos raquítico e tuberculoso (cinco irmãos dele morreram do bacilo), um garoto feiíssimo, ele sim, cabeçudo, sem queixo, as orelhas de abano e todo o aspecto de um rato. Mas gostava de teatro, de escrever poemas, de literatura.

Casaram-se três anos mais tarde, em 1900, e quando chegaram a seu apartamento, depois das bodas, abraçaram-se e exclamaram: "Agora ninguém mais manda em nós!". Ela tinha 26 anos e trabalhava havia cinco como professora: mas, como era mulher, só podia se emancipar por meio do casamento. Quanto a ele, aos vinte anos era um menino, e talvez nunca deixasse de sê-lo: um menino malcriado e imensamente fraco. Repassando as biografias de senhoras fortes e notáveis, é surpreendente ver quantas delas se uniram a homens fraquíssimos. Provavelmente eram os únicos que, em épocas muito duras para a mulher, permitiam que elas desenvolvessem ao menos algumas de suas capacidades.

Começaram a publicar antes de se casar. Ela lançou *Cuentos breves*, um volume para crianças que assinou, pela primeira e última vez, com seu próprio nome. Depois editaram quatro livros de Gregorio já escritos por ela, ainda que ele provavelmente tenha colaborado em um dos primeiros: quando jovem, tinha pretensões de poeta. Depois do casamento tudo continuou igual. Viviam do salário exíguo de professora que María ganhava, tendo de se levantar às cinco da manhã para preparar aulas e arrumar a casa. Às oito ela ia para o colégio, voltava ao meio-dia, fazia comida para os dois, retomava as aulas de tarde; e quando chegava em casa, ao cair da noite, punha-se a escrever os romances e as obras teatrais que depois assinava com o nome dele. Estava tão esgotada que ficou pele e osso. O médico lhe receitou comer carne malpassada, mas María se sentia incapaz de tocar na comida. Juan Ramón Jiménez, seu amigo íntimo, comprava obreias vazias na farmácia e as recheava com carne picada, obrigando-a a engolir como remédio.

Enquanto isso, Gregorio vadiava na cama até muito tarde. Mas é preciso dizer, para sermos justos, que ele não permanecia totalmente inativo. Parece que sempre foi muito hábil como organizador de projetos coletivos; era capaz de se autopromover de modo formidável e de ganhar dinheiro tirando leite de pedra. Assim, com essa habilidade e com uma energia notável, foi montando diversas revistas culturais e, por último, a importante editora Renacimiento. Como gestor, foi uma figura fundamental do Modernismo espanhol: claro que era María quem escrevia as revistas, corrigia as provas, cuidava da contabilidade.

Anos mais tarde Gregorio empregaria seu dom para os negócios em proveito próprio: montou uma companhia teatral que representava suas obras, e explorou a pobre María, fazendo-a escrever a rodo uma porcaria comercial atrás da outra, de tal forma que ele, que na juventude fora, como bom modernista, um defensor da Glória e da Beleza, foi depois considerado um "camelô da cultura", vendido à Fama e ao Dinheiro.

Tudo isso se deu a partir do clamoroso sucesso de *Canción de cuna* (1911). Mas a catástrofe já ocorrera. Em 1906, Gregorio se envolveu com a bela Catalina Bárcena, uma atriz famosa e jovem. É uma história tão clichê, e Gregorio parece tão insosso e tão feio, que ficamos tentadas a acreditar que seu amor pelo teatro provinha do sonho soterrado de se tornar empresário para poder seduzir a atriz principal (e foi exatamente o que ele fez). O fato é que Gregorio impôs Catalina, mas não se atreveu a abandonar María, por motivos óbvios. E o mais incrível é que María se conformou com isso. Sofreu muito e tentou se suicidar em 1909 (entrou no mar em Barcelona e foi resgatada por um homem), mas se conformou. María escrevia em silêncio para Gregorio e o dividia em silêncio com Catalina; e em silêncio suportava as grosseiras e mesquinhas crueldades da atriz, que estava exaltada (e acho que, de certo modo, eu a entendo) com essa rival que era mais velha e mais feia e nunca dizia nada, mas da qual era impossível se livrar porque *ela era parte de seu amante*, e além disso era a parte que ela achava mais atraente: a que correspondia ao talento, ao dinheiro e ao sucesso. De modo que María fazia obras de teatro concebidas para o brilho de Bárcena, e presume-se que Catalina devia ficar com esse sucesso meio atravessado na garganta. Há algo doentio nisso tudo.

Essa situação impossível se prolongou durante anos, até que em 1922 Catalina teve uma filha com Gregorio. Então

María finalmente se afastou e foi morar na França; mas continuou escrevendo para o marido e mantendo o silêncio até o final. As cartas de Gregorio para sua mulher são patéticas: pede textos e mais textos, como se ela fosse uma máquina. E não quer obras de teatro apenas, mas também artigos (encomenda-os de vinte em vinte), conferências, e até notas de falecimento (como o obituário de Luca de Tena). O apontador de sua companhia declarou, anos depois, que "todos nós no teatro sabíamos que era dona María quem escrevia as obras e que dom Gregorio não escrevia nem cartas para a família", e é exatamente essa a impressão causada pelas palavras de Gregorio.

Essa e a de ser um mentecapto: como quando se vangloria: "Pensei muito e tenho falado com muita gente. E vou deixando em toda parte um prestígio pessoal tão grande e tão sólido que só isso nos bastaria para ter a prosperidade garantida". Ou quando, em 1931, assim que foi declarada a República na Espanha, e enquanto a generosa María arde de paixão social e compromisso, ele escreve feito um camelô de Hollywood para lhe pedir que mande urgentemente "todos os argumentos que lhe ocorrerem, não se preocupe com originalidade nem com nuances: como os filmes são dirigidos a todo mundo, os estúdios preferem, justamente, temas rudimentares".

Em 1930, antes de viajar, e a fim de que María pudesse receber os direitos, Gregorio firmara um documento particular (e mantido em segredo) no qual declarava que "todas as minhas obras foram escritas em colaboração com minha mulher". A história da colaboração, é claro, é puro eufemismo: alguns meses antes, numa época em que María esteve meio doente, Gregorio lhe dizia numa carta: "Estou fazendo esforços inauditos para escrever até você melhorar. Acho que vou conseguir, mais cedo ou mais tarde. Já estou perdendo a timidez para dialogar, porque penso que o estou fazendo só para eu mesmo ler".

Na tragédia de nossa guerra e do exílio posterior, Gregorio, que partiu para a Argentina com a amante, abandonou totalmente María e não se preocupou em lhe enviar o dinheiro de suas obras. María viveu na França a Segunda Guerra Mundial, escondendo-se dos nazistas (os alemães perseguiam os republicanos espanhóis), morta de fome e de miséria, quase cega por uma catarata dupla. Em 1945 alguns amigos conseguiram localizá-la e a levaram para os Estados Unidos; também encontraram Gregorio e o obrigaram a cumprir com seu dever. Gregorio enviou algum dinheiro a María, pouco, e algumas cartas cheias de autocomiseração e de desculpas. Em 1947 o homem voltou para a Espanha, onde morreu duas semanas depois; 50% dos direitos das obras escritas por María passaram a ser da filha de Bárcena.

Em sua autobiografia *Gregorio y yo*, publicada aos 78 anos no exílio (México, Editorial Gandesa, 1952: um livro hoje impossível de ser encontrado e que algum editor deveria resgatar), María dá três motivos para a renúncia à sua identidade. Diz que o primeiro volume de contos foi recebido com tanta frieza por sua família que ela jurou nunca mais publicar nada com seu nome (uma desculpa fraca, mas que retrata a falta de estímulo enfrentada pela mulher que quisesse fazer algo diferente em sua vida). Ela acrescenta que, sendo professora, "não queria embaçar a limpidez de meu nome com a fama duvidosa que naquela época caía como um estigma quase desonroso em toda mulher *literata*". E por fim María menciona "o que talvez seja o motivo mais forte", o amor (ou melhor, uma concepção do amor que mais parece uma doença): "Casada, jovem e feliz, fui tomada por um orgulho de humildade que domina toda mulher quando ama verdadeiramente um homem". Como eles eram um casal legítimo, conclui, dariam a suas obras "o nome do pai".

Aqui é preciso dizer que María não teve filhos. Imagino-a sentindo-se mais velha e estéril e, naturalmente, culpada (onde nasce essa culpa tão profunda que costuma acorrentar as mulheres?) em relação a seu marido menino. Quando escreve sua autobiografia, no entanto, ela já passou por muita dor e muita vida. Por isso fala do "orgulho da humildade": porque a lúcida María (como é vigorosa, como é inteligente sua prosa) sabe que essa atitude, resultante de preconceitos milenares, é nefasta para a mulher.

Mas ainda falta contar a parte mais rocambolesca e fascinante dessa história incrível: a partir de 1917, María começou a escrever ensaios, conferências e livros feministas. Todos com a assinatura do marido. María, já traída por Gregorio e maltratada por Bárcena, aguentando tudo no mórbido confinamento de seu silêncio, começa a refletir sobre suas próprias contradições e faz com que o marido, como o boneco de um ventríloquo, divulgue e defenda publicamente suas análises: são mais efetivas se respaldadas por um homem. Assim chegamos ao perverso paradoxo de um Gregorio que dá conferências feministas e que denuncia publicamente o delírio em que, na verdade, ele vive: "As mulheres se calam porque, instruídas pela religião, acreditam firmemente que a resignação é uma virtude; calam-se por medo da violência do homem; calam-se pelo hábito da submissão; calam-se, em suma, porque, por força de séculos de escravidão, acabaram por ter alma de escravas", diz um dos ensaios, por exemplo.

Esse acerto de contas também ocorre nos textos dramáticos. Como aponta com argúcia a professora Alda Blanco, os personagens de *No le sirven las virtudes de su madre*, uma obra escrita em 1939, parecem falar pela autora. Uma sogra repreende o genro viúvo: "Foi sua companheira e não foi sua igual... Pensou com você, lutou com você, trabalhou com você... só você triunfou! Quem se retirou, na hora da vitória, a fim de lhe deixar toda a vanglória? Quem fez silêncio ao seu redor para que não se ouvisse senão sua voz? Ela foi a mulher que despertou do sono secular e sentiu seu direito como um pecado; aquela que, consciente de sua inteligência, quis perdoá-la, como se fosse um crime". Palavras amargas, que talvez María nunca tenha formulado na intimidade, mas que fez com que fossem ditas no espaço público a um Gregorio fictício. De algum modo (o sexismo é assim) tanto María como Gregorio foram, na verdade, meias pessoas, seres truncados e incompletos.

Foi durante a República que María recuperou a fala: começou a dar conferências feministas com seu próprio nome, tornou-se socialista, e se apresentou como candidata nas eleições de 1933. Em seu belo livro autobiográfico *Una mujer por caminos de España*, ela fala sobre a campanha eleitoral: épica, substancial, emocionante, numa Espanha faminta e dilacerada. María andava por aquelas cidades miseráveis com sua voz recém-resgatada, e usava essa voz justamente para dizer às mulheres (analfabetas, imundas, com crianças apinhadas nas saias) que elas tinham de sair de um silêncio de séculos: foi naquelas eleições que se legalizou o voto feminino. Eram palavras claras, palavras justas, palavras sonoras. Mas foram silenciadas pela guerra, pela derrota, pelo exílio.

María publicou os dois livros autobiográficos já citados no início dos anos 1950. Em *Gregorio y yo*, confessou sua autoria das obras, embora a tenha reduzido a mera colaboração: "Agora, velha e viúva, vejo-me obrigada a proclamar minha maternidade para poder receber meus direitos". Embora o livro seja muito respeitoso com a memória do marido, cavalheiros enfurecidos do mundo todo investiram contra as *pretensões literárias* de María: coisas da velha solidariedade masculina, como diz com humor Antonina Rodrigo em sua imprescindível biografia de Lejárraga. Quem sabe, talvez essa ira cheia de preconceitos tenha contribuído, uma vez mais, para calar María. Para que se fechassem novamente sobre ela as águas do esquecimento e do atroz silêncio feminino.

Laura Riding
A mais malvada

Vamos deixar claro desde o primeiro momento: Laura Riding era uma bruxa. E digo isso em todos os sentidos, do mais metafórico ao mais literal: porque ela acreditava ter poderes. Considerava-se uma criatura sobrenatural, uma deusa, e em certa época de sua vida se autodenominou *Conclusão*, sabe-se lá por que abracadábrico raciocínio. Porque estava muito louca, é claro. Mas sua loucura era essa loucura turva, essa obscuridade ardente e pavorosa que se aninha no coração dos humanos: um abismo de perdição reconhecível. Por isso Laura Riding, poeta e crítica literária, inteligente e pérfida, capturou, em seu delírio, um bom punhado de pessoas valiosas: escritores, pintores, fotógrafos. Homens e mulheres de cabeça boa e talvez de bom coração, mas sem a serenidade e o equilíbrio suficientes para enfrentar Laura, que era uma força maligna comparável a um tornado. Por onde ela passava, tudo desmoronava.

O período mais espetacular de sua vida é o de seu relacionamento com o magnífico poeta e romancista britânico Robert Graves, autor de *I, Claudius*, com quem ela conviveu durante treze anos. Robert Graves era um jovem genial, mas psiquicamente frágil: depois de sua passagem pelas trincheiras sangrentas da Primeira Guerra Mundial, ficou com neurose de guerra. Voltou para casa fraco e espantado, consciente, como todos os seus coetâneos, de que o mundo conhecido se fizera em pedaços e de que era necessário criar um novo. De um ponto de vista moral, principalmente: se a ética burguesa tinha desembocado em semelhante horror bélico, é porque seus princípios eram errôneos. Seria preciso definir outra vez o que era o Bem e o Mal, reorganizar um universo desarticulado.

Do outro lado do Atlântico, uma jovem norte-americana que pertencia ao grupo modernista The Fugitives estava fazendo justamente isso: profetizando, com palavras de visionária, uma nova ordem moral. Uma revolução espiritual que, segundo ela, os poetas deviam liderar. Essa moça era Laura Riding. Tinha 24 anos e acabava de se separar de seu primeiro marido (Louis Gottschalk, que depois se transformaria num historiador notável) quando, em 1925, entrou em contato por carta com Robert Graves, que já era, na época, um poeta conhecido. O verbo iluminado de Riding fascinou Graves a tal ponto que a convidou para ir com ele e sua mulher ao Egito, onde o escritor, sem um tostão no bolso, assinara um contrato para dar aulas no Cairo durante três anos. Laura fez as malas da noite para o dia e embarcou para a Inglaterra. Um dos fundadores do The Fugitives, o poeta Allen Tate, que tivera um ligeiro flerte com Riding, escreveu a um amigo: "Pressinto um desastre: Laura é, sem dúvida, a mulher mais louca que já conheci, e se Graves não estiver louco (e desconfio que esteja, pois convidou às cegas uma senhora que leu, mas nunca viu), vai virar um maníaco em menos de um mês".

Na época, Graves já completara trinta anos, estava casado com Nancy Nicholson e tinha quatro filhos. Nancy, artista e filha de artista, era de esquerda e feminista (pôs seu próprio sobrenome nas duas filhas e o de Graves nos dois meninos) e, como o marido, estava disposta a pegar o touro pelos chifres. A busca de uma nova moralidade passava, em primeiro lugar, pelas relações familiares e sexuais; os jovens progressistas de toda a Europa (Simone de Beauvoir e Jean-Paul Sartre, como vimos, estavam fazendo na França algo semelhante) decidiram viver seus amores *honestamente*, à margem dos preconceitos burgueses. E assim, os triângulos, as infidelidades, as dúvidas e as dualidades emocionais; todas essas inquietudes do coração, enfim, tão velhas como o mundo e frutos de nossa necessidade e de nossa frivolidade, de repente se transformaram em pura filosofia, num pântano de papo-furado transcendental (isso aconteceria novamente no fim dos anos 1960). De maneira que aquilo que até então fora conhecido na Inglaterra como um vulgar ménage à trois transmutou-se, sob a influência de Laura, na Trindade ou no Círculo Sagrado.

Pois era assim que Riding denominava, com estrépito, sua relação com Robert e Nancy, que consistia basicamente em que ela e Graves dormissem e escrevessem juntos no andar de cima e Nancy e as crianças morassem, felizes, no de baixo. Ainda que depois a realidade, é claro, não fosse tão feliz, muito pelo contrário. O triângulo e os problemas tinham começado já na viagem ao Egito: Laura disse que a casa do Cairo na qual moravam estava enfeitiçada, e todos começaram a se sentir tão mal que Graves, meio enlouquecido, rescindiu o contrato e voltou para a Inglaterra. Era ela, Laura, que criava essa atmosfera gelatinosa e irrespirável: um padrão de comportamento que se repetiria várias vezes.

De novo na Grã-Bretanha, Nancy tentou corajosamente se adaptar à parte que lhe cabia na Trindade (Laura se deitava com Graves, mas levava um retrato de Nancy pendurado no pescoço), e quando não conseguiu mais suportar, se mudou e foi morar com as crianças numa velha barcaça sobre o Tâmisa. Mesmo assim todos continuavam juntos. "É uma pena que, agora que os turcos abandonaram a poligamia, Robert tenha resolvido adotá-la", comentou o pai de Nancy. Enquanto isso, Laura escrevia sem parar, às vezes em colaboração com Graves, outras vezes sozinha, versos e ensaios cada vez mais obscuros e mais estrondosos, livros progressivamente ininteligíveis que só conseguia publicar se Robert forçasse seus editores, obrigando-os a lançar Laura para poder tê-lo. Das obras de Riding se vendiam apenas 25 exemplares, no máximo cem; mas ela mantinha um estranho prestígio entre um pequeno número de intelectuais britânicos e norte-americanos. Laura era a típica autora maldita, essa artista que é admirada justamente por não ser entendida, para então sentir-se superior e membro refinado de um grupo de iniciados.

Laura reinava. Vampirizou Robert e dominou Nancy, e afastou ambos de seu meio, de suas famílias e de seus conhecidos. Começou a criar sua própria corte: novos amigos que se aproximavam do Círculo Sagrado com o humilde desejo de venerá-la. Ela era uma deusa e Graves, seu sacerdote. Assim viveram durante quatro anos; e depois veio a catástrofe de 1929. A biografia de Graves, feita por seu sobrinho Richard (um dos livros mais cativantes que já li), relata com humor e vigor essa crise assustadora.

Tudo começou quando Laura convidou o poeta irlandês Geoffrey Phibbs para ir a Londres. Não o conhecia pessoalmente: como no caso de Graves, a posse começou por carta. Phibbs veio com Norah, sua mulher, que era artista, e foram recebidos pela Trindade completa. Ela foi deixada num hotel, deram-lhe uma garrafa de conhaque e lhe disseram: "Beba isto e esqueça as lágrimas". Phibbs foi instalado em casa e, depois de queimar todas as suas posses (Laura dizia que estavam contaminadas por sua esposa), Riding o transformou em seu amante. Robert estava destruído, mas aceitava, submisso, a situação. Quanto a Phibbs, fora absorvido pelo poderoso delírio de Laura, magnético como o dogma de uma seita: "Fui de um estado de não consciência e não felicidade a um estado de felicidade consciente", dizia Phibbs em suas primeiras semanas dentro do Círculo Sagrado. Como qualquer guru, Laura prometia a salvação pessoal na anulação do eu: era um buraco negro aterrador e fascinante que sugava tudo.

No entanto, depois de três meses, uma parte de Phibbs — a mais sã — o fez sair correndo e fugir de Londres. Laura enlouqueceu (ainda mais) e mandou Robert e Nancy atrás dele. Por fim o localizaram na França: estava com Norah num hotel de Rouen. Os três apareceram ali certa manhã e Laura fez uma oferta: tinham se equivocado ao não incluir Norah no Círculo, agora a convidavam também para entrar, e em vez de uma vida-a-quatro seria uma vida-a-cinco maravilhosa. Mas Norah recusou e Laura se jogou no chão, esperneando.

Norah e Phibbs fugiram para a Irlanda. Laura lhe mandava pelo correio bilhetes de ônibus usados, arames retorcidos, feitiços. Por fim, mandou Robert, que levou Phibbs arrastado para Londres. Lá, certa noite houve um debate torturante entre os quatro: como era possível que ele quisesse partir, como era possível que rejeitasse Laura, como era possível que não quisesse continuar a Obra que estava escrevendo com ela (Riding empreendia trabalhos literários megalomaníacos com todos os seus homens). Ao amanhecer, Laura, percebendo que tinha perdido seu poder sobre Phibbs, achou que isso significava a vitória do demônio (ela era o Bem, e não amá-la era entregar-se ao Mal), sentou-se elegantemente no parapeito da janela, olhou para os três, disse "Adeus, amigos" e se atirou do quarto andar para o vazio. Robert saiu correndo escada abaixo, e ao chegar ao terceiro andar se atirou, por sua vez, pela janela. Phibbs também saiu correndo, mas sem parar: abriu a porta da rua e desapareceu na distância. Quanto a Nancy, foi a única capaz de manter certa tranquilidade e avisar a polícia.

Robert só estava machucado, mas Laura havia triturado quatro vértebras e tinha a medula espinhal exposta. Surpreendentemente, e contra todo prognóstico, não só não morreu como nem sequer ficou paralisada. Isso fez com que seu delírio divino aumentasse: ela era mágica, sagrada, tinha morrido e renascido pelos pecados dos outros. Nesse meio-tempo, Phibbs e Nancy se apaixonaram (viveram juntos cinco anos, e depois Phibbs se tornou uma autoridade em algo tão enfadonhamente sensato como os jardins vitorianos). Graves tentou explicar a situação a um amigo com palavras que vinham, sem dúvida, de Laura, e que deixam entrever o denso emaranhado de seu raciocínio: "O Geoffrey louco morreu, bem como o Geoffrey sensato demais. Então nasceu o Geoffrey médio, que é o Geoffrey-com--Nancy. Laura pode gostar muito do novo Geoffrey-com-Nancy, mas agora ela escreve como Laura, não como Laura-com-Geoffrey. Por sua vez, ele mora na barcaça, não no apartamento. E escreve como Geoffrey, não como Geoffrey-com-Laura".

Depois do acidente ou da ressurreição, dependendo do ponto de vista, Robert e Laura se mudaram para a Espanha, para uma casinha em Deyá, em Palma de Mallorca. Os anos em Deyá (de 1930 a 1936) foram o apogeu do império de Laura. Com suas palavras herméticas e iluminadas, com seu canto promissor e desconexo, Riding atraía para lá, como as sereias atraem os pobres marinheiros para as rochas, um monte de homens e mulheres jovens e idealistas, artistas frágeis que ela martirizava intelectual e emocionalmente, exigindo-lhes uma adoração sem limites. As fotos da época a mostram horrenda, fantasiada com roupas marroquinas antigas, coberta de joias, um diadema de ouro com seu nome gravado em grego ("era como uma rainha hitita", definiu-a o escritor e mais tarde diretor da revista *Time* Tom Matthews, uma de suas vítimas) e um eterno sorrisinho de bondade angelical curvando seus lábios finos de bruxa. Graves, nesse período, levava todo dia café na cama para ela, enrolava seus cigarros, fazia suas compras, a enchia de presentes. Ela tinha parado de se deitar com ele (na verdade, abandonara publicamente o sexo como algo sujo) e o tratava como um cão.

Laura nasceu em 1901, em Nova York, filha de um imigrante judeu, polonês e pobre: três terríveis estigmas da época que a marcaram para sempre com um sentimento de inferioridade social. De seu pai, que era um marxista fanático e queria transformar a filha numa ativista à la Rosa Luxemburgo, herdou o desejo de salvar o mundo (e a fé necessária para tanto). De sua mãe recebeu uma herança muito mais perturbadora: um *terrível segredo* a que Riding se referia muitas vezes e parece ser o medo da loucura, que ao mesmo tempo podia ser uma espécie de dom poético e profético. O único irmão de Laura passou metade da vida dentro de um manicômio, e a mãe era um ser extravagante: acreditava estar doente da vista e vivia com uma meia amarrada sobre os olhos, branca em casa, preta na rua.

Há pouca documentação sobre Laura Riding, e a biografia publicada por Deborah Baker em 1993 é fundamental. Trata-se de um trabalho sólido e brilhante, cujo único defeito consiste em tomar ao pé da letra a obra de Laura, em tentar explicar coerentemente o delírio de sua selva de palavras, em vez de entendê-lo a partir do avanço devastador da loucura e da trágica atração que essa demência teve para tantas pessoas, porque refletia a desordem interior que se aninha em todos. Pois o que chamamos de *loucura* não é algo que esteja fora de nós, e sim um ingrediente habitual dos humanos (talvez sejam as proporções que variem, o equilíbrio).

Os poemas de Riding são estranhos e, às vezes, principalmente os mais juvenis, inquietantes e sugestivos. Como Laura se sentia diferente do mundo, ela quis transformar o mundo no que ela era, e para isso usava a palavra. Outro modernista como ela, James Joyce, que também era um tanto perturbado e um bocado malvado, publicou em 1922 um romance incompreensível, o *Ulysses*, que, no entanto, virou uma peça de culto, resgatando assim seu autor de um possível destino de marginalidade e demência. Mas Riding não teve essa sorte: o mundo não quis escutar sua voz diferente. De modo que ela teve de se refugiar na construção de pequenos espaços pessoais (como o reino de Deyá), em cujo isolamento foi enlouquecendo cada vez mais. E assim, primeiro planejou fazer a *Vulgata*, uma enciclopédia com a qual definiria novamente todos os conceitos existentes; e anos depois decidiu mergulhar em sua *opera magna*: faria um dicionário, porque recriar as palavras era recriar o universo. Tom Matthews resumiu com comovente argúcia o trágico destino de Riding quando disse que lê-la era "como ouvir um homem que anseia apaixonadamente ser ouvido, mas que tem tamanho defeito de dicção que não consegue ser entendido".

Nesse meio-tempo, Laura levou adiante outro projeto: o Primeiro Protocolo, um manifesto absolutamente demencial no qual se dizia que a história havia acabado e se augurava a salvação por intermédio das mulheres. O mais incrível é que o Primeiro Protocolo foi firmado por várias dezenas de intelectuais britânicos e norte-americanos: é que se viviam tempos apocalípticos, a Segunda Guerra Mundial ameaçava estourar a qualquer momento e, na verdade, parecia que a história havia acabado para sempre. Os seguidores de Laura acreditavam que ela poderia deter a guerra, o que dá uma ideia da força das miragens de Riding e do grau de necessidade dos subscritores.

Um desses subscritores era Schuyler Jackson, poeta norte-americano e crítico literário da *Time*. Schuyler, um homem de mente propensa ao fanatismo (seguira um guru armênio durante oito anos), era um personagem parecido com Laura. Seus amigos o consideravam um gênio, mas socialmente ele estava marginalizado e sobrevivia trabalhando como granjeiro junto da esposa Kit e seus quatro filhos. Schuyler e Laura, que não se conheciam, começaram uma relação epistolar, e deflagrou-se outra vez o velho processo. Em 1939 Laura decidiu se mudar para os Estados Unidos com Graves e alguns amigos. Foram morar na granja de Schuyler, e Laura se trancou com ele num quarto durante dois dias. Ao sair, declarou: "Schuyler e eu nos juntamos". O período de castidade tinha terminado.

O ambiente, conta Tom Matthews, começou a adquirir novamente a densidade terrível dos pesadelos. Pouco a pouco o ar se tornava incandescente. Uma tarde, Kit, a mulher de Schuyler, surtou. Apoiou a cabeça na toalha e caiu no choro; depois foi para o campo com os filhos e tentou estrangular a filha mais velha, de doze anos. Foi levada numa camisa de força. Laura declarou que ela era bruxa e obrigou todos a queimarem os objetos pessoais de Kit num ritual purificador. As crianças também foram informadas de que a mãe estava endemoniada e andara celebrando assustadoras cerimônias de magia negra. É nessas horas que a perversidade de Laura alcança níveis mais aterradores: essa pobre Kit que ela quebrantou (esteve internada em manicômios e foi submetida a eletrochoques durante muito tempo). E essas crianças que ela atormentou. Antes os filhos de Graves também tinham sido cruelmente negligenciados e maltratados.

Aquilo foi o começo do fim. Riding encontrara em Schuyler a fôrma de seu sapato, um ser tão dominante e tão perturbado quanto ela. Schuyler obrigou Laura a cortar relações com todos os amigos, inclusive Graves, que se casou com uma moça sensata e voltou ao mundo dos sensatos. Riding e Schuyler também se casaram; viveram isolados e miseravelmente durante trinta anos (ele morreu em 1968, ela em 1991), os dois imersos na elaboração infinita e impossível do famoso dicionário, que, óbvio, nunca foi concluído. Laura esfregava, cozinhava e limpava para Schuyler, e nunca mais escreveu um único poema: ele acabou com ela (e ela com ele).

Sete anos depois de ter rompido com Riding, Graves publicou *A deusa branca*, um denso e belo ensaio mítico inspirado em Laura. E em 1960 ainda estava impactado por sua lembrança o suficiente para acrescentar um epílogo à obra:

"Nenhum poeta toma consciência da Musa a não ser por meio de sua experiência com uma mulher na qual a Deusa, até certo ponto, reside". Que um grande escritor a defina como a encarnação de uma deusa é sem dúvida um triunfo para Laura, mas para mim o que ela representa não é divino, e sim profundamente humano. Ela seria a maldade essencial, a alma obscura.

George Sand
A plenitude

Balzac a chamava de *leoa de Berry*, e é claro que George Sand correspondia ao estereótipo desse grande felino: era uma força animal, uma criatura poderosa e indômita. Na juventude foi considerada uma mulher muito atraente, principalmente pelos olhos, tão negros como um mau pensamento, extraordinários, uns olhões como lagos escuros que inundavam seu rosto ("seus olhares ardentes faziam meu coração voar", dizia Chopin); mas seu maior encanto residia em outro tipo de beleza: em sua integridade, sua sabedoria, sua paixão generosa. Valores que, com o tempo, foram se tornando cada vez mais evidentes, de maneira que George Sand/Aurore Dupin foi aumentando seu poder de atração à medida que envelhecia, conquistando amizades cada vez mais profundas, como as de Gustave Flaubert ou Dumas Filho. De fato, Sand deu um jeito de manter até a sedução física, e já sessentona, por exemplo, desfrutou de uma intensa relação carnal com o charmoso George Marchal, um pintor 22 anos mais jovem que ela. Sempre foi uma mulher extremamente livre.

Essa completa liberdade interior foi, sem dúvida, uma conquista de sua coragem e de sua inteligência, mas ela também *pôde* fazer isso (como Beauvoir *pôde* ser Beauvoir cem anos mais tarde ou como, apenas meio século antes, Wollstonecraft *não pôde*) por ter vivido justamente num momento histórico propício à mudança e à ruptura progressista: o Romantismo. "Liberdade na literatura, nas artes, na indústria, no comércio, na consciência. Eis a divisa da época", dizia Victor Hugo, definindo o espírito do movimento. E Shelley publicava em 1814 seus ensaios sobre a vida, reivindicando a liberdade amorosa. Anos depois a convencionalidade voltaria a triunfar, mas na época se lutava contra as velhas normas, ou melhor, contra toda norma, porque ser romântico era estar em completa evolução, perpétua busca, perpétuo aprendizado: por isso a viagem e a figura do viajante eram o emblema do Romantismo. George Sand nasceu em 1804 e sua vida, tão moderna e audaz, naturalmente provocou escândalo e rejeição. Mas, diante da repulsa do grosso da sociedade, ela sempre contou com o apoio de seus pares: artistas, intelectuais e leitores progressistas. Não estava sozinha, e isso, o poder de se reconhecer no olhar dos outros, marca a linha divisória entre a marginalização e a integração, entre a serenidade e a loucura. Assim, enquanto Mary Wollstonecraft se sentia um monstro incompreendido, George Sand reinou entre os seus.

Tudo em Sand parece extraordinário, até mesmo suas origens. Por parte de pai, descendia de uma linhagem de bastardos refinados: seu bisavô foi um duque, filho natural, mas reconhecido, do rei da Polônia Frederick Augusto. Mas a mãe de Sand vinha da sarjeta: trabalhara como prostituta em batalhões de soldados. Conheceu o pai de George, que era tenente, justamente nesse ofício. Apaixonaram-se e se casaram vinte dias antes do nascimento de Sand. Ela tinha 31 anos, ele, 26. A aristocrática família do jovem militar ficou indignada com o casamento.

Cinco anos mais tarde, o pai quebrou o pescoço ao cair de um cavalo. A avó Dupin queria ficar com Aurore e se ofereceu para dar uma pensão à nora se ela partisse e lhe deixasse a menina. Aurore/George implorou à mãe para que não a *vendesse*, mas a mulher aceitou o trato e foi para Paris. George ficou em Nohant, a bela mansão solarenga que a avó possuía na região francesa de Berry, sonhando com que a mãe um dia viesse buscá-la. Isso nunca aconteceu.

Aurore cresceu selvagem em Nohant, lendo todos os livros da biblioteca, vestindo-se de menino para dar longas cavalgadas pelos arredores, escrevendo noveletas sentimentais desde a adolescência. Tinha dezessete anos quando a avó morreu e ela herdou a mansão; sentia-se adulta e queria ser livre, mas então sua mãe se empenhou em tomar conta dela, provavelmente porque agora era uma filha relativamente rica. Ao longo de sua vida, Sand viu-se com frequência implicada, muito a contragosto, em sórdidos pleitos econômicos. Talvez tenha sido por isso, por reagir a isso, que sempre tenha dado tão pouca importância ao dinheiro: ela mesma era uma mulher tremendamente austera, capaz de viver com pouco, mas que para os outros era de uma generosidade sem limites. Dava dinheiro para seus filhos, para seus amantes, para seus ex-amantes; para seus amigos, para seus companheiros de luta política (foi uma fervorosa partidária da república, do proletariado e das diversas revoluções do século XIX francês); e para todos que lhe pediam ajuda. Apesar disso, ou melhor, justamente por isso, suas finanças eram bastante precárias. Nohant custava mais do que dava e a pobre George Sand passou por épocas de autêntica penúria e teve de escrever a marchas forçadas durante toda a vida (suas obras completas somam mais de uma centena de tomos).

Para poder escapar da tutela da mãe, Aurore se casou aos dezoito anos com Casimir Dudevant, um jovem barão sem dinheiro com quem teve imediatamente um filho, o amado Maurice. Casimir não era malvado, mas era insensível e chatíssimo. Passava o dia caçando, bebia muito, não entendia, de jeito nenhum, sua mulher, e um dia a esbofeteou em público: sem raiva, de leve, mas a dor da humilhação foi a mesma. Aurore se angustiava, tinha vertigens, sentia-se morrer, queria se matar. Sua vida de passiva malcasada não tinha sentido nem substância. Se não fosse pelo filho, escreve ela, teria se suicidado. Durante muitos anos as crises de spleen, que era a doença da moda, rondaram George Sand: os ataques de melancolia aguda, os impulsos suicidas.

Em meio a essa crispação mortiça apareceu Aurélien, um jovem juiz. Foi paixão à primeira vista, mas Aurore não queria ser adúltera e manteve a relação no terreno platônico: muita palavra tórrida, muito dar-se as mãos desesperadamente, grande profusão de lágrimas românticas. Um dia, Casimir entrou no salão de repente e pegou Aurélien de joelhos, chorando. George jurou ser inocente: "Vejo perfeitamente que você não me ama mais, pois acredita no que seus olhos veem e não no que lhe digo", alfinetou, com ofendida dignidade, o marido. E estava duplamente certa: porque na verdade não tinha se deitado com Aurélien e porque o amor, em todo caso, consiste em cegar-se diante do engano e em ver o outro não como ele é na realidade, mas como diz ser, em sua representação (como uma atriz, como um ator) do papel que nossos desejos lhe atribuem.

George Sand conhecia muito bem tudo isso, os paradoxos do amor e as mentiras da paixão, tão dolorosas como uma grande verdade. Tinha uma capacidade ardente e generosa de se apaixonar ("não posso, nem quero, viver sem amor") e utilizou-a profusamente. Nisso, como em todo o resto, ela quis aprimorar-se cada vez mais; e assim, com o tempo, conseguiu ser mais feliz e amar mais acertadamente. Mas os primeiros anos de sua vida adulta foram caóticos e febris, um vaivém de paixões arrebatadoras.

Depois de dar à luz sua filha Solange (dizem que o pai foi um tal de Stéphane, seu primeiro amante), Aurore rompeu com Casimir e foi para Paris. Tinha 26 anos e estava sem um tostão, porque o marido tinha ficado com Nohant, com as crianças, com tudo o que era dela. "Embarco no mar tempestuoso da literatura. É preciso viver", disse assim que chegou à capital; e começou a colaborar com os periódicos. Vestia-se de homem para economizar dinheiro (sobrecasaca cinza, colete de lã, gravata, chapéu) e assim conheceu a Revolução de 1830 e a boemia. Rodeada de jovens artistas e ativistas, ia a teatros, debatia em tertúlias políticas e literárias, fumava cigarros nos cafés, jantava pombos e vinho tinto às duas da madrugada em tabernas barulhentas. Apaixonou-se por um jovem literato de dezenove anos, Jules Sandeau, e com ele escreveu seu primeiro romance, *Rose et Blanche*: assinaram com o nome de Jules Sand e fizeram muito sucesso. Na época do segundo romance, *Indiana*, Aurore já havia rompido com Jules e o escreveu sozinha. Assinou George Sand, e a partir daí foi George para sempre: até seus filhos e seus amantes a chamavam assim.

Adotar um pseudônimo masculino era um recurso habitual entre as escritoras do século XIX. Com isso se buscava proteger a identidade e o prestígio social da autora (as *mulheres sábias* não eram bem-vistas) e, ao mesmo tempo, conseguir do público uma leitura isenta de preconceitos (os livros escritos por *senhoritas* eram considerados, já de saída, como literatura menor). Por outro lado, o mundo era tão sexista naquela época que havia uma linguagem social e cultural que não estava ao alcance das mulheres. Quando, ao narrar em primeira pessoa suas lembranças de *Un hiver à Majorque* [Um inverno em Maiorca], George Sand se faz passar por um homem jovem, é porque assim pode se descrever, por exemplo, como "movido pela indômita e caprichosa mania de independência": uma frase que pareceria chocante e impossível de se dizer a partir das estreitas limitações da personalidade feminina da época. E assim, embora todos os seus leitores soubessem que era uma mulher, ela continuava tendo de escrever no masculino para que sua literatura não destoasse.

Enfim, Sand rompeu com o clichê e a clausura de seu destino de fêmea: por isso assumiu o nome George até em sua vida íntima. Não porque quisesse se transformar num homem, mas porque era uma espécie de mulher que não estava incluída nos cânones. Ela era outra coisa: montava a cavalo, escalava montanhas e, em suas excursões a pé pelo campo, dormia sozinha, fantasiada de homem, na intempérie. Sand sabia que os estereótipos sociais decorrentes do sexo eram absurdos e limitadores, de modo que se empenhou em dinamitá-los. E assim, no livro *Lettres d'un voyageur* [Cartas de um viajante], por exemplo, escrito, como o restante de sua obra, em voz masculina, o narrador chega a dizer: "Eu sou um poeta, isto é, na verdade sou uma mulher", encerrando o círculo de ambiguidades e transgressões: é a dama que finge ser um homem que se confessa feminino.

Toda a obra de Sand foi escrita com essa intensa percepção da liberdade pessoal. *Indiana*, que foi um sucesso imediato, é a história de uma mulher malcasada que tenta a sorte com um primeiro amante e se dá mal, e por fim encontra a felicidade com um terceiro: um tema atrevido que mostra o clima de ruptura da época. Sand se transformou de imediato numa celebridade, numa extravagância, numa heroína para os românticos, numa vergonha para os conservadores, num escândalo.

Mas ela continuava buscando seu caminho, desprezando insultos e afagos, surpreendentemente livre e sempre disposta a se arriscar, a experimentar e a se equivocar. Fazia de tudo: escrevia sem parar, e litigava contra o marido para recuperar Nohant e a tutela dos filhos (processo que, contra todo prognóstico, conseguiu ganhar), e tinha numerosos amantes. Era sensual, vital, imensa: "Esta noite também quero que você venha", escreveu em seu diário, referindo-se a Sandeau: "Estou acabada com as mordidas e os tapas. Não consigo me manter em pé. Me sinto freneticamente feliz". Sabia apreciar, enfim, a glória da carne.

Com o poeta Alfred de Musset, neurótico e perverso, viveu uma dolorosa e célebre paixão. Com Louis Michel, advogado e revolucionário, reafirmou sua ideologia radical e aprendeu a falar do proletariado. Entretanto, houve muitos outros homens, e seus amores eram a fofoca de toda Paris. Era difamada, mas se mantinha impassível, atenta às palpitações da existência e à sua própria obra: "O ofício de escrever é uma paixão violenta, quase indestrutível". Seu estilo é poderoso, luminoso, sonoro. Há mais de um século, sua obra alcançou um grande sucesso; Flaubert, Dostoiévski, Charlotte Brontë, George Eliot e Turguêniev a admiravam, Henry James a denominava *a grande maga*, Proust elogiou a bela fluidez de suas frases. Hoje os romances de Sand soam antiquados, mas seus livros de reflexões e ensaios (*Un hiver à Majorque*, *Lettres d'un voyageur* e *Histoire de ma vie*) ainda conservam um encanto singular. São cheios de vida.

Aos 34 anos, Sand estava cansada de si mesma e de sua compulsiva necessidade de amar, que fazia com que inventasse uma paixão atrás da outra: "Sempre perseguindo sombras: que tédio". Ela queria um amor estável e sereno, e às vezes temia não saber amar. Nesse momento apareceu Chopin, que tinha 28 anos, um temperamento difícil, tuberculose e repulsa ao sexo. Repulsa que George o fez superar, pelo menos no início. George Sand se devotou a Chopin: cuidava dele, mimava-o, protegia-o. Com o tempo, Chopin se transformou em outro filho para ela ("tenho três crianças aos meus cuidados"). Sand ficou onze anos com o músico, os sete últimos "vivendo com ele e com os demais como uma virgem". No entanto, não foi ela que rompeu a relação. Segundo conta Jean Chalon em sua trepidante biografia, Solange, a filha de George, casara-se com um desalmado, um escultor cheio de dívidas que tentou depenar a escritora. Como não o conseguiram plenamente, Solange e o marido se dedicaram a difamar Sand, e Chopin, nutrindo uma paixão platônica por Solange, tomou o partido dela. Assim, George perdeu, de um só golpe, a filha e o companheiro. Dessa última perda ela se alegra: "Ah, que alívio, que libertação! Sempre suportando esse espírito tacanho e despótico, mas sempre acorrentada pela compaixão e pelo medo de que ele morresse de pesar!".

Além disso, na época Sand estava muito ocupada, participando ativamente em Paris da Revolução de 1848: "Estarei ao lado das vítimas e contra os carrascos até meus últimos momentos". Seu envolvimento foi tão grande que, após a derrota, ela se escondeu em Nohant temendo ser detida: foram meses cinzentos de autoexílio, sem dinheiro nem para acender a lareira de seu quarto nas noites geladas. Mas foi aí que conheceu Alexandre Manceau, um gravurista de 32 anos (ela tinha 45), amigo de seu filho Maurice. Manceau é o amor de sua vida; o dicionário de autores Bompiani fala da serena maturidade da baronesa de Nohant, "ainda que os maliciosos lhe reprovem a presença de um jovem e arrogante secretário". Esse jovem era Manceau; e não era arrogante, mas amável e sensual. Viveram juntos durante quinze anos, até que ele morreu de tuberculose.

"Agora sei que as mulheres velhas são mais amadas que as jovens", escreveu triunfalmente Sand na época de seu início com Manceau. Ela tinha motivos para se sentir satisfeita: fazia tempo que não pensava em suicídio, o spleen desaparecera de seus escritos, amava e vivia cada vez com mais serenidade e profundidade. Essa evolução para a plenitude é o maior êxito de George Sand. E assim, embora a existência seja dura e a morte lhe arrebate os seres queridos, embora o corpo se deteriore, as revoluções fracassem e o dinheiro não chegue, Sand vai se construindo progressivamente na compreensão e na sabedoria, numa calma oriental e profunda. "Somos velhos e feios", escreveu, por exemplo, aos 54 anos: "Manceau está engordando, Maurice está calvo e eu tenho cem anos. E que importa, se nos amamos o suficiente para que, entre nós, nos achemos charmosos?".

Embora a perda de Manceau e de sua neta Nini tenham partido seu coração, Sand sempre foi capaz de voltar a escrever, de voltar a sonhar, de voltar a se apaixonar: "Covardia não é abnegação: ai daquele que se resigna". Ela, é claro, nunca se resignava: "Acho que estou começando minha vida de novo", escreveu aos 63 anos: na época estava mantendo um apaixonado relacionamento sexual com o jovem Marchal. "Para mim a vida é sempre o momento presente". Com setenta anos se banhava nas torrentes geladas de Nohant, escrevia, preparava geleia de cerejas, comparecia regularmente à famosa tertúlia das *ceias da quinzena*, com Flaubert, Zola, Renan e os Goncourt, e era adorada por seus amigos. "É excelente ser velho. É a melhor idade, é a época em que o entendimento vê com mais lucidez."

Um dia, aos 72 anos, teve uma obstrução intestinal. Durante algumas semanas não se sentiu mal, mas presumiu que o fim estava próximo. As dores começaram, afinal: eram brutais. George gritava pedindo a morte, que demorou nove dias a chegar. Sua agonia, em suma, foi completa e cabal, tão intensa como o resto de sua existência.

Mas é provável que, se tivesse conhecido antecipadamente esse tormento, a corajosa Sand o tivesse aceitado como algo coerente. Penso que estaria disposta a pagar com nove dias de sofrimento por uma velhice que não a levou à deterioração nem à senilidade, por uma vida plena até o final. Três horas antes de as dores começarem, ela escreveu suas últimas linhas na carta que dirigiu a um sobrinho: "Não se preocupe. Vi muita gente e, além disso, já vivi meu tempo, e não fico triste com qualquer eventualidade. Acredito que está tudo bem, viver e morrer, é morrer e viver cada vez melhor. Sua tia que o ama, George Sand".

Isabelle Eberhardt
Fome de martírio

> *Quanto mais longe deixo o passado, mais perto estou de forjar meu próprio caráter.*
> Isabelle Eberhardt

Em 21 de outubro de 1904, uma enchente destruiu metade do povoado argelino de Aïn Séfra. Quando as águas baixaram, os soldados da guarnição francesa descobriram, entre as ruínas de uma pobre cabana, duas pernas de mulher fincadas no lodo. Pertenciam ao cadáver de Isabelle Eberhardt, também chamada Nicolas Podolinski, também chamada Mahmoud Saadi, uma escritora suíça de 27 anos que se fazia passar por um rapaz muçulmano: falava e escrevia árabe perfeitamente, se convertera ao islamismo e pertencia a uma irmandade sufi.

Embora tenha morrido muito jovem, Isabelle-Mahmoud teve tempo de levar às costas a bagagem de uma existência misteriosa e extraordinária. Percorreu o Magreb fantasiada de homem; dormia no deserto com os beduínos, cavalgava entre as dunas, conversava durante o dia sobre mistérios místicos com os *marabouts* (líderes religiosos) e à noite visitava todos os bordéis do norte da África. Sua vida foi excêntrica, ambígua, cheia de dor e de contradições. Por exemplo, ajudou a coletar impostos para a administração francesa imperialista, mas também participou de manifestações independentistas. E foi expulsa da Argélia pelo governo colonial, que acreditou ver nela uma agitadora política, mas anos depois serviu de agente mais ou menos secreto para o general francês Lyautey.

No entanto, o que antes me fascinou nessa mulher extravagante (ela mesma se descreve como "original") foi a frase final de um texto seu publicado no livro coletivo *Maiden voyages* [Donzelas a passeio]: "Do meu ponto de vista, não há beleza maior que o fanatismo, esse tipo de fanatismo tão sincero que só pode acabar em martírio". Palavras terríveis, vertiginosas, que fazem referência a esse buraco negro da consciência humana onde arde a febre dos assassinos. Desde o primeiro momento eu quis entender (da mesma forma com que ansiamos por compreender a natureza do Mal) como uma pessoa inteligente feito Isabelle pôde chegar a uma frase dessas: onde nasce essa necessidade, tão comum e primordial nos humanos, de se amparar no dogma e habitar o inferno.

A mãe de Isabelle, Nathalie, pertencia à aristocracia russa e se casara com um assessor do tsar, o general Moerder, quarenta anos mais velho que ela. Em 1871 Nathalie saiu da Rússia para sempre com seus três filhos e com Trophimovski, um anarquista de meia-idade. Trophimovski era o tutor de seus filhos e seu amante; viveram juntos o resto de suas vidas (mais de duas décadas), mas sempre mantiveram a relação em segredo. E assim, quando Nathalie deu à luz um menino, Augustin, nove meses depois de sair da Rússia, deram-lhe o sobrenome Moerder. Cinco anos mais tarde, em 1877, nasceu Isabelle, que foi registrada como filha natural. De modo que só ela, entre os cinco irmãos, sofreu o estigma de um nome diferente. Mas o pior é que Trophimovski jamais a reconheceu como sua. Isabelle deve ter sabido pelos meios-irmãos que era filha do tutor, mas nem seu pai nem sua mãe jamais lhe disseram a verdade. Sua origem permaneceu envolta num silêncio venenoso, numa névoa. Em suas cartas e escritos, Isabelle com frequência inventava pais diferentes, diversas explicações para seu nascimento.

Nathalie, a mãe, padecia de uma fraqueza de caráter quase patológica. Quanto a Trophimovski, foi um personagem estranhíssimo. No exílio colaborou estreitamente com Bakunin e foi um dos fundadores da imprensa anarquista, mas depois foi se isolando cada vez mais. Era muito culto, de ascendência armênia e islâmica, grande poliglota (dom herdado por Isabelle, que falava francês, alemão, russo, latim, árabe, italiano e um pouco de inglês), enigmático e paranoico. Comprou uma casa desmantelada com um grande jardim (a *Ville Neuve*) nos arredores de Genebra e se encerrou ali com Nathalie e as cinco crianças. Os jardins descuidados da *Ville Neuve* pareciam uma selva devorada por ervas daninhas, e o interior do casarão estava fantasmagoricamente vazio, apenas um ou dois móveis em cada cômodo, como se os donos anteriores tivessem esquecido alguns trastes velhos na mudança. Esse lar sem calor era um cárcere do qual ninguém jamais saía: nem mesmo para o colégio, porque o próprio Trophimovski se encarregava da educação. Os filhos mais velhos o odiavam e tentaram fugir várias vezes (Trophimovski mandava a polícia atrás deles), até que finalmente os dois primeiros Moerder conseguiram fugir: o primogênito foi para a Rússia, de onde reivindicou a herança do pai, e a segunda se casou e se dedicou a perseguir Trophimovski, acusando-o de abusos sexuais e de ter mandado envenenar à distância o general Moerder, morto em 1873.

Aterrorizado, paranoico e empobrecido, Trophimovski continuava entrincheirado em *Ville Neuve* com Vladimir, o terceiro Moerder, doce e desequilibrado; com Augustin, o quarto filho, também muito instável, alcoólatra e viciado em ópio; e com a pequena Isabelle, cujo cabelo era cortado por Trophimovski, que a vestia e a tratava como um menino. Além disso, o tutor se dedicava a cuidar de uma coleção de cactos, planta que adorava, muito apropriadamente, com um carinho que era incapaz de dedicar às pessoas, com exceção, talvez, do frágil Vladimir, o ser que mais amava e com quem compartilhou seu amor pelos cactos. Muitos anos depois, quando o pobre Vladimir se suicidou, o inexpressivo Trophimovski deu a notícia com um telegrama que dizia: "Meu cactófilo está morto". Não soube expressar melhor sua angústia.

Isabelle cresceu nesse ambiente sinistro e asfixiante, cheio de brumas e ervas daninhas, de silêncios e ameaças. Desde muito pequena se dedicou a escrever: contos, tentativas de romances, diários. Como ela disse, aos dezenove anos, a um amigo árabe, "minha ambição de fazer um nome e ter uma posição [no mundo das letras] é algo secundário. Escrevo como amo, porque provavelmente essa é minha sina. E é meu único consolo". Usava diversos pseudônimos para assinar seus textos, fingia ser homem em suas cartas e logo começou a publicar em revistas francesas. Também desenvolveu desde muito cedo uma paixão pelo mundo árabe e pelo islamismo. Na época, estava em ascensão o movimento muçulmano da Nahda, que pregava o renascer islâmico contra o vazio existencial do mundo ocidental moderno: uma opção muito tentadora para Eberhardt, que fora criada na ausência de regras e no niilismo. A adolescente Isabelle parecia estar numa busca desesperada por raízes próprias, por identidade. E o deserto, tão limpo, tão nítido, tão desprovido de esconderijos, onde todas as coisas devem ser evidentes, era a antítese do jardim sombrio e confuso de *Ville Neuve*, daquele espaço infantil oprimido pelas imprecisões.

Porque Isabelle era muito infeliz. A infelicidade fazia parte substancial de sua personalidade, era uma definição (talvez a única) de seu ser *ela*. Aos dezenove anos mandara fazer dois retratos num estúdio fotográfico de Genebra, um vestida como um jovem árabe, outro como marinheiro, com um gorro que exibia, como nome do hipotético barco, a palavra "Vingança". Na época, escreveu em seu diário: "Quero me transformar em alguém, e desse modo cumprir com o propósito sagrado da minha vida: a vingança". Isabelle sentia que nascera estigmatizada: "Dei-me conta de que estava amaldiçoada desde o dia de meu nascimento, destinada a sofrer, condenada à solidão e à desesperança". E era disso, dessa imensa dor de viver, que ela queria se redimir.

A primeira viagem de Isabelle ao norte da África foi aos vinte anos e na companhia da mãe. Ela raspou a cabeça, vestiu-se de homem e se fez chamar Mahmoud. Pensava estar enganando todo mundo a respeito de seu sexo, mas, vendo as fotos da época, parece inacreditável que pudessem tomá-la por um homem: era bonita, de lábios carnudos, bonequinha. Provavelmente os argelinos, na época, estavam tão acostumados às extravagâncias dos estrangeiros que fingiram vê-la como ela queria. Em todo caso, sua integração ao meio muçulmano foi sem dúvida notável; numa época em que as viagens pelo interior do deserto eram extremamente perigosas, Isabelle percorreu meio Magreb sem incidentes relevantes. Claro que falava árabe, conhecia bem os costumes e a religião e, principalmente, estava ansiosa para se juntar a eles. Foi aceita na ordem sufi mais importante, os Qadiriyya: uma verdadeira proeza para qualquer estrangeiro, e sobretudo para uma mulher.

Sua mãe, a frágil Nathalie, morreu subitamente pouco tempo depois de, ela também, converter-se ao islamismo. Isabelle enlouqueceu de pesar; voltou a Genebra a tempo de assistir ao suicídio de seu irmão Vladimir e à horrível agonia de Trophimovski, que sofria de um câncer de laringe (dizem que Isabelle o matou, por compaixão, com uma forte dose de hidrato de cloral). Voltou ao norte da África sozinha e sem recursos. A herança tinha acabado, e durante o resto de sua vida Eberhardt foi descendo progressivamente a ladeira da pobreza, até chegar a uma miséria extrema: não tinha dinheiro para comer nem para comprar lenha nas noites gélidas. Mantinha-se da caridade de seus amigos sufis e gastava tudo em haxixe nos prostíbulos.

A sexualidade de Isabelle sempre despertou uma curiosidade mórbida. Parece que só se excitava quando se vestia de menino, mas também parece que só foi atraída por varões: adorava visitar bordéis com outros homens, mas só observava. Foi muito promíscua, e no final da vida sofria de sífilis (e de malária). Mas também foi muito espiritual. Vivia uma vida dupla e cindida: de manhã pura e ascética, sempre em busca da verdade mística e da beleza literária; e de noite obscura e tortuosa. Frequentemente menciona, em seus diários, sua própria *depravação*: "Ninguém ainda conseguiu ver, através de mim, meu ser real, que é sensível e puro e que se eleva muito acima da baixeza degradante em que escolhi chafurdar, em parte por desgosto com as convenções e em parte por um estranho desejo de sofrer". De qualquer modo, suas relações mais estáveis, como os quatro anos de amor que viveu com Slimène ou Selim, o jovem sargento argelino com quem se casou, parecem estranhamente inocentes e convencionais.

Como sustenta sua biógrafa Annette Kobak, Isabelle era anoréxica. É bem possível que fosse: esse desejo de pureza, esse desespero, essa luta com a identidade e com o corpo são traços habituais nessa enfermidade. Isabelle tinha uma percepção aguda do nonsense da existência, do vazio do viver, da vertigem do ser e do não ser, angústias habituais no ser humano, principalmente em nossa época, tão carente de respostas consoladoras. Mas nela essa inquietação atingira níveis insuportáveis.

Em sua exasperação e fanatismo, em seu empenho obsessivo por preencher o vazio do ser (que não pode ser preenchido), Isabelle me lembra outra mulher fascinante e formidável: a filósofa francesa Simone Weil, que em 1943 se deixou morrer de fome (também era anoréxica) aos 34 anos. As duas, cada qual a seu modo, são seres iluminados e fronteiriços. Bataille dizia que Simone Weil "exercia certo fascínio, tanto por sua lucidez como por seu pensamento alucinado", e essa mesma frase poderia ser aplicada a Isabelle, que às vezes tinha um notável rigor intelectual e outras vezes se perdia numa lógica remota e inquietante. Ambas compartilham um desassossego masoquista e uma fome de martírio que ocasionalmente ocorre em certo tipo de mulheres: se as circunstâncias lhes são favoráveis, a sociedade as considera santas (como Joana d'Arc, outra anoréxica; e agora começaram a pedir a canonização de Simone Weil); mas se não têm sorte, passam por simples lunáticas. Weil é mais refinada em seu raciocínio e em seu estilo, ao passo que os textos de Eberhardt não têm grande qualidade literária: são demasiado secos sem ser substanciais, demasiado descritivos sem ser vigorosos. Lembram demais um diário adolescente; mas é certo que ela morreu muito jovem, e provavelmente teria melhorado muito com o tempo.

Isabelle viveu convicta de ser especial e de estar presa num destino único, talvez espantoso, talvez sublime: não sabia se era anjo ou demônio. "Nunca saberei *quem sou*, ou qual é o sentido de minha sina, uma das mais extraordinárias que jamais existiu." E o mais curioso é que sua vida pareceu adaptar-se a essa percepção desmedida: toda sua existência está repleta de mistérios e acontecimentos estranhíssimos. Como o fato de ser considerada uma agente provocadora (o que lhe custou uma cansativa perseguição por parte das autoridades francesas e uma passageira expulsão da Argélia), ou como o enigmático atentado que sofreu em 1901, enquanto estava na casa de um dos líderes da Qadiriyya: um jovem entrou e, sem uma palavra, desferiu três golpes de sabre em Isabelle, um na cabeça e dois num braço. Uma corda de varal atenuou milagrosamente o golpe no crânio, que de outro modo teria sido fatal; mas os ferimentos foram graves (a espada cortou músculos e o osso do cotovelo, e seu braço ficou rígido para sempre) e Isabelle teve de permanecer dois meses muito dolorosos no hospital.

Algum tempo depois houve o julgamento contra o agressor e se sentenciou que havia sido um atentado religioso, porque o atacante pertencia a uma ordem islâmica oposta aos Qadiriyya; mas Isabelle sempre suspeitou, possivelmente com razão, que havia sido uma conspiração política, com cumplicidade francesa, para acabar com ela. Sem dúvida, sua constante transgressão das normas (ser uma ocidental travestida de oriental, uma mulher travestida de homem) cooperou para sua marginalização e para os problemas que sempre teve; mas, mesmo assim, ao repassar a biografia de Eberhardt, nos surpreendemos com as muitas coisas que lhe acontecem. E nos perguntamos, como ela mesma se perguntava, por que a perseguem tanto, por que a tomam por quem não é, por que a escolhem para o atentado, quando ela, na verdade, *não fazia nada*: estava mais para uma pessoa contemplativa, marginal, inerte.

Mas também poderíamos dizer que sua falta de identidade, essa plasticidade com que se transformava em qualquer coisa (em homem e em mulher, em ocidental e em oriental, em mística e em pecadora) também funcionava para os outros: Isabelle era um vazio que os demais preenchiam com suas próprias projeções.

Durante toda a vida, Isabelle Eberhardt tentou preencher esse vazio e construir para si uma coluna vertebral de dogmas e certezas cegas em que se apoiar. Mas, curiosamente, quanto mais se empenhava em *ser*, mais se destruía, inclusive fisicamente: em suas últimas fotos está horrenda. Embora a desintegração pessoal talvez fosse, afinal de contas, uma escolha: a única possível para ela. Já dizia Simone Weil, sua igual: "Não possuímos nada no mundo (porque o acaso pode nos tirar tudo), exceto o poder de dizer *eu*. É isso que é preciso entregar a Deus, ou seja, destruir. Não há absolutamente nenhum outro ato livre que nos seja permitido, salvo o da destruição do eu". Uma frase mórbida e desesperada que resume a vida de Isabelle Eberhardt, aliás Nicolas Podolinski, aliás Mahmoud Saadi, que, quando menina (os vizinhos contaram), passava os dias dançando sozinha pelos caminhos apodrecidos e invadidos por ervas daninhas do jardim de *Ville Neuve*. Do infernal jardim de sua infância, a antítese do jardim do paraíso.

Frida Kahlo
O mundo é uma cama

> *Estou cagando para o que o mundo pensa. Eu nasci puta, eu nasci artista, eu nasci fodida. Mas fui feliz no meu caminho. Você não entende o que eu sou. Eu sou amor, sou prazer, sou essência, sou uma idiota, sou uma alcoólatra, sou tenaz. Eu sou, simplesmente sou...*
>
> Frida Kahlo

Não costumamos prestar a devida atenção ao papel que a cama desempenha em nossa vida. Nascemos numa cama e morremos em outra, e numa cama transcorre metade de nossa existência. A cama abriga nossas doenças, é o ninho de nossos sonhos, o campo de batalha do amor. É nosso espaço mais íntimo, a guarida primordial do animal que temos dentro de nós. Para Frida Kahlo, a pintora mexicana, esposa do muralista Diego Rivera, a cama era tudo isso e muito mais: refúgio, banco de tortura, altar sagrado. Mas Frida, é claro, era um animal ferido. Esse ferimento perpétuo, esse corpo terrivelmente lacerado (com frequência tão frágil que só se sustentava na cama), transformou-se no protagonista absoluto de sua vida e de sua obra.

Frida morreu em 13 de julho de 1954, uma semana depois de completar 47 anos. Meses mais tarde, Diego Rivera transformou a casa de sua mulher num museu que pode ser visitado ainda hoje. Está lá a cama em que Frida morreu (e na qual pode ter nascido: essa bela casa azul de Coyoacán foi o lar de sua infância), um grande leito com quatro postes e dossel. Há fotos dessa cama de quando Frida a habitava em seus últimos anos. Na época, a cabeceira estava coberta por fotos de seus entes queridos e coroada por um friso de honra com seus grandes heróis: Stálin, Marx, Engels, Mao. Ocupavam o lugar dos santinhos religiosos. Para ela, acabaram sendo uma espécie de deuses.

Além disso, pendia do dossel um esqueleto de papelão, lembrete irônico dessa morte que sempre a rondava; e no teto do baldaquino havia, e ainda há, o espelho no qual se contemplava para pintar seus famosos e inquietantes autorretratos. Frida Kahlo é uma artista com uma produção escassa, apenas duzentos quadros em toda sua vida, e a maioria reproduz sua própria figura: há muitos bustos de olhar penetrante, e telas temáticas onde ela aparece de corpo inteiro, com as carnes diaceradas, numa poça de sangue, com as costas abertas: "Pinto a mim mesma porque frequentemente estou sozinha e porque sou o tema que conheço melhor".

Com esse impulso enternecedor que nós, humanos, temos de retocar nossa biografia para dar uma aparência de ordem ao caos absoluto da existência, Frida sempre sustentou que começara a pintar, entediada, aos dezoito anos, por causa do horrendo acidente que esmagou sua perna, quebrou suas costas e perfurou seu ventre. Durante a longuíssima convalescença, sua mãe colocou um espelho na cama, e ela então teria começado a se usar como modelo. Mas não: existe um autorretrato de alguns anos antes do acidente, um quadro juvenil e tosco, mas reconhecível, com a mesma postura, o mesmo olhar. De maneira que ela pintava (e *se* pintava) antes de sua devastação física.

Esse não é o único detalhe biográfico que Frida manipula: ela se empenhou em construir-se como personagem com uma imaginação transbordante e uma força de vontade superlativa. E assim, a vida inteira ela disse que nascera em 1910, que foi quando estourou a famosa Revolução mexicana de Zapata e Pancho Villa, um conflito romântico e trágico (houve mais de 1 milhão de mortos) que sacudiu a velha oligarquia do país e consagrou o indigenismo. Frida se considerava filha da

Revolução, mas na verdade nascera em 1907. Seu pai era um fotógrafo judeu de origem húngara e sua mãe era meio índia.

Contudo, a vida de Kahlo é pródiga em misteriosas coincidências e parece estar estranhamente predestinada. Por exemplo, teve um encontro precoce com o dano físico aos seis anos de idade, quando adoeceu de poliomielite: "Lembro de uma dor insuportável na perna direita". Na época, permaneceu na cama durante nove meses (um parto rumo à invalidez), naquele leito onipresente que seria o centro de sua vida, o barquinho solitário e dolente (aqueles lençóis-vela suados pela febre, molhados de sangue e de lágrimas) onde ela navegaria até o fim de seus dias, náufraga da existência e do sofrimento. Daquela pólio lhe restou a perna direita mais fina e uma leve manqueira, como de um pássaro.

Aos dezoito anos, estava indo de ônibus para a escola (queria estudar medicina) quando um bonde se arremessou contra eles. Foi um acidente grave, com vários mortos; e, segundo testemunhas oculares, foi um acidente estranho, lento, quase sem barulho, com o bonde triturando o flanco do ônibus de maneira irrefreável mas pouco a pouco, com a plasticidade dos pesadelos. Frida aparece nua entre os ferros: a barra de apoio a empalara (a barra entrou por um flanco e saiu pela vagina). Um galão de tinta que alguém levava tinha derramado e ela estava recoberta de purpurina dourada: era como uma estátua da dor em carne, sangue e ouro. Até mesmo seu acidente, no fim, parece um mau sonho, como que contagiado pelo mundo onírico da cama. Esse mundo onírico que enche também seus quadros de símbolos estranhos e poderosos.

A colisão partiu sua coluna em três lugares, quebrou a cabeça do fêmur e as costelas, fraturou a pelve em três lugares e as pernas em onze, e esmagou completamente o pé direito (o pé ruim da pólio). Quando soube do estado da filha, sua mãe perdeu a fala e só conseguiu ir vê-la após um mês; o pai, que era epiléptico, adoeceu e só apareceu no hospital vinte dias mais tarde. Frida estava sozinha, um corpo estraçalhado diante de um sofrimento insuportável. O acidente ocorreu em 17 de setembro de 1925; pode-se dizer que foi aí que Frida Kahlo começou a morrer, uma longa agonia que culminou 29 anos depois em Coyoacán. Todos levamos dentro de nós nossa própria morte, toda vida é um contínuo desviver, mas Frida faleceu justamente pelos ferimentos daquele choque, depois de quase três décadas de uma constante e terrível deterioração.

Porém, nesse meio-tempo, ela fez muitas coisas. Tinha tamanha força de vontade, tanta coragem e uma vontade tão imensa de viver que dois anos mais tarde, após um calvário de operações, estiramentos, suspensões e espartilhos, ela conseguiu levar uma vida praticamente normal, embora se sentisse constantemente exausta e sofresse de dores nas costas e na perna. "Não tenho outro remédio senão aguentar, porque é pior desesperar-se", repetia nas cartas que escrevia do hospital, já mostrando essa têmpera heroica que a fez sobreviver em circunstâncias em que outros teriam morrido: "Estou começando a me acostumar com o sofrimento".

Quando retornou ao mundo, Frida começou a frequentar um círculo de artistas e intelectuais de esquerda. Na casa da fotógrafa comunista Tina Modotti, foi apresentada formalmente a Diego Rivera, que naquela noite se meteu numa briga e quebrou um fonógrafo. Frida se encantou com ele desde o primeiro momento, "embora me assustasse". Ou talvez ele a tenha encantado *porque* a assustava. Logo se casaram e na festa de casamento o artista estourou outra vez e feriu um dos convidados; Frida foi chorando para a casa de seu pai e lá permaneceu por uns dias, até que o marido foi buscá-la. Ela tinha 22 anos e ele, 42.

Diego Rivera já era, na época, o pintor mais famoso do México, autor de imensos murais de tema revolucionário que ainda hoje, mesmo mantendo a força da cor e do traço, parecem um tanto empertigados em seu estilo realista-socialista: pessoalmente, tenho muito mais interesse na obra de Kahlo. Ele era, também, um gigante barrigudo e horroroso, de olhos esbugalhados e cara de sapo ("seu rã-sapo", assina nas cartas para Frida), que, no entanto, gozava de um prestígio incompreensível entre as mulheres. Já tinha tido duas esposas e se deitava com toda fêmea que pudesse. O que continuou fazendo depois de se unir a Kahlo, para grande desespero dela. Dizem que Diego teve, entre outras amantes célebres, as atrizes Paulette Goddard e María Félix. Além disso se deitou com Cristina, irmã de Frida, e essa afronta imperdoável os levou ao divórcio. Mas voltaram a se casar dois anos mais tarde.

Diego era, além disso, um personagem inclassificável. Em muitos sentidos, seu comportamento é abominoso: por sua insubstancialidade, sua ânsia de protagonismo, sua crueldade. Sua trajetória política foi de uma incoerência esmagadora; primeiro pertenceu ao Partido Comunista, depois foi trotskista, e graças a ele Trótski recebeu asilo no México, depois fez todo o possível para que voltassem a admiti-lo no Partido Comunista (isso ocorreu durante os anos mais ferozes do stalinismo), e chegou a se vangloriar de ter trazido Trótski para o México com o único objetivo de o assassinarem: uma patacoada mentirosa, e não menos repugnante.

No entanto, Rivera também deve ter sido um sujeito imaginativo, divertido quando queria, único, exuberante. Frida o descreve como quem descreve um deus, uma criatura primigênia: "Seu ventre enorme, terso e terno como uma esfera, descansa sobre suas fortes pernas, belas como colunas [...] é um ser antediluviano, um monstro afetuoso". Para ela, Diego é um mito, o ogro bom e malvado da infância, o próprio princípio da vida. E ainda que seja certo que Diego a atormentou psiquicamente e que a abandonou em momentos de grande necessidade, também é certo que em outros foi de grande ajuda para Frida, e nunca chegou a abandoná-la totalmente. Diego foi o mais apaixonado defensor da arte de Kahlo ("ela é melhor pintor que eu") e a pessoa que mais apoiou seu trabalho. A bem da verdade, a relação de Rivera com Frida está repleta de doçura e de crueldade, alternadamente.

No começo Frida foi uma espécie de filha para Diego, mas durante o segundo casamento (ela impôs como condição para a nova boda que não houvesse sexo entre eles) os papéis se inverteram e a declinante Frida se transformou em sua mãe. Por exemplo, ela com frequência dava banho com esponja em Rivera, o gigantão branco e gordo chapinhando na banheira e se divertindo com os brinquedinhos flutuantes que Frida comprava para ele; e no final, na última agonia de Kahlo, quando Diego, sessentão e com câncer de pênis (uma espécie de castigo bíblico para o grande macho), voltava para casa depois de uma escapada de vários dias, de sua cama ela o chamava: "Meu querido menino, venha cá, quer uma frutinha?". E ele respondia *"Chim"*, com voz e gesto de criança pequena.

Frida era muito bela. Ou era mais que bela: era estupenda. Tinha uns olhos ferozes e maravilhosos, uma boca perfeita, o sobrecenho hirsuto, um respeitável bigode. Uma vez ela o raspou e Diego ficou furioso: de alguma forma, os dois estavam transmutados em seus atributos sexuais secundários, porque ele tinha grandes peitos de mulher que Frida adorava. A seu físico poderoso Frida acrescentava uma incrível mise en scène: sempre usava roupas das índias de Tehuantepec, belíssimos vestidos longos farfalhantes de anáguas e rendas. Trançava seus cabelos com fitas de cetim, flores, veludos; e se enfeitava com pesadas joias pré-colombianas ou coloniais. Vestir-se era para ela mais uma expressão artística; entre arrumar-se diante de um espelho ou pintar um de seus autorretratos, não devia haver muita diferença. Nas duas atividades ela *construía* a si mesma, algo que era absolutamente necessário em sua corrida contra a decadência. Porque seu corpo estava caindo aos pedaços; nos terríveis anos finais, escreveu em seu diário: "Eu sou a desintegração".

Frida também dava muita importância ao sexo e teve numerosos amantes, principalmente depois que Diego a enganou com sua irmã. Era bissexual (correu um rumor de que entre seus amores femininos estava a pintora Georgia O'Keeffe), mas suas maiores paixões foram vividas com homens: o escultor Isamu Noguchi, o fotógrafo Nickolas Muray, por quem perdeu a cabeça, e um pintor espanhol republicano cujo nome se mantém no anonimato e que foi, depois de Diego, sua história mais importante: ficaram sete anos juntos (quem conta isso é Hayden Herrera: sua biografia de Kahlo é, de longe, a melhor de todas). Além disso, viveu uma breve relação com o velho Trótski, pouco depois que ele chegou ao México. Em seguida Frida voltou para o seio do stalinismo e também abominaria seu antigo amigo. Quando o espanhol Ramón Mercader matou Trótski com uma picareta de alpinismo, Frida foi detida como suspeita (Diego estava nos Estados Unidos). Alguns sustentaram que os Rivera colaboraram no assassinato, mas essa acusação parece não ter fundamento. No entanto, três meses antes, o artista Siqueiros, amigo de ambos, tinha participado da metralhada do quarto dos Trótski: Leon e sua mulher se salvaram por milagre, jogando-se debaixo da cama. Tempos obscuros, atitudes sinistras.

Frida pintava quadros muito pequenos (enquanto o marido fazia murais enormes) e sempre se mostrou extremamente humilde com seu trabalho. Durante muitos anos não expôs suas obras e, se transformou-se numa pintora conhecida, foi graças ao estímulo de Rivera, que praticamente a obrigou a expor em Nova York em 1938. Na época, conheceu André Breton, o principal teórico do surrealismo, que ficou fascinado com aquela pintora que era surrealista "sem o saber". Em 1939, expôs em Paris e foi considerada mais ou menos participante desse movimento estético. Anos mais tarde, em plena febre stalinista, Frida repudiaria o surrealismo por ser "uma manifestação decadente da arte burguesa".

Mas para chegar a isso, o fanatismo final pró-soviético, é preciso contar a parte mais amarga, mais terrível dessa história. O suplício indizível, o pesadelo. Como o corpo de Frida foi se desfazendo: seu pé se ulcerava, suas costas entortavam, ela queria ter filhos e não podia (sofreu quatro ou cinco abortos e guardava em seu quarto um feto humano anônimo dentro de um frasco com formol). Era enganchada em aparelhos, penduravam vinte quilos em suas pernas, encerravam-na em espartilhos de ferro, de couro, de gesso (de 1944 até sua morte usou 28 espartilhos). Bebia uma garrafa de conhaque por dia contra a dor (nos últimos anos, duas). Sofreu ao menos 32 intervenções cirúrgicas. Só entre março e novembro de 1950 suportou seis operações na coluna; engessaram-na por cima das suturas recém-feitas, e quando começou a cheirar mal, descobriram que seus ferimentos estavam apodrecendo. Desde 1944 padecia de dores agudíssimas que a obrigavam a depender da morfina. Sua perna gangrenou, e em agosto de 1953 amputaram-na até o joelho. A simples e fria enumeração de seus tormentos causa asfixia: é como contemplar os olhos com o horror da vida. Seus últimos anos são, por fim, espantosos. As drogas e o álcool a deixam fora de si; os poucos quadros que pinta mostram traços toscos e borrados. É quando ela mais se aferra ao dogma comunista: Frida não acredita em Deus e precisa encontrar algum alívio, algum sentido para tanto sofrimento, tanto espanto: "Sou apenas uma célula do complexo mecanismo revolucionário", escreve. E pinta retratos de Stálin, e foices e martelos sobre seus espartilhos, e um comovente quadro intitulado *O marxismo dará saúde aos enfermos*, no qual um etéreo e milagroso Marx segura Frida entre suas mãos, e ela, radiante, abandona as muletas (na época sua perna já tinha sido amputada). Mas seu último quadro foi uma natureza-morta com melancias, no qual, sobre a carne vermelha e plena da fruta, escreveu: "Viva a vida".

Em abril de 1953 foi inaugurada a primeira grande exposição de Frida no México; ela estava tão mal que os organizadores pensaram que não poderia comparecer, mas Diego teve a ideia de mandar que a cama (o grande trambolho com dossel) fosse instalada no meio da sala de exposições, e que depois Frida fosse levada de ambulância. Assim Kahlo compareceu à abertura de sua mostra, drogada e lívida, mas muito maquiada e adornada (empenhada em *reconstruir-se*), deitada sobre o leito. Todos os seus amigos foram cumprimentá-la, um por um: foi uma espécie de cerimônia religiosa, como uma dessas longas filas de fiéis que vão beijar a barra do manto da santa. E ela se despediu de todos metida em sua cama eterna-cama mundo, em seu veleiro de dor, com o sorriso desfigurado e as mãos resplandecentes de anéis.

Aurora e Hildegart Rodríguez
Mãe morte

A foto que sempre se reproduz de Hildegart Rodríguez revela uma moça plácida e bochechuda, com um irremediável ar de boboca. Bochechuda ela era, disso não há dúvida, mas de boboca ela não tinha nada, muito pelo contrário: era uma jovem-prodígio dotada de uma inteligência extraordinária. Quanto à placidez, duvido que um único momento de sua vida tenha sido verdadeiramente sereno. As aparências enganam, ainda mais nessa história tão secreta e tão sórdida.

Quem conheceu Hildegart pessoalmente, antes que sua mãe a matasse em 9 de junho de 1933, descreve-a como uma moça cheia de força e alegria. Exatamente o oposto de sua mãe, dona Aurora, uma mulher seca e antipática, totalmente insignificante ao lado dessa filha fora de série. Andavam sempre juntas, é certo, mas isso não seria nada estranho se levamos em conta a pouca idade da garota e os costumes da época. O horror permaneceu oculto até o final.

Imagino que as coisas tenham começado com o nascimento de dona Aurora, que foi em El Ferrol e por volta de 1880, filha de um advogado com fama de esquisito (toda a família era considerada um tanto extravagante). Aurora não foi para o colégio, mas bebeu na biblioteca paterna, especializada em textos de socialistas utópicos: Owen, Saint-Simon, Fourier e suas colônias agrícolas ou falanstérios, todos aqueles reformistas pré-marxistas que, no início do século XIX, tentaram criar novos modelos sociais para dar uma resposta à dor e à agonia de um mundo subitamente quebrado pela industrialização. Dessas leituras surgiu em Aurora um ímpeto revolucionário; e de sua loucura, o impulso messiânico de ver a si mesma como salvadora da humanidade.

Uma de suas irmãs teve um filho quando solteira e partiu para Paris, deixando-lhes a criança. Aurora, que tinha catorze anos, dedicou-se à criança. Desde que era um bebê, ela falava com ele, cantava e tocava piano para ele. Um dia o menino, inesperadamente, pôs as mãos no teclado e começou a martelar algo que parecia música. Essa criança foi Pepito Arriola, famoso menino-prodígio que ganhou, na época, prestígio internacional como pianista. Quando começaram os primeiros sucessos, a mãe voltou de Paris e levou o menino, o que Aurora não pôde perdoar: estava convencida de que seu obsessivo método pedagógico é que tinha originado a precocidade de Pepito. O que, provavelmente, era verdade; longe dela Pepito começou a definhar como pianista até virar um nada, e além disso a história está cheia de exemplos semelhantes, meninos e meninas instruídos de maneira especial desde a infância para desenvolverem ao máximo seus dotes naturais (como as irmãs Polgar, formidáveis enxadristas). Mas o modo como Aurora explica esse processo já é megalomaníaco e inquietante: "Senti como minha alma ia até o menino e como a alma dele se moldava". Não é a descrição de um método educativo, mas, antes, de uma possessão diabólica.

Aurora tencionara montar um falanstério em Alcalá de Henares, mas depois da experiência com o sobrinho concebeu um plano muito mais monumental para sua vida: não se contentaria em reformar a sociedade, mas criaria um novo tipo de indivíduo ("eu sou a Aurora de novos seres que estão por vir"). Iria dar à luz uma menina e a educaria especialmente para que fosse a redentora da humanidade; de maneira que ela, Aurora, seria não a Virgem Maria, veículo dócil e passivo da Providência, mas a autêntica fazedora do novo messias. Aurora, enfim, queria ser Deus.

A morte de seus pais lhe proporcionou uma renda suficiente para viver com folga e liberdade necessária para executar seus planos. Procurou com frieza total o progenitor adequado, que, ao que parece, foi um aventureiro chamado Alberto Pallás, padre, marinheiro e escritor. Aurora se deitou com ele três vezes "sem nenhum prazer", e quanto teve certeza da gravidez, partiu para Madri. Era o ano de 1914 e a guerra tinha acabado de estourar na Europa. Assim, enquanto o mundo afundava, naquele ambiente de convulsão e apocalipse nascia uma menina destinada a ser a pioneira de um futuro distante. Sua mãe lhe deu o pretensioso nome de Hildegart, que significa *jardim de sabedoria*.

Aurora, que amou seu pai e abominou sua mãe com uma paixão doentia, odiava as mulheres em geral e sentia nojo dos homens, embora às vezes lhes destinasse um lugar preeminente em seus delírios: nisso ela sempre foi tremendamente convencional. Se quis que seu messias fosse fêmea foi porque "ninguém precisa com mais urgência ser redimida do que a mulher". Também dizia coisas como: "Em geral a mulher carece de alma. Há animais com uma alma muito mais refinada que a mulher". Frases que, decerto, tinham sido formuladas antes dela por doutos cavalheiros, filósofos excelsos e pensadores célebres sem que ninguém os considerasse loucos.

Ou seja, a paranoia de Aurora Rodríguez respondia aos preconceitos e às circunstâncias de sua época. Ela, que não tivera uma educação formal justamente pelo fato de ser fêmea, era a típica filha da burguesia do século XIX, uma classe e um século que tinham despojado a mulher de todo espaço vital. Como assumir a própria feminilidade quando isso supunha *deixar de ser pessoa*? Porque não era feminino ter inquietações culturais, nem ser inteligente, independente ou responsável por sua vida, e nem sequer ter opiniões próprias sobre as coisas; mas se você não se adaptasse a esse modelo mutilado de mulher, era uma puta, uma doente, um monstro. Aurora traduziu para o terreno da alucinação esse conflito atroz: acreditava que os braços e antebraços, o pescoço, a clavícula, as pernas e o cérebro que possuía eram "viris", e que seu coração, peitos, nádegas e quadris eram "femininos". E ela, híbrida e mutante, criaria a Primeira Mulher Livre.

Aferrou-se a isso freneticamente; quando estava grávida, por exemplo, mudava toda hora de posição na cama para que o feto não sofresse; e quando Hildegart nasceu, começou a treiná-la desde o primeiro dia, como quem adestra um animal. E então conversava insistentemente com o bebê e o fazia escolher cubos com letras coloridas. Antes de completar três anos, Hilde falava e escrevia corretamente; aos oito, dominava quatro idiomas (francês, alemão, inglês e espanhol) e era versada em filosofia e temas de educação sexual (matéria que a mãe a fizera estudar desde bem pequenininha, porque dizia que "a mulher se perde pelo sexo"). Aos catorze anos se lançou na vida pública: ingressou nas Juventudes Socialistas e na UGT, e começou a escrever artigos para *El Socialista*; o diretor da publicação, Andrés Saborit, que tinha publicado o primeiro trabalho de Hilde sem saber a idade da autora, ficou pasmo ao conhecê-la e declarou que ela viria a ser "uma grande figura do socialismo mundial". Três meses depois ela foi eleita por aclamação vice-presidente das Juventudes Socialistas. Nessa época, já se tornara famosa.

Sua fama foi crescendo nos anos seguintes, enquanto ela desenvolvia uma atividade incessante: escrevia artigos e fazia comícios e conferências por todo o país. Eram tempos febris, naturalmente: em 1931 fora proclamada a sonhada República, e, como tantos outros espanhóis progressistas, Hilde se empenhava em colaborar. Mas a situação estava cada dia mais difícil. Em 1932, o governo republicano reprime manifestações operárias a tiros, mata mulheres e crianças, deporta para o Saara uma centena de trabalhadores conflituosos. Hilde tem dezessete anos, acaba de terminar o curso de Direito (embora continue na universidade, agora estudando Medicina) e alimenta uma crescente desconfiança do PSOE [Partido Socialista Obrero Español]. Publica um livro intitulado *Se equivocó Marx?*, uma crítica aguda e erudita ao marxismo, e é expulsa das Juventudes Socialistas. Ingressa no Partido Federal e escreve para *La Tierra* uma série de artigos críticos aos socialistas e ao governo que geram uma forte polêmica. Chega a receber ameaças anônimas, e Aurora depois dirá que foi aí que comprou a pistola que acabaria com Hilde: para defender, ironicamente, a vida da filha.

Nesse último ano, Hildegart funda a Liga de la Reforma Sexual, publica outro par de livros e se dá a conhecer na Grã-Bretanha, na Alemanha e na França. Mantém uma viva correspondência com o escritor H. G. Wells e com o célebre sexólogo Havelock Ellis, que estão fascinados por ela. Ambos insistem para que vá à Inglaterra. E Hildegart decide seguir seus conselhos. Isso, a viagem à Inglaterra, foi o que desencadeou o final.

Mas o conflito vinha de muito antes. Dia após dia, ano após ano, Hilde foi se ressentindo da possessividade devoradora de sua mãe. Formalmente havia sido educada para ser livre, mas na verdade era um fantoche, uma escrava. "Não consigo pensar em libertar ninguém que não tenha começado por libertar a si mesmo", disse numa conferência pouco antes de ser morta. Dizem que se enamorou platonicamente do secretário do Partido Federal, um jovem advogado chamado Abel Velilla. Mas acho que ela se enamorou do amor, da possibilidade de ser ela mesma. Tinha a vida toda pela frente.

O confronto entre as duas mulheres, embora oculto para o público, foi ficando cada vez mais tenso. Aurora sente que sua criatura está lhe escapando; paranoica, vê conspirações internacionais e acha que H. G. Wells e Havelock Ellis são espiões que querem perverter sua filha com o único objetivo de acabar com a mãe: pois Aurora sempre se coloca no centro do universo; para ela Hilde nunca existiu por si só, não passa de um instrumento, de um apêndice da imensa glória de sua criadora. No fim, seus piores temores se confirmam: Hildegart lhe comunica que vai sozinha para a Inglaterra. Três dias antes da data de partida, Aurora passa a noite em branco junto da cama da filha, olhando-a dormir; e de madrugada, quando está clareando, lhe dispara quatro tiros à queima-roupa, um na cabeça e três no peito, que a matam no ato. Hildegart tinha dezoito anos.

No julgamento, Aurora disse que o assassinato tinha sido "uma obra sublime". Causava-lhe espanto ser tomada por louca e se esforçou por demonstrar que seu ato, do qual se orgulhava, não era resultante de loucura: "É muito mais difícil matar uma filha que pari-la; todas as mulheres são capazes de parir, de matar seus filhos, não". A psiquiatria da época entrou num grande debate, muito politizado, sobre o caso: o delírio de Aurora, frio e bem organizado, era *normal* ou não? No fim venceu a absurda opção de considerá-la em pleno uso de suas faculdades mentais, de modo que foi condenada a 26 anos de prisão.

Devo dizer aqui que não teria conseguido escrever este capítulo sem a ajuda do jornalista e escritor José Manuel Fajardo, que me forneceu todo o material que estou utilizando. Foi Fajardo quem publicou, em 1987, na revista *Cambio*, v. 16, a descoberta do psiquiatra Guillermo Rendueles e do psicólogo Alejandro Céspedes, que tinham encontrado em Ciempozuelos o histórico clínico de Aurora Rodríguez. Até então acreditava-se que Aurora tinha permanecido na prisão e que, depois de ser posta em liberdade com as excarcerações de 1936, perdera-se sua pista. Mas na verdade sua loucura se tornara tão evidente que ela foi transferida, em dezembro de 1935, para o manicômio de Ciempozuelos. E de lá não sairia mais. Morreu em 1955.

A leitura do histórico clínico de Aurora Rodríguez durante esses vinte anos de internação é desoladora. Em primeiro lugar, pelo tipo de *literatura* que constitui: uma exsudação da psiquiatria mais dura e tradicional, uma trintena de folhas que mais parecem um relatório policial do que um boletim médico, e no qual as palavras de Aurora são colhidas com evidente desinteresse. Pois nos antigos manicômios o louco era um sujeito que só dizia loucuras, ou seja, coisas sem sentido (quando o que chamamos de *loucura* consiste justamente em dar *outro sentido* à realidade).

Mas, além disso, o histórico aos poucos deixa entrever um horripilante processo de destruição. Na prisão, Aurora podia se considerar uma heroica reformista perseguida; no manicômio, não passa de uma louca que ninguém escuta, que ninguém vê. O diagnóstico psiquiátrico a vai encerrando no limbo do nada. Nas primeiras entrevistas ela continua sendo a Aurora de sempre, pedante, verborrágica, egocêntrica e tremenda (ainda obcecada pela ânsia de construir, como o dr. Frankenstein, sua própria criatura, confecciona bonecos de tamanho natural com genitais e pênis ereto). Dez anos mais tarde quase não fala mais, só chora e repete que sofre horrivelmente e que seu único desejo é morrer fora do manicômio. Nos últimos cinco anos de sua internação, nega-se terminantemente a ver os psiquiatras: "Não quer vir ao consultório, não quer nada conosco", repete o boletim. A última anotação do histórico clínico é ridícula: "Não há modificação, exceto sua tendência à demência". Em vinte anos, não souberam ver nela nada além disso.

É impossível não sentir compaixão por Aurora Rodríguez ao ler esse inventário médico de sua longa agonia. Mas também se experimenta uma sensação primitiva e quase bíblica de castigo merecido, de justiça feita. Porque Aurora foi um carrasco implacável, um personagem odioso e repugnante.

Nas primeiras páginas de seu histórico clínico e no livro *Aurora de sangre*, do jornalista Eduardo de Guzmán (que foi redator-chefe de *La Tierra* e conheceu bem as duas mulheres), delineia-se com toda clareza o temperamento sinistro dessa mulher: seu egoísmo monumental, sua mesquinhez, sua megalomania, como utiliza cruelmente os demais em proveito próprio. Tudo isso sob um discurso perverso de abnegação e entrega: eu só vivo para minha filha e para beneficiar a humanidade. Aurora leva até seu extremo mais aterrador o arquétipo da mortífera mãe castradora, essa mãe possessiva que suga a vida dos filhos, pura maldade disfarçada de amor sacrificado, uma mãe universo da qual é quase impossível escapar. Hildegart tentou, e isso lhe custou a vida.

As pessoas costumam centrar o horror desta história naquela madrugada de 1933, quando Aurora explodiu a cabeça da filha. Mas para mim o verdadeiro horror está antes, nos dezoito anos de claustrofóbico e lentíssimo tormento, naquela menina encerrada e submetida às obsessões de uma mãe sádica. "Não tive infância. Precisei dela toda para estudar sem descanso noite e dia", disse Hilde, certa vez, a Eduardo de Guzmán. Aurora vigiava de perto a filha: não suportava que falasse com as pessoas, que se divertisse. Se um dia, ao visitar a redação de *La Tierra* para deixar um artigo, ela se detivesse um momento para espairecer com os jornalistas, dona Aurora, sempre presente, cortava bruscamente a conversa e a obrigava a sair (às vezes com lágrimas nos olhos). Mãe e filha nunca se beijaram, disse uma vizinha no julgamento. Aurora estava louca, cada vez mais louca (um mês antes de morrer, Hilde aconselhou-a a ir a um psiquiatra). Pensava que os comunistas a estavam perseguindo, e que a governanta conspirava com sua filha e com H. G. Wells para destruí-la. Velou Hildegart a noite inteira antes de matá-la, mas quantas outras madrugadas essa mulher não teria passado sentada junto da cama da filha adormecida, olhando-a com fixidez de lunática? É a própria imagem do sinistro.

E, no entanto, como devem ter sido difíceis para Hilde seus esforços para se livrar dela, daquela mãe acusadora e exorbitante! Um mês antes de morrer, Hildegart publicou um artigo intitulado "Caín y Abel", no qual reivindicava o mítico criminoso. Caim era o rebelde, o forte, o radical, e tinha de matar o repressor e convencional Abel para ser livre: uma clara alusão à morte metafórica da mãe que a moça estava levando a cabo em sua cabeça. Mas Aurora, com a literalidade própria da demência, tomou o artigo em seu sentido estrito, assumiu o papel de Caim e assassinou a filha. Depois diria que quando Hilde assinou "Caín y Abel", ela havia assinado sua sentença de morte; e, num adorno sinistro de seu delírio, assegurou que na noite do crime a filha finalmente lhe dera razão. Que tinha se arrependido de partir e que havia pedido que a matasse: "Você que me criou, destrua-me, deve me castigar severamente".

Na verdade, ninguém sabe exatamente o que aconteceu naquela noite, no sigilo daquela casa opressiva e trancada para os estranhos (a sala de jantar só tinha duas cadeiras). Aurora ficou discutindo por mais de dez horas com a filha, tentando convencê-la a não ir embora, e sem dúvida torturou a jovem psicológica e emocionalmente: a criada viu como a mãe sentava Hilde no colo, como se ela fosse uma criança. Penso agora nessa cena de pesadelo e me ocorre que as balas que acabaram com a vida de Hilde talvez tenham lhe trazido, no fim das contas, a libertação.

Margaret Mead
Aninhar-se no vento

> *Nunca duvide que um pequeno grupo de cidadãos sensatos e comprometidos podem mudar o mundo. De fato, são os únicos que conseguiram isso.*
>
> Margaret Mead

A antropóloga Margaret Mead é um personagem monumental, uma das grandes mulheres do século XX. Porém, fisicamente era bem pequenina; aos 23 anos ela mal media um metro e meio e pesava apenas 46 quilos. Tinha essa idade em 1924, quando viajou a Samoa, na Polinésia, para fazer seu primeiro trabalho de campo. Assim, tão miúda, com o cabelo despenteado e curto, grandes olhos azuis, óculos de cdf e cara de moleca, Mead parecia uma criança. Com o tempo, no entanto, ela engordou muitíssimo. Foi uma mudança prodigiosa: se alargou e se achatou como um croquete. Desde que quebrou a perna, em 1960, Margaret sempre levava consigo uma grande forquilha de castanheira. Vendo-a nas fotos dessa época, redonda e pigmeia para além do verossímil e brandindo seu cajado primitivo, a antropóloga parece um personagem de conto de fadas: um gnomo, uma bruxa rabugenta mas bondosa, uma feiticeira arcaica. De qualquer modo, uma criatura não inteiramente humana, a meio caminho entre a anedota e a lenda.

Caberia perguntar o motivo de uma mudança tão notável: as causas ocultas, o que se passou dentro dela. Há pessoas que, no decorrer da vida, simplesmente envelhecem; outras, mais sábias ou mais afortunadas, vão amadurecendo; outras, ao contrário, apodrecem, e outras ainda, por fim, se destroem; e todos esses processos com frequência se refletem claramente no aspecto físico. Pois bem, pode-se dizer que depois de completar cinquenta anos, após seu terceiro divórcio e sua consagração como figura pública, Margaret Mead perdeu uma peça de seu próprio quebra-cabeça, e ela mesma foi se desfazendo pouco a pouco.

Mas vamos ver que peça era essa. Margaret Mead é um personagem complexo, secreto, contraditório, de uma grandiosidade irredutível a explicações fáceis. Se há algo claro nela (quase tudo é confuso) é a velocidade em que vivia. Corria pela existência como se fugisse de alguma coisa: levantava-se todos os dias às cinco da manhã e, antes de chegar a seu escritório no Museu Americano de História Natural, já havia escrito 3 mil palavras. Produziu 39 livros, 1397 artigos e 43 obras filmadas ou gravadas, e realizou uma quinzena de pesquisas de campo em lugares remotos. Mas além disso, e entre outras coisas, deu aulas em diversas universidades, trabalhou trinta anos como curadora do museu, participou de todo tipo de conferências, dirigiu o Comitê de Hábitos Alimentares (organismo oficial que depois se transformou na Unesco), concedeu tantas entrevistas como uma atriz de Hollywood, casou-se três vezes e, para completar, teve uma filha, Catherine Bateson, também antropóloga, que ela estudou com rigor, como se fosse uma cobaia: "Nunca vivemos de maneira simples", conta Catherine num livro sobre seus pais, "estávamos sempre refletindo sobre nossa vida."

Mead padecia, em suma, de uma espécie de *horror vacui*, um verdadeiro pânico do vazio: não suportava que um compromisso prévio, uma aula, um encontro, fossem inesperadamente cancelados e que de repente ela se deparasse com algumas horas livres (um deserto aterrorizante e intransponível). Quando estava estudando na universidade e dividia um apartamento com outras moças (formavam um grupo autodenominado Ash Can Cats [Gatas Vira-latas], toda noite Margaret ia se deitar às dez em ponto para poder *chegar logo* ao dia seguinte, levantar cedo e trabalhar muitíssimo, enquanto as outras garotas conversavam e riam.

Além disso, ela falava muito, falava o tempo todo (que não houvesse nem um minuto de silêncio onde a incerteza pudesse retumbar), discursos originais e brilhantes que na velhice foram se transformando em monólogos cerrados e egocêntricos. Mas ao mesmo tempo também escutava muito, sobretudo na primeira parte de sua vida. Foi justamente assim, escutando muito e bem, que ela construiu sua obra fascinante: escutando e entendendo as adolescentes de Samoa, as mulheres e as crianças da Nova Guiné, os nativos de Bali. Agora, pensando bem, talvez esse duplo anseio de falar e de escutar os outros não seja tão contraditório como parece: no fim das contas, tanto as palavras próprias como as dos outros podem calar o sussurro interior.

Mead foi uma perfeita filha de seu tempo, uma moça dos anos 1920. Era uma época de audácia e transgressão; as mulheres encurtavam as saias e os cabelos, ouviam jazz em porões turbulentos, bebiam até perder os sentidos, praticavam o amor livre e se tornavam pilotos de corrida. Margaret jamais se permitiu qualquer excesso, e enquanto a cidade crepitava ao seu redor, ela dormia disciplinadamente em sua caminha de donzela; mas renunciou a sua espessa e simbólica cabeleira novecentista (o cabeleireiro chorou ao cortá-la) e foi a mais aventurada de uma geração de aventureiras, a mais aguerrida de um mundo de guerreiras.

Em seus dois livros mais divertidos e amenos, *Letters from the Field* e *Blackberry Winter: My Earlier Years* [Cartas do campo e Inverno das amoras: Meus primeiros anos], Mead relata com estilo vivo as delícias e os naufrágios de suas pesquisas de campo: a solidão da antropóloga na selva, a força brutal dos furacões, o tormento dos mosquitos, o delírio intermitente da malária (Mead padeceu a vida inteira de maleita, uma doença adquirida em seus primeiros nove meses de permanência em Samoa) ou o prazer indescritível da chegada do correio a cada cinco ou seis semanas. Em seus textos, Mead nunca faz alarde de suas dificuldades: é uma veterana, uma pessoa durona, e se nos diz que tem de caminhar pela selva durante horas com barro até os joelhos, por exemplo, não acrescenta que está sendo devorada por sanguessugas. Mas é fácil imaginar as terríveis penúrias que ela teve de enfrentar ao passar longas temporadas em confins remotos e primitivos, sem conhecer a língua do local (Mead teve de aprender vários idiomas nativos, embora seus inimigos sustentem que ela os falava pouco e mal), comendo o que tivesse para comer, sem médicos nem possibilidade de pronto atendimento. Como nos meses em que morou na Nova Guiné, em 1929, estudando tribos que havia apenas três anos ainda guerreavam, cortavam cabeças e praticavam canibalismo. Ainda hoje, de vez em quando algum cientista ou jornalista desaparece nas florestas selvagens daquela região.

Margaret Mead revolucionou a antropologia. Primeiro porque a popularizou: era uma ciência muito jovem e ela soube *vendê-la* publicamente, contar detalhes saborosos nos periódicos, fazer de si mesma um personagem. Além disso, desenvolveu e aperfeiçoou os métodos de trabalho (o uso da fotografia, por exemplo) e, sobretudo, fez perguntas que antes ninguém fazia. Concentrou-se em temas que, na época, eram aparentemente secundários: as mulheres, as crianças, as diferenças de gênero. Ficou famosa desde o primeiro livro, mas com *Sexo e temperamento em três sociedades primitivas*, publicado nos anos 1930, ela armou uma revolução. A obra é o estudo de três tribos da Nova Guiné, relativamente próximas umas das outras, onde os papéis sexuais eram completamente diferentes: na primeira, tanto homens como mulheres se comportavam de uma forma mais passiva, afetuosa, maternal; na segunda, elas e eles eram agressivos e violentos; e por fim, na terceira, os homens agiam conforme o estereótipo feminino ocidental (iam às compras, enrolavam o cabelo), ao passo que as mulheres agiam conforme o estereótipo masculino (não se enfeitavam, eram as mais enérgicas, as mais decididas).

Disso tudo, Mead sensatamente deduzia que as diferenças de comportamento em razão do sexo não eram naturais e imutáveis, mas sobretudo culturais; de modo que, com seus trabalhos, Margaret contribuiu de maneira substancial para liberar a mulher (e o homem, naturalmente) dos estereótipos sexuais. Nessa reivindicação, Margaret Mead não estava sozinha, pois fazia parte de um amplo movimento científico que, na velha polêmica entre ambiente e herança, postulava a preponderância da cultura. Hoje está de novo na moda justamente o contrário, o biologismo.

Seus trabalhos foram muito debatidos: acusaram-na de falta de rigor, de não saber suficientemente as línguas que dizia conhecer e de desvalorizar a antropologia (sua imensa popularidade era muito invejada), mas a verdade é que, apesar das esforçadas tentativas de seus inimigos de fazê-la em pedacinhos, a obra de Margaret continua sendo, no conjunto, sugestiva e válida. Ela foi, de fato, pioneira de um dos conceitos centrais da modernidade: a valorização das diferenças. Porque os deuses e suas leis eternas tinham morrido no século XIX, mas foram substituídos pela lei do homem branco, ferozmente hierárquica; e foi preciso que chegasse a segunda metade do século XX para que também esse poder fosse derrubado e emergissem a diversidade e a periferia: mulheres, negros, outras culturas. "Cada diferença é de grande valor e digna de apreço", escreveu Mead num prólogo em 1962. É disso que mais gosto nela: seu brilhantismo e sua coragem intelectual para repensar o mundo e para se adaptar às mudanças vertiginosas de nossa época: "Temos de ensinar nossos filhos a se aninharem dentro do vendaval".

Margaret, a Veloz, viveu instalada no movimento perpétuo já desde a infância. Era filha de um casal de intelectuais: um pai economista que escreveu cinco livros e uma mãe socióloga que fazia pesquisas de campo sobre as famílias de imigrantes italianos e que encheu treze cadernos com observações sobre o comportamento de sua filhinha. Mead nasceu na Filadélfia em 1901, mas ao completar dezesseis anos já havia morado em sessenta casas e feito refeições preparadas por 107 cozinheiras diferentes: com frequência tinham de se mudar por motivos de trabalho e, por outro lado, a família também não devia ser o ápice da estabilidade. Em meio a essas andanças, Margaret se dedicou a ser ela mesma desde bem pequenina. Por exemplo, parece que seu pai era extremamente reservado, frio e silencioso; e Mead foi uma menina apaixonada, irascível e barulhenta, que dava pontapés nas portas. Aos onze anos empenhou-se em ser batizada, contra a vontade de seus progenitores, que não eram crentes; casou-se aos 22 anos, também contra o critério familiar, e insistiu em manter seu nome de solteira, o que não era habitual nos Estados Unidos, além de insólito e atroz para a época. Estava empenhada em ser ela mesma e se transformar em alguém importante, e para alcançar esses objetivos ela parecia ter as ideias muito claras. De fato, programava sua vida com a meticulosidade com que um general de intendência programa a próxima campanha.

Por exemplo, poderíamos dizer que seu noivado precoce com o jovem sacerdote protestante Luther Cressman e seu casamento com ele foram atividades programadas: como se isso, ter noivo e depois se casar, fosse o que Mead devia fazer naquele momento para organizar com esmero sua vida. Luther era um bom sujeito, talvez bom até demais, excessivamente calmo para o turbilhão de sua esposa. Margaret não parecia sentir por ele a menor emoção, e quando saíam juntos, já noivos, passavam horas contemplando o céu em vez de olharem um para o outro (ou de não se olharem de nenhum modo e se dedicarem a outros anseios mais carnais, como seria normal em apaixonados de vinte anos).

Mead enganou Luther com um antropólogo, teve três maridos numa época em que o divórcio era muito malvisto, e foi considerada, por conseguinte, uma mulher com numerosos amantes. No entanto, não parece que o homem como objeto de prazer tenha tido um papel fundamental em sua vida; durante o noivado, estava mais interessada em suas companheiras de apartamento e em sua mentora, a antropóloga Benedict, quinze anos mais velha que ela, do que em seu noivo. E a partir de 1955 até sua morte, viveu com outra antropóloga, Rhoda Metraux. Em 1974, disse numa conferência que a sociedade ideal consistiria em "pessoas homossexuais na juventude e novamente na velhice, e heterossexuais no meio da vida". Mas pode ser que Mead não tenha consumado nenhuma relação lésbica: embora tenha passado a vida falando de sexo e estudando-o, essa não parece ter sido uma atividade que a apaixonasse. Sua verdadeira paixão era o trabalho; e com seus maridos ela dividiu justamente isso, a aventura científica. Os dois últimos, Reo Fortune e Gregory Bateson, eram antropólogos, e com ambos ela fez pesquisas de campo.

Foi Gregory Bateson, alto, elegante e bonito, quem ela mais amou. Com ele teve, aos 38 anos, sua única filha; e quando se divorciaram a pedido dele, em 1950, Mead se sentiu muito mal. Ocorre que Margaret tinha uma vida demasiado corrida e era impossível se manter a seu lado: "Eu não consigo acompanhá-la e ela não consegue parar", disse Bateson para explicar o rompimento. Além disso, Mead às vezes era realmente cansativa; por exemplo, interrompeu várias vezes as aulas de antropologia que Gregory dava na universidade (era tímido e isso lhe fazia muito mal) para corrigi-lo e contradizê-lo publicamente, até que ele largou o curso nas mãos dela. Era mandona, invasiva, egocêntrica e inoportuna; quando jovem, punha a foto do próprio irmão na mesa de cabeceira de uma amiga que não tinha namorado, e adulta era o terror de seus subalternos no Museu de História Natural: todo dia havia alguma secretária chorando num canto.

Mas ela podia, ao mesmo tempo, ser extraordinariamente generosa, amável e detalhista. Seu magnetismo era tal que tinha um séquito de fãs, amigos incondicionais que trabalhavam para ela feito escravos (buscavam suas roupas no tintureiro, cuidavam de suas compras e encomendas) por puro amor. Era um carinho que ela conquistava com seu próprio esforço: durante toda a vida foi compilando um imenso grupo de centenas de amigos, que eram como sua família, ou talvez sua tribo. Gostava da vida em comunidade, de viver com mais pessoas, mais casais, coisa que fez várias vezes; e nunca perdeu ninguém, nem mesmo seus ex-maridos. Quer dizer, foi arrastando esse *mare magnum* de amigos ao longo de toda a vida, cuidando das relações, lembrando do aniversário de cada um, atendendo a suas necessidades, vendo-os de uma forma mais ou menos regular. Uma imensa tarefa afetiva que, por si só, demandaria as energias de uma existência inteira. Não é de estranhar que Margaret Mead tivesse pressa.

Mas parece que, com o tempo, algo se quebrou, algo se desfez dentro dela. Talvez tenha corrido tanto que acabou por deixar para trás sua própria sombra: sua medula, seu centro de equilíbrio, sua substância. Porque ter quinhentos amigos acaba sendo como não ter nenhum. E assim, com os anos, Margaret Mead foi se transformando numa caricatura de si mesma. Cada vez falava mais e dizia menos coisas, cada vez escutava menos. Galopava de um congresso a outro, de um canto a outro do planeta; tomava anfetaminas para aguentar o ritmo, e às vezes não sabia bem onde estava.

Em 1977, por exemplo, já com 76 anos, viajou para Bali, para Vancouver e para o Brasil. Mas no início de 1978 lhe diagnosticaram um câncer de pâncreas: apesar de correr tanto, no fim ela foi capturada. Mead, acostumada a impor sua vontade e indignada ante o ultraje de sua própria morte, negou-se a reconhecer que tinha câncer; mas isso, é claro, não lhe valeu muito. Morreu seis meses depois, ainda zangada com essa suprema traição de sua biologia. Nas últimas semanas emagrecera tanto que voltou a se parecer com a Mead de antes: os mesmos olhos grandes, a expressão de moleca. Era a prisioneira interior que aparecia para se despedir.

Camille Claudel
Sonhos e pesadelos

> *Eu lhe mostrei onde procurar ouro,*
> *mas o ouro que encontrar é só dela.*
>
> Auguste Rodin (sobre Camille Claudel)

Camille, a sequestrada, Camille, a prisioneira. A manca e sedutora Camille, escultora genial, artista maldita e esquecida. Essa é a terrível história de uma mulher que não pôde *ser*. Tinha tudo para triunfar: talento, inteligência, coragem, beleza. Mas as circunstâncias a desestruturaram. "Todos esses dons maravilhosos que a natureza lhe concedera não serviram senão para lhe trazer infelicidade", disse seu irmão, o escritor Paul Claudel. Pois Camille era irmã do famoso autor francês; e foi amante do celebérrimo escultor Auguste Rodin. Enquanto os dois, seu irmão e seu amante, conquistavam clamoroso sucesso, Camille foi afundando silenciosamente nas trevas.

Camille Claudel nasceu em Villeneuve-sur-Fère, na França, em 1864, e era a filha mais velha de um coletor do registro de imóveis e de uma proprietária de terras provinciana que, com o tempo, se transformaria em seu maior carrasco. Desde bem pequena Camille era diferente: por sua manqueira, por sua extraordinária beleza e por seu temperamento, radiante, orgulhoso, decidido. Começou a esculpir e modelar por conta própria, sem professores nem antecedentes na família, e aos doze anos fez um painel em argila tão poderoso que chamou a atenção dos artistas locais. Um deles, Boucher, apresentou-a ao diretor da Belas-Artes, que ao ver sua obra perguntou se ela tivera aulas com Rodin. Na época, a adolescente Camille nem conhecia esse nome, de modo que as semelhanças eram casuais:

talvez ambos compartilhassem uma força e veracidade semelhantes em meio a um mundo criativo rotineiramente acadêmico. Que fique registrado, pois, que Camille *era* Camille antes de Rodin entrar em sua vida. Porque uma das maldições que acabaram com ela foi a insistência em considerá-la uma mera discípula de seu amante.

Outra maldição foi sua família. Seu pai tinha um temperamento acérrimo e violento, e a vida doméstica em Villeneuve-sur-Fère era uma gritaria constante. No entanto, Camille dera um jeito de ser a filha preferida do severo patriarca. Provavelmente essa posição privilegiada (ela era o xodó do ditador) fez nascer em sua mãe e em sua irmã algo muito parecido com o rancor: pode-se dizer que tanto uma quanto a outra odiavam Camille. E as coisas pioraram quando o pai mandou-a para Paris, com dezessete anos, para que pudesse estudar escultura, acompanhada da mãe e dos outros dois filhos (a furibunda irmã e Paul). Pode-se imaginar a humilhação dessa senhora, que se viu forçada a separar-se do marido, a abandonar sua querida Villeneuve-sur-Fère e a se mudar para a capital para que a detestável filha mais velha se dedicasse à arte (uma indecência). Mãe e irmã eram mulheres muito convencionais; o pai, por sua vez, era livre-pensador e franco-maçom.

E essa foi a terceira maldição de Camille: as convenções, os preconceitos. O fato de ter nascido no tempo e no lugar errados. Um pouco antes ela poderia se amparar no Romantismo e viver mais livremente, como George Sand. Um pouco depois teria encontrado a revolução dos anos 1920. Mas ela nasceu no seio de uma velha e austera burguesia provinciana, e na época mais conservadora, tosca e imobilista. As raras senhoritas que então fugiam da norma eram consideradas pouco menos que prostitutas.

Quando Camille chegou a Paris em 1881, era vetado às mulheres estudar na Escola de Belas-Artes (não foram admitidas nos ateliês até 1900, e até 1903 não podiam participar do prêmio de Roma, fundamental para o desenvolvimento de uma carreira criativa). Mas a voluntariosa Camille se matriculou numa academia e alugou um estúdio com três jovens escultoras inglesas. Trabalhava sem parar, apaixonadamente, como fez durante toda a vida (exceto no hospital). Pouco depois, em 1883, conheceu Rodin. Ele tinha 44 anos e uma aparência barbuda e imponente de russo tolstoiano; ela tinha dezenove, sabia que era genial e estava disposta a devorar o mundo. É provável que logo se tornaram amantes; ela passava o dia no estúdio dele, embora continuasse morando com a mãe (que a expulsou de casa em 1888 quando soube de suas relações pecaminosas). Durante uma década, Claudel trabalhou como aprendiz no ateliê de Rodin.

Pode-se dizer que no terreno sentimental a história do casal é tediosamente clichê: quando conheceu Camille, fazia vinte anos que Rodin estava com Rose, a mulher com quem compartilhou toda sua vida, e sua deslumbrante aprendiz foi relegada para sempre ao estreito e semiclandestino lugar da amante. Nunca moraram juntos, só compartilharam algumas férias; e se tratavam cerimoniosamente por "Monsieur Rodin" e "Mademoiselle Claudel". Mas isso, e o fato de se tratar de maneira formal, não impediu que, segundo dizem, Camille ficasse grávida várias vezes (fala-se de até quatro gestações). Não se sabe se chegou a dar à luz e entregou os filhos para adoção ou se preferiu abortar, mas a existência das gestações parece muito provável. De qualquer modo, uma experiência consideravelmente brutal.

Se não se conhece com certeza algo tão fundamental na vida de Camille, é porque ela parece estar amaldiçoada. Sua produção escultórica é belíssima, forte e delicada ao mesmo tempo (com obras-primas como *A valsa*, *Sakountala*, *Clotho*, *As banhistas*), mas muitas de suas peças se perderam e as restantes estão espalhadas em coleções particulares e museus remotos. E assim como sua obra está fragmentada e meio esquecida, a biografia de Camille também está cheia de sombras, de incógnitas e de perdas: por exemplo, perderam-se as cartas a seu pai e a Rodin. Como se o destino dessa mulher tivesse sido quebrar-se, destruir-se. A vida de Camille Claudel é como esses desenhos na areia que o vento apaga.

Embora a relação sentimental com Rodin pareça bastante convencional, a artística, ao contrário, é única. Está claro que ele a influenciou, mas o que não está suficientemente reconhecido nem quantificado é até que ponto ela o influenciou: provavelmente muito (a década que passaram juntos foi a de maior criatividade para Rodin). Às vezes produziam ao mesmo tempo esculturas quase idênticas, como *Galateia*, de Rodin, e *La Jeune Fille à la gerbe*, de Claudel, mas quem copiava quem? No caso citado, a peça é muito mais no estilo dela. Camille, ao contrário de Auguste, esculpia o mármore refinadamente, de maneira que as peças feitas nesse material decerto passaram por suas mãos. Por outro lado, as obras não assinadas foram atribuídas automaticamente a Rodin, ainda que, ao menos em uma ocasião, tenha sido possível demonstrar mais tarde que a peça era dela. Além disso, Camille colaborou em inúmeras esculturas de Rodin (sabe-se, por exemplo, que fez pelo menos as mãos e os pés de *Porta do inferno*).

Durante as décadas em que trabalhou com ele, e apesar de sua incessante laboriosidade, Camille assinou muito poucas obras: o resto de seu esforço, portanto, foi vampirizado pelo mestre. Não há provas de que Rodin algum dia lhe tenha pagado um salário fixo (que é como ele mesmo começara a ganhar a vida: com um emprego de aprendiz), como tampouco lhe pagou pelo trabalho como modelo: Camille posou para ele inúmeras vezes, e essa era uma ocupação que consumia muito tempo e habitualmente era remunerada. Quando Camille foi expulsa da casa da família em 1888, foi Rodin quem se incumbiu de seu ateliê e das despesas: na verdade, um arranjo humilhante que a condenava a ser a *amante*, em vez de obter a justa independência de um merecido salário.

Não quero dizer, com tudo isso, que Rodin não fosse um gênio: ele o era, disso não há dúvida. Mas Claudel também era genial, e quando se conheceram ele já era um homem maduro e ela uma jovem transbordante de ideias. Rodin soube tirar partido dessa criatividade e desse talento até mesmo depois de romper o relacionamento amoroso, pois o restante da obra de Auguste, até sua morte em 1917, consistiu sobretudo em variações dos temas surgidos durante sua fase com Claudel (e talvez amiúde das ideias dela?). É verdade que Rodin escreveu cartas laudatórias sobre sua aprendiz e que recomendou vivamente seu trabalho aos críticos; que quando Camille ficou doente lhe concedeu uma pensão de quinhentos francos anuais (uma miséria, certamente); que acariciou a ideia de lhe dedicar uma sala em seu Museu Rodin; e que, ao ser perguntado sobre sua discípula, respondeu com a célebre frase: "Eu lhe mostrei onde procurar ouro, mas o ouro que encontrar é só dela". Contudo, vendo a história toda em seu conjunto, não podemos evitar a sensação de que Rodin se aproveitou da escultora; e de que, quando a apoiava, era por sentimento de culpa e com certo paternalismo.

Em 1893 Camille tinha 29 anos e já não era a garota disposta a devorar o mundo de uma década atrás. A vida fora dilacerando seus sonhos; o amor de Rodin se convertera numa rotina clandestina e, talvez, sórdida, e por mais que se esforçasse como escultora, seu próprio talento não era reconhecido: a sombra do mestre a esmagava. Por isso Camille rompeu com Rodin naquele ano (embora continuassem a se ver e a passar as férias juntos até 1898) e procurou seu próprio estúdio. Supõe-se que a partir de então ela se manteve sozinha, o que a condenou a um progressivo empobrecimento, até ficar à beira de uma autêntica miséria. A escultura é uma arte muito cara: Camille pedia dinheiro emprestado, se endividava, trabalhava com desenho industrial fazendo lâmpadas art nouveau; mas mal conseguia pagar a matéria-prima, e não havia como bancar nem modelos nem ajudantes, de modo que tinha de trabalhar de memória e fazer tudo sozinha, incluindo a exaustiva tarefa do polimento. Morava em domicílios lúgubres e carecia do mais básico: de calor no inverno (com as geadas, a argila desmoronava), de roupa decente: "Não tenho casaco nem sapatos, minhas botinas estão completamente gastas". Mas ela se esforçava, como se esforçava para conseguir uma obra sublime, para ser reconhecida. Vivia só para o trabalho; salvo uma efêmera e pouco clara relação com o músico Debussy, Camille não se apaixonou novamente, e foi se fechando cada vez mais em si mesma.

A imprensa e a sociedade conservadoras catalogavam suas inovadoras esculturas como "mastodontes de gesso", ainda que no final do século alguns críticos importantes tenham começado a dizer que Claudel era genial. Mas essa apreciação era demasiado minoritária e Camille continuava sem poder se manter. Enquanto isso, Rodin triunfava clamorosamente com esculturas ainda mais transgressoras que as dela (e, como já vimos, talvez inspiradas em suas ideias). Por que sua radicalidade era aceita e a dela não? Até os críticos que a admiravam a viam como uma anormalidade: "Uma revolução contra natura: a mulher de gênio", dizia um; e os demais elogiavam sua escultura dizendo que era "viril e poderosa". Há uma foto de Camille em 1899, depois de ter rompido definitivamente com Rodin, gorda e envelhecida, apesar de só ter 35 anos (parece que bebia muito), talhando um Perseu que corta a cabeça da Medusa: e o rosto da criatura decapitada era o seu. Na época, Camille já se considerava um monstro, uma Górgona outrora poderosa, mas que tem sua força e seu pescoço cortados pelo herói viril.

E então ela enlouqueceu, segundo as crônicas. Mania de perseguição, psicose paranoica. Toda sua frustração e seu agudo sentimento de injustiça se voltou contra Rodin. Numa metáfora da realidade levada ao delírio, Camille acreditava que Rodin roubava suas ideias e até capitaneava uma conspiração para matá-la. Trancou-se em sua casa miserável e não via ninguém. A partir de 1905 começou a quebrar a marteladas todas as obras que terminava, para que seus inimigos não pudessem se apropriar delas.

Em 2 de março de 1913 morre o pai de Camille (ela desconhece o fato: ninguém a avisou), e em 10 de março dois enfermeiros irrompem em sua casa e a internam à força no hospital psiquiátrico de Ville-Évrard. Encontraram-na encolhida na penumbra, cercada pelos fragmentos de suas obras quebradas. Camille estava desequilibrada, isso é claro, e certamente precisava de ajuda médica. Mas também parece que, uma vez morto o pai, a mãe se vinga. E essa suposta vingança é terrível, repulsiva. Em 1915 Camille foi transferida de Ville-Évrard para Montdevergues, um manicômio bem distante de Paris que na época tinha uma reputação sinistra. E apesar das constantes e comoventes súplicas da enferma, ela não saiu mais de lá. Morreu naquele buraco em 1943. Passou trinta anos internada.

Durante todo esse tempo, Camille não parou de pedir, pateticamente, que a tirassem de lá. Primeiro pedia que a pusessem em liberdade; depois, à medida que os anos passavam e suas esperanças desmoronavam, ela só rogava que a transferissem para outro hospital em Paris, para assim ficar mais perto dos seus. E no fim, a única coisa que pedia era que a visitassem. Nem sua mãe (que morreu em 1929) nem sua irmã Louise jamais foram vê-la. Já Paul a visitava, mas muito de vez em quando, em parte por ter vivido muito tempo fora da França.

De toda a família, foi Paul que demonstrou mais carinho por Camille; no entanto, apesar de sua preocupação com ela, sua atitude no assunto também é um tanto ambígua. Na verdade, foi ele quem a internou e, de qualquer modo, por que não a libertou, ou pelo menos não a transferiu de hospital, depois da morte da mãe? Até o fim de seus dias Camille manteve suas manias persecutórias centradas em Rodin, mas, fora isso, estava totalmente lúcida e não era nem um pouco agressiva. Não parece ter sido de fato necessário que a mantivessem internada.

Embora tenha cuidado da filha na questão material, no demais a viúva Claudel se comportou com uma dureza que eu ousaria chamar de fúria. Por exemplo, proibiu que Camille escrevesse e recebesse cartas (exceto as de Paul ou as dela) e também visitas. O manicômio era um lugar gélido ("faz tanto frio que não consegui me levantar"), onde não havia nenhuma atividade organizada, de modo que Camille passava os dias mergulhada numa atonia amorfa e absoluta. Em 1920, o diretor do hospital disse que os delírios de Camille tinham se atenuado bastante e que ela poderia tentar sair do manicômio: mas a mãe se negou terminantemente. Então o médico propôs que ao menos a transferissem para Paris, mais perto dos amigos e da família, "porque a ausência de visitas era muito penosa para a srta. Claudel". Mas a velha se opôs também a isso: supõe-se que ela queria manter a filha longe, bem longe, enterrada em vida. Em 1927, o novo diretor de Montdevergues também se compadeceu do terrível castigo de Camille e escreveu para a viúva pedindo que viesse ver a filha, "o que daria uma grande alegria à nossa paciente, dando-lhe alguma esperança de libertação". Mas essa demanda também foi ignorada. "[Camille] tem todos os vícios, não quero vê-la, ela nos fez muito mal", a mãe escreve ao médico. A vingança da senhora não é apenas pessoal, mas também social: é a burguesia ultraconservadora que castiga a rebelde. "Reprovam-me, ó crime espantoso!, por eu ter vivido sozinha", escreve Camille em 1917.

No manicômio ninguém sabia que ela era escultora: lá era simplesmente a irmã de Paul Claudel. Ou amante de um ou irmã do outro, mas nunca ela mesma: digamos que seu destino foi desaparecer. Antes do surgimento da internet, Camille mal figurava nas enciclopédias. No início dos anos 1990, por exemplo, a *Enciclopaedia Brittanica* oferecia uma foto e duas colunas de texto para Paul Claudel, mas para Camille, que estava logo acima, só concedia a seguinte linha: "(*c.* 1883-1898), amante e modelo de Rodin". Notem que as datas só abrangem o período que Camille passou com Auguste, como se fora dessa relação ela não tivesse existido. Quando, doze anos após sua morte, os herdeiros quiseram recuperar o cadáver da artista e tirá-lo do cemitério do manicômio, souberam que aquela área fora remexida e que os restos tinham se perdido: porque Camille não tinha sequer uma tumba. Há uma foto dos anos 1930 em que ela aparece transformada numa velha abatida, com um casaco enorme, um chapéu ridículo e uma comovente expressão de tristeza. Foi nessa época que ela escreveu a um amigo estas frases terríveis: "Caí no abismo. Do sonho que foi minha vida, isto é o pesadelo".

As irmãs Brontë
Corajosas e livres

De onde o escritor tira o que escreve? Seus romances nascem do que ele já sabe ou do que ele teme? Do que viveu ou do que sonhou? Permitam-me que eu lhes conte uma história, um relato que inquieta e encanta: é a história real da família Brontë e de três irmãs singulares, três virgens tímidas que viveram perdidas num povoado remoto: e lá sozinhas, entre as estepes e os vendavais, essas delicadas donzelas (Charlotte, Emily e Anne) escreveram romances poderosos e brutais, romances colossais repletos de fulgor e de trevas. Como nos contos de fadas, as três irmãs venceram, no fim, por meio de um portento; mas no caso delas o prodigioso não foi um sapo feio transformado num príncipe, e sim o súbito rompimento do silêncio de umas insignificantes solteironas que ninguém escutava, com o retumbar de uma voz literária maravilhosa.

Hoje as Brontë são uma lenda. Parte do mito foi criado pela própria Charlotte, a mais longeva, que quis desculpar, perante a austera audiência vitoriana, os *excessos* literários de suas falecidas irmãs, fazendo-as passar por moças inocentes que, isoladas em um mundo selvagem, escreviam sobre as brutalidades que ouviam à sua volta por pura inocência, sem sequer entendê-las direito. Assim, cunhou-se uma imagem das Brontë como criaturas doloridas e perdidas no páramo, animaizinhos sensíveis, mas perplexos. E houve, sim, infelicidade e furor, mas vividos de um jeito bem diferente. Por sorte, nas últimas décadas surgiram alguns livros sobre as Brontë (principalmente a monumental biografia de Juliet Barker) que começaram a pôr abaixo esses estereótipos.

Já se sabe que o pai era um pastor evangélico; foi nomeado pároco de Haworth (em Yorkshire, no norte da Inglaterra) e lá, no presbitério, viveram e morreram as irmãs. Ainda hoje pode-se visitar a casa: uma lúgubre edificação de pedra cinza ao lado do cemitério. Quanto à mãe, em sete anos deu à luz seis filhos, cinco meninas e um menino; logo em seguida ficou à beira da morte por um câncer de estômago. Levou sete espantosos meses agonizando, torturada por dores insuportáveis. Durante a longa agonia, Maria, a inteligentíssima filha mais velha, que não tinha nem sete anos, lia o jornal na sala para suas irmãs, a fim de entretê-las e evitar que fizessem barulho.

De modo que ficaram órfãos muito cedo e foram criados pelo pai, Patrick Brontë, um personagem contraditório e esquisito. Apesar de ser irlandês e paupérrimo (dois estigmas terríveis naquela época), Patrick conseguira a proeza de estudar em Cambridge. Era alto, bonito, ruivo, de olhos azuis; escrevia e publicava poemas religiosos, prosa didática, cartas e artigos políticos. Diz a lenda que foi um monstro de índole ultraconservadora e que negligenciou fatalmente as filhas. Devia ser, de fato, um homem consumido por sua própria retidão, autoritário e seco; e é certo que prestava muito mais atenção no único filho homem, Branwell, e que investiu todo o seu tempo e seu escasso dinheiro na educação dele, ao passo que as meninas tiveram de ir para internatos de caridade horrorosos e trabalharam desde muito jovens. Mas tudo isso era, então, completamente normal: naquela época a mulher não valia nada.

O que não era normal era que um pai estimulasse nas filhas o amor à leitura, que ele, ademais, não censurava (elas liam livremente Byron, por exemplo). Que debatesse com elas, desde bem pequenas, os assuntos mais candentes da atualidade, educando-as, assim, nos temas *sérios*. Que visse com olhos permissivos sua inclinação para a escrita (ainda que a considerasse um entretenimento), a ponto de dar um caderno de notas de presente para Charlotte. Patrick podia ser politicamente conservador, mas é claro que não era nada convencional. "Não nego que sou, de certo modo, excêntrico, mas se eu tivesse sido um desses homens sossegados, tranquilos, sensatos e concentrados que há no mundo, é bem provável que nunca tivesse tido filhos como os que tive", disse com lucidez após a morte das filhas. Patrick pensava que o apocalipse ia chegar a qualquer momento e estava cheio de manias. Tinha horror ao fogo, por exemplo, e por isso no presbitério não havia tapetes nem cortinas, mas sempre baldes d'água no patamar da escada; gostava de armas também, e habitualmente levava pistolas carregadas que disparava todas as manhãs contra a torre da igreja. Parece ter sido um homem um pouco assustador.

As meninas Brontë deviam estar muito sozinhas, muito carentes de convívio com o pai e muito acostumadas a uma vida estoica para aguentar sem queixas a indizível tortura da escola de Cowan Bridge, para onde foram mandadas em 1824. Cowan Bridge era um internato muito barato, quase beneficente, para filhas de clérigos; Patrick, que dispunha de pouquíssimo dinheiro, pensou que era um lugar idôneo para educar suas filhas e mandou para lá as quatro mais velhas, Maria, Elizabeth, Charlotte e Emily, com idades entre onze e seis anos. Mas a escola era um lugar infernal. As meninas se levantavam às seis da manhã e tinham de rezar durante uma hora e meia, tiritando de frio, antes que as deixassem tomar o café da manhã. Matavam-nas de fome, e a comida repugnante era manipulada com tão pouca higiene que as intoxicações eram frequentes. O dia era consumido entre estudos e orações; aos domingos tinham de caminhar seis quilômetros pelo meio do mato, por montes encharcados, e passar o dia numa igreja gélida, molhadas dos pés à cabeça. E depois havia os castigos: cartazes acusatórios para pendurar no pescoço, açoites com varas.

Tudo indica que uma professora, a srta. Andrews, ficou obcecada por Maria e a perseguiu com sádico rancor; mesmo a menina já muito doente, batia nela e a castigava barbaramente. O fato de terem sido testemunhas indefesas desse horror marcou para sempre as irmãs, e sem dúvida alimentou aquele conhecimento íntimo da injustiça e da dor que pulsa febrilmente em seus romances. Cowan Bridge era um matadouro, e os responsáveis nem sequer se incomodavam em avisar as famílias quando as pequenas adoeciam. Das 53 alunas que havia no internato na época, uma morreu no colégio e onze deixaram a escola doentes, seis delas para falecer assim que chegaram a seus lares. Entre essas seis estão as Brontë. Maria faleceu no dia 6 de maio de 1825, aos onze anos; e Elizabeth, cinco semanas depois, aos dez anos. As duas foram devoradas pela tuberculose.

Por fim, alertado desse modo brutal sobre o que estava ocorrendo em Cowan Bridge, Patrick imediatamente tirou Charlotte e Emily de lá. A partir daí, salvo por breves incursões por uma boa escola de senhoritas e por um internato em Bruxelas, as irmãs se educaram em Haworth. Lá elas recebiam aulas do pai, costuravam, liam e, sobretudo, escreviam. Depois de tantas turbulências, as crianças Brontë tinham se refugiado na fantasia. Inventaram, em duplas, mundos paralelos: Charlotte e Branwell criaram Angria, com o irado duque de Zamorna como personagem principal; Emily e Anne conceberam Gondal, governado pela imponente rainha Augusta Almeda. Durante muitos anos confeccionaram livros diminutos escritos numa letra microscópica (cuja leitura demanda uma lupa) com as crônicas de seus reinos, que eram lugares apaixonantes e violentos, luminosos e bárbaros. Se Branwell, por exemplo, matava ou casava um personagem, Charlotte tinha de respeitar esse fato na hora de escrever suas próprias aventuras. Nesse sentido, as quatro crianças eram como deuses: o que escreviam *acontecia*. Esse mundo irreal era mais real para eles do que a vida de Haworth.

Pois os Brontë estavam completamente isolados: bastavam-se a si mesmos e viviam entregues a seus devaneios. E não porque Haworth fosse um lugar mortiço e desabitado, de modo algum. O povoado ficava numa zona muito habitada e dedicada à indústria têxtil; quando os Brontë chegaram lá, tinha 4600 habitantes, e dez anos mais tarde havia mais 2 mil. Mas Haworth era, de fato, o último povoado antes do desolado páramo (e o presbitério, a última casa do povoado), no qual não cresciam nem árvores nem flores e onde sempre soprava um vento enlouquecedor; contudo, Haworth vivia de costas para esse deserto, envolvido nas angustiantes convulsões dos anos mais selvagens da industrialização.

As condições de vida eram terríveis: crianças eram exploradas no trabalho por diárias de miséria (até 1833 não houve uma única lei regulamentando que os menores de onze anos não podiam trabalhar mais de 48 horas por semana), os operários literalmente morriam de fome, não havia rede de esgoto no povoado até 1855, e os dejetos corriam pelas ruas. A tuberculose, o tifo e a cólera eram endêmicos; Haworth era um dos lugares mais miseráveis e insalubres de toda a Inglaterra; a mortalidade infantil era de 41%, e a expectativa média de vida de 25 anos. Um terço dos artesãos tecelões tinha ficado desempregado por causa das novas máquinas, e outro terço estava subcontratado; a Revolução Industrial causou tanta dor, tanta destruição, que surgiram grupos violentos e radicais, os luddistas (do nome de seu líder, Ned Ludd, um tecelão da região), que se dedicaram a invadir as indústrias, assassinar patrões e destruir as máquinas (muitos anos depois, o terrorista norte-americano Unabomber fez algo parecido, ao atacar alvos relacionados com a revolução microeletrônica). Os luddistas foram implacavelmente perseguidos e executados: as estradas, dizem, estavam manchadas com seu sangue.

As Brontë cresceram nesse mundo de desesperados. De onde o escritor tira o que escreve? De sua percepção mais íntima das coisas, da realidade substancial que o rodeia. E a realidade, lá e naquela época, manifestava-se em toda sua crueza. Hoje a televisão, o cinema e os anúncios fantasiam nossos dias com um simulacro de felicidade tola e vazia. Mas em Haworth não havia nada disso; em Haworth a existência consistia em morrer com dor e em viver com fome e na miséria. Talvez por isso as Brontë tenham inventado os reinos de Angria e de Gondal; e tenham preferido, em vez de se aproximar do povoado, perder-se no páramo que começava justamente atrás do presbitério (além disso, havia uma questão de classe: para os ricos eles eram pobres, mas eles não queriam se misturar com os operários).

Emily jamais abandonou Gondal; na verdade, seu único romance, *O morro dos ventos uivantes*, que é uma das obras-primas da literatura universal, pertence, pelo ambiente e pelo tom, às crônicas gondalianas (e ela o escreveu aos 28 anos). Charlotte, por sua vez, deixou Angria, com grande esforço, aos 25 anos: curiosamente, abandonou seu mundo de devaneios ao se apaixonar pela primeira vez. O objeto de sua obsessiva paixão não correspondida foi seu professor belga, que era um homem casado (todos os Brontë, salvo Anne, talvez, pareciam ser patologicamente obsessivos). Emily nunca se apaixonou; vivia fechada em seu mundo imaginário, e tudo indica que era anoréxica. Não comia nada e, como muitas que padecem desse distúrbio, era muito inteligente, autoexigente, inflexível e extrema. Sem chegar a um grau tão agudo de patologia, diríamos que a anorexia também rondou Charlotte durante toda sua vida; aos catorze anos as amigas a viam "consumida, meio seca". Tinha problemas com a comida, com frequência se negava a comer carne e sempre foi baixinha e magérrima. Além do mais, estava obcecada por sua aparência, como é comum nessas pacientes; Charlotte era meio feia, mas se considerava "repulsiva".

Eram bem míopes, pouco graciosas, inteligentes, cultas, orgulhosas e pobres: com essas características, e naqueles tempos, o futuro das Brontë era muito soturno. Na época, as mulheres não podiam ingressar em universidades, e uma senhorita decente não tinha outras possibilidades de trabalho a não ser como professora ou preceptora. Ambos os ofícios, humilhantes e mal pagos, foram desempenhados pelas Brontë. Mas o que elas queriam era escrever. Com vinte anos, Charlotte mandou um punhado de versos ao célebre poeta Southey. O artista lhe respondeu que eram bons, mas que "a literatura não pode ser o objetivo da vida de uma mulher, e não deve sê-lo". O comentário mergulhou Charlotte numa de suas grandes depressões: ela sabia que, como mulher, *não devia escrever*, e se esforçava para resignar-se: "Tentei não só observar todos os deveres que uma mulher deve cumprir, mas também me interessar por isso. Nem sempre consigo: às vezes, quando estou costurando ou dando aulas, preferiria estar escrevendo". De todos os Brontë, só o irmão estava autorizado a se propor uma carreira de artista. A família o mimava e esperava que fosse um grande escritor ou um grande artista.

Branwell é a própria essência do fracasso. Arrogante, egocêntrico e fraco, sua vida é uma degradação contínua. Propõe-se a escrever, mas não chega a nada. Inicia uma carreira como retratista, mas depois de nove meses se dá por vencido. Encontra um trabalho como tutor e o demitem por engravidar uma criada; é contratado como chefe de estação de trem e o despedem porque falta dinheiro nas contas. Consegue outro emprego como tutor e dois anos mais tarde o expulsam ignominiosamente por ter se convertido em amante da patroa, uma mulher casada dezessete anos mais velha, que ele acaba por chantagear. Na época Branwell vive alcoolizado, é viciado em ópio, sofre delirium tremens e ferozes surtos de violência: seu pai e suas irmãs muitas noites se deitam sem saber se estarão vivos no dia seguinte. Em seu processo de autodestruição, Branwell me lembra os *pirados* dos anos 1960. Afinal de contas, era filho do Romantismo, uma das épocas de ruptura em que a humanidade se mira no abismo (Branwell mirou-se e caiu nele), tempos de inovação que costumam ser pródigos em drogas. Entre as leituras do jovem Brontë, por exemplo, estavam os elogios ao ópio de Coleridge e De Quincey.

É nesses anos terminais e sinistros que as irmãs, num alarde de decisão e força, autopublicam suas primeiras obras: um livro de poemas que só vendeu dois exemplares e, em 1847, três romances: o interessante *Agnes Grey*, de Anne; o belo *Jane Eyre*, de Charlotte; e o magistral *O morro dos ventos uivantes*. Assinaram com os pseudônimos de Acton, Ellis e Currer Bell, e ninguém, nem seus editores, sabiam que os autores eram três moças provincianas de 27, 28 e trinta anos. As obras tiveram um impacto tremendo; *Jane Eyre* se transformou no grande sucesso da temporada, embora os críticos julgassem a obra repleta de "rudeza masculina, grosseria e liberdade de expressão", este último dito como um insulto. Os críticos foram ainda mais agressivos com Anne e, sobretudo, com Emily, cujo livro lhes pareceu "selvagem, brutal e detestável".

Após o sucesso de *Jane Eyre*, Charlotte confessou ao pai que ela era o escritor da moda, Currer Bell, o que deixou Patrick muito orgulhoso. Mas Branwell nunca soube que as irmãs haviam publicado. Com tuberculose, física e psiquicamente destruído, Branwell morreu com 31 anos, em 24 de setembro de 1848, não sem antes contagiar a esquelética Emily, que, após o falecimento do irmão, recusou-se a comer e a ver o médico. Quando morreu, três meses mais tarde, tinha definhado tanto que o caixão media apenas 42 centímetros de largura. Também nessa época, Anne foi acometida do mesmo mal; morreu cinco meses depois na costa, em Scarborough, para onde Charlotte a levara agonizante porque a enferma queria ver o mar. Emily tinha trinta anos e Anne, 29.

Sozinha e desesperada, Charlotte assumiu publicamente a autoria de *Jane Eyre* e continuou escrevendo. Publicou mais dois romances, *Shirley* e *Villette*, os dois de enorme sucesso, e teve uma paixão não correspondida por seu charmoso editor, George Smith, sete anos mais jovem que ela. Quando Smith se casou, em fevereiro de 1854, Charlotte lhe mandou uma carta gélida e breve ("Meu caro senhor, nas grandes alegrias, como nas grandes mágoas, as palavras de simpatia devem ser poucas. Aceite minhas felicitações"), e no mês seguinte ela mesma comprometeu-se em casamento com Arthur Bell Nicholls, o jovem sacerdote que ajudava seu pai no presbitério. Arthur Bell amava Charlotte com ardor; e ainda que no início ela não estivesse apaixonada, se deixou seduzir por sua paixão. Isto é, amou-o porque ele a amava. Casaram-se em junho de 1854, e os primeiros meses do matrimônio foram como o final açucarado de um conto de fadas, de tão feliz que Charlotte parecia, tão entusiasmada estava com o marido. Mas em janeiro de 1855 ela adoeceu. Estava grávida, ao que parece, e muitos julgaram que estivesse vomitando por esse motivo; mas o mais provável é que fosse febre tifoide (a criada dos Brontë faleceu nessa época com os mesmos sintomas). Ela não segurava nada no estômago e se debilitou rapidamente. Morreu em 13 de março, logo depois de completar 39 anos.

As Brontë quase não abandonaram, fisicamente, as paredes estreitas da casa e o páramo vazio, mas se atreveram a pensar, a imaginar, a transgredir os limites. Apesar de tudo, foram criaturas livres e indomáveis: "Sim, meus dias correm velozes para seu fim;/ isso é tudo que peço:/ na vida e na morte uma alma livre/ e coragem para suportar", escreveu Emily num de seus últimos poemas. Em meio a tanta dor e tanta tragédia, vêm-me agora à memória, como se fossem minhas, algumas das lembranças felizes das Brontë: Anne em Scarborough, no dia anterior a sua estoica morte, contemplando com sereno embevecimento um entardecer glorioso sobre o mar. E as três irmãs na pequena sala do presbitério, à noite, depois que todos já tinham ido se deitar, apagando as velas e deixando apenas o resplendor da lareira; e as três então andando velozes ao redor da mesa, inventando as cenas de seus romances em voz alta, recitando poemas umas para as outras com alento selvagem, enchendo o ar escuro com o faiscar de suas palavras belas. Poderosas palavras imortais.

Irene de Constantinopla
A mãe que cegou o filho

A imperatriz Irene passou para a história por um gesto de crueldade sem-par: arrancar os olhos do filho para evitar que lhe arrebatasse o trono de Bizâncio. Irene, inteligente, bela e feroz, governou com mão de ferro um império para homens. Mas seu reinado foi reduzido a uma atrocidade, a mutilação de Constantino VI.

Hoje mal recordamos o que foi o Império Bizantino, mas durante doze séculos ele teve um papel fundamental no devir do mundo. Os bizantinos, embora falassem grego, diziam ser o império romano, e sua capital, Constantinopla, foi a cidade mais suntuosa e bela da época. Nessa urbe esplêndida, e no palácio real, uma cidadela fabulosa composta de diversos edifícios, a imperatriz Irene ordenou que cegassem seu único filho, o coimperador Constantino VI. Era 19 de agosto de 797 e Constantino tinha 26 anos. Irene passou para a história por esse ato, pela inquietação que provocam as mães mortíferas, as mutiladoras da própria ninhada. Porém, apesar dessa monstruosidade bem documentada, a Igreja ortodoxa a elevou aos altares. É santa Irene, e sua festa é celebrada, com sinistra coincidência, no dia 18 de agosto.

Para tentar entender esse disparate temos de fazer um esforço para nos imaginar naquele mundo remoto. O Império Bizantino era uma sociedade híbrida e complexa, com uma estrutura administrativa romana, uma enorme influência cultural persa e uma cristianização fervorosa nos tempos do primeiro Constantino. O centro da vida popular era o hipódromo, que desempenhava o mesmo papel outrora reservado ao circo romano, só que sem gladiadores nem lutas mortais de escravos mal armados contra feras, espetáculos proibidos por sua barbárie anticristã. De modo que a diversão se limitava a corridas de bigas e de cavalos, e havia duas facções esportivas rivais, os Verdes e os Azuis, que dividiam toda a sociedade e eram como nossos partidos de agora.

O palácio real dispunha de um corredor oculto que o ligava ao hipódromo, bem como de outro passadiço que levava a Santa Sofia, a impressionante catedral inaugurada em 537 e cuja vasta cúpula, um verdadeiro prodígio arquitetônico de 55 metros de altura, foi a maior do mundo até a construção da basílica de São Pedro, em Roma, em 1547. Esses passadiços combinam muito bem como o secretismo da corte bizantina, que era um centro de poder emaranhado, tentacular e conspiratório. A influência persa fez com que os símbolos, as vestes e os rituais fossem muito importantes como representação de uma autoridade quase divina. Os imperadores tinham a prerrogativa de vestir a cor púrpura, um pigmento caríssimo proveniente de um molusco diminuto com o qual tingiam suas sedas deslumbrantes, que depois eram adornadas com fios de ouro e de prata e pedras preciosas. Além disso, calçavam umas botas vermelhas exclusivas e usavam joias exorbitantes e cortinas de pérolas emoldurando o rosto.

Os imperadores refulgiam como deuses, assim como seus aposentos, revestidos de pórfiro, uma pedra cor de sangue reservada para uso imperial. A pompa cerimonial era formidável e os visitantes deviam saudar o basileu e a basilissa (imperador e imperatriz) tocando o chão com a testa. Nessa corte sobrecarregada e suntuosa viviam também os ministros de governo, os generais do exército, secretários e monges. Muitos dos principais funcionários eram eunucos, outro costume persa. A castração era proibida no Império Bizantino, mas havia um constante comércio de eunucos, que eram operados justamente do outro lado das fronteiras.

As medidas legais contra a emasculação e contra as lutas cruentas no hipódromo poderiam dar uma imagem enganosa do Império Bizantino como sociedade moderada e compassiva. Nada mais longe da realidade: era um mundo feroz. Na verdade, os castigos se articulavam segundo um código de mutilações corporais que tinham conteúdo simbólico. Por exemplo, os adúlteros tinham o nariz cortado, como representação da potência sexual. Ao longo da história de Bizâncio se sucedem e se acumulam as amputações, e os poderosos mostram uma horripilante propensão a mutilar o oponente ou a serem mutilados. Houve até um imperador, Justiniano II, que após ser derrubado e desnarigado em 695, voltou ao poder em 705 com a compreensível alcunha de Nariz Cortado.

Na época de Irene, o Império Bizantino perdera muitos de seus territórios. Havia séculos combatia os persas, os *khans* turcos e eslavos, os búlgaros, os lombardos. Mas o maior perigo chegou por volta do ano 630, quando apareceram, como um vento de morte, os guerreiros árabes, recém-sublevados em armas pelo profeta Maomé. Em muito pouco tempo, os árabes conquistaram a Bizâncio vastas regiões e as cidades de Damasco, Antióquia, Alexandria e Jerusalém. Então Constantino passou a ter uma aura messiânica, era a Nova Jerusalém que lutava contra o islã. Os bizantinos tinham muita fé nas imagens sagradas e reverenciavam os ícones, tabuletas transportáveis pintadas com as figuras de Cristo, da Virgem, dos santos. A nova fé do islã, por sua vez, proibia a representação corporal e denunciava o culto das imagens como idolatria. E era o islã que ganhava quase todos os combates.

Judith Herrin, autora do interessantíssimo *Women in Purple* [Mulheres em púrpura], sustenta que esse é o principal deflagrador das lutas iconoclastas, e deve ter razão. Desde o princípio do mundo, os deuses têm sido utilizados como aliados militares, como arma secreta e última nas guerras. Os exércitos bizantinos que confiavam em seus ícones milagrosos e que depois tombavam como coelhos na batalha deviam desconfiar que alguma coisa não estava funcionando. Seja como for, no ano 730, o imperador Leão III proclamou um édito proibindo o culto de representações figurativas. E assim começou um longo século de disputas sangrentas entre os iconoclastas, como Leão III, e os iconódulos ou partidários das imagens. O basileu Leão e seu filho e sucessor Constantino V perseguiram, torturaram e executaram os iconódulos, que hoje são considerados mártires da Igreja ortodoxa. Os partidários de acabar com as imagens estavam, sobretudo, no exército e entre os funcionários, ao passo que os partidários dos ícones eram em especial os monges, que naturalmente iriam perder influência caso se suprimisse o culto dos santos, de quem eram os principais mediadores. Por trás das lutas iconoclastas também havia, como sempre há, uma queda de braço entre os poderes.

E voltamos agora à nossa feroz Irene, cuja vida só pode ser compreendida se entendermos sua época. Irene era ateniense, famosa pela beleza e filha de uma influente família grega. Constantino V considerou-a um bom partido e determinou que seu filho mais velho, Leão, se casasse com ela. O matrimônio foi celebrado em 769; a moça, recém-chegada a Bizâncio, devia ter catorze ou quinze anos. Imediatamente depois da boda, os recém-casados foram coroados como basileu e basilissa e declarados coimperadores com Constantino, um procedimento habitual para garantir a sucessão. Nesse caso, o marido de Irene, Leão IV, tinha cinco meios-irmãos menores, os chamados césares, que eram filhos da última esposa de Constantino. Com a coroação ainda em vida do imperador anterior tentava-se evitar que os césares conspirassem para tirar o posto do herdeiro.

Em 771, Irene teve um filho varão (que chamaram de Constantino, como seu avô) na suntuosa Câmara Pórfira, um aposento de paredes vermelhas, revestido de seda e pedras finas, destinado unicamente para que as basilissas ali dessem à luz sua estirpe imperial. Cinco anos mais tarde o velho Constantino morreu, Leão IV e Irene assumiram todo o poder e coroaram seu pequeno filho como coimperador, como era habitual, para salvaguardar seu direito. Mas Leão durou pouco; morreu em 780, beirando os trinta, de um modo extravagante: como parece que adorava joias, tomou uma coroa pesada e adornada da igreja de Santa Sofia, a qual usava o tempo todo. Pelo excesso de uso lhe saíram uns furúnculos na testa, e depois vieram a febre e a agonia. Uma morte estranha, é claro, que deu origem a certos rumores de envenenamento. Irene tinha 25 anos, e seu filho Constantino VI, apenas nove. Como regente, a imperatriz passou a deter um poder fabuloso.

Quando Leão morreu, seus meios-irmãos, os cinco césares, começaram a conspirar para tomar o trono. Ao descobrir a conspiração, Irene mandou que fossem açoitados e tonsurados, ou seja, obrigou-os a virar monges. A astuta Irene, sabedora do valor das representações simbólicas, organizou uma importante cerimônia na igreja de Santa Sofia para devolver a famosa coroa dos furúnculos, e obrigou os césares a repartir a Eucaristia como humildes monges, enquanto ela reluzia em toda sua pompa imperial.

Mas Irene sabia que precisava encontrar apoio para suas pretensões de poder. Se hoje ela é considerada santa pela Igreja ortodoxa, é por ter reimplantado o culto das imagens. Seus hagiógrafos a apresentam como uma mulher devota dos ícones, mas a verdade é que não há nenhum registro histórico de que ela venerasse pessoalmente as imagens dos santos. É muito provável que tenha se unido aos monges iconódulos por precisar de aliados, já que os exércitos iconoclastas sempre tiveram receio de seu papel de mulher demasiado poderosa.

Seja como for, Irene moveu suas peças com rapidez. Apoiou-se em Eustarácio, um eunuco que ela pôs à frente da polícia e dos assuntos exteriores, e mandou demitir o patriarca iconoclasta de Bizâncio, pondo em seu lugar Tarásio, um burocrata dócil que era laico e que ela tornou patriarca (ou seja, chefe da Igreja) da noite para o dia. Com a ajuda do obediente Tarásio, em 786 Irene convocou um concílio em Constantinopla para condenar os iconoclastas. Mas o exército invadiu a igreja onde o conclave era celebrado e obrigou os participantes a suspendê-lo. Então o gênio de Irene brilhou novamente: ela fingiu acatar a vontade do exército e pouco tempo depois decretou que as tropas marchassem rumo à Ásia Menor para empreender outra campanha contra os árabes. Para que a manobra fosse convincente, ordenou que viajassem ao ponto de reunião tradicional dessas incursões, e deslocou para lá todo o *impedimenta* habitual para uma guerra. Mas quando o exército chegou a seu destino, ela pagou e dispensou todos os soldados, bem como expulsou de Constantinopla suas mulheres e filhos.

Dissolvido esse exército rebelde, a imperatriz mandou vir as tropas da Ásia Menor, que eram menos insubordinadas, e assim, com seu poder fortalecido, organizou o famoso Concílio de Niceia, no qual os iconoclastas foram condenados. Enquanto isso o tempo passava e seu filho Constantino ia crescendo, mas Irene não mostrava nenhum desejo de lhe ceder o trono. Nas moedas de ouro eram talhadas as efígies dos dois, mas era ela quem segurava o cetro. Por fim, em 790, Constantino, que tinha dezenove anos e acabara de se casar com Maria, uma esposa escolhida por sua mãe, decidiu tomar o poder e armou uma conspiração contra Eustarácio. Após diversas peripécias, Constantino conseguiu deter o poderoso eunuco, que mandou açoitar, tonsurar e desterrar. Depois encerrou Irene num palácio.

E agora começa a parte mais assombrosa desta história. Constantino VI governou, com escassa sorte militar e política, durante dois anos. Mas em 792 fez o incompreensível: não só permitiu que a mãe voltasse para a corte, como a confirmou como coimperatriz. Por que a deixou voltar? Por que lhe outorgou de novo o comando? Talvez fosse um homem fraco e o poder solitário lhe pesasse demais. Talvez amasse a mãe. Talvez Irene tivesse conseguido convencê-lo de que ela também o amava. Mas com o retorno de Irene, tudo recomeçou. A imperatriz mandou chamar o eunuco Eustarácio e retomou as rédeas do império. Diante disso, em 793 os césares tentaram uma nova conspiração para apeá-los do trono. Dessa vez a resposta imperial foi contundente: o mais velho, Nicéforo, foi cegado, e os outros quatro tiveram a língua cortada.

Alguns anos mais tarde, Constantino VI, que por seus atos parece um pobre homem preso num mundo maior que ele, repudiou sua mulher, Maria, e se casou com Teodota, uma camareira de Irene. Dizem os cronistas da época que tudo isso foi causado por sutis manipulações de Irene, que "desejava o poder e queria que Constantino fosse universalmente rejeitado". E foi isso, de fato, o que aconteceu, porque seu segundo casamento foi considerado adúltero e escandaloso. Os anos finais da relação entre mãe e filho devem ter sido terríveis, com Constantino desconfiado de Irene e ela, pelas costas, conspirando incessantemente contra ele: dedicou-se a repartir ouro e ossinhos milagrosos de santa Eufêmia entre os generais e os iconódulos, para comprar o apoio deles contra seu filho.

Em agosto de 797, Constantino se viu tão perdido diante da férrea determinação da mãe que tentou fugir de Constantinopla e se reunir com as tropas fiéis da Anatólia. Mas foi detido. Em 19 de agosto, a imperatriz Irene ordenou que o levassem à Câmara Pórfira, onde ela o havia parido 26 anos antes, e que lhe arrancassem os olhos. O detalhe macabro de lhe aplicar o suplício no mesmo aposento onde ele nascera é próprio do perverso refinamento de Irene, de seu apego aos cerimoniais e de seu perfeito domínio dos gestos simbólicos. Não se pode imaginar um quadro mais impressionante que essa câmara imperial, de paredes uterinas vermelhas como o sangue, para ressaltar o poder absoluto da imperadora-mãe que concede a vida e que, por conseguinte, também está autorizada a tirá-la. Ao que parece, a enucleação dos globos oculares causava, com frequência, a morte da vítima; embora os historiadores não consigam chegar a um acordo sobre isso, se Constantino VI faleceu ou não em decorrência do tormento, a já mencionada Herrin diz que o filho de Irene viveu por mais sete anos, afastado de tudo e cuidado abnegadamente por sua amada Teodota.

Quanto a Irene, resta pouco a contar. Ela finalmente conseguiu o poder absoluto que tanto havia desejado, e se apressou a cunhar moedas de ouro só com sua efígie nas duas faces, bem como a firmar decretos usando o título de basileu, imperador, e não o de basilissa. No entanto, seus inimigos ainda eram muitos, e ela logo teve de sufocar uma nova conspiração. Para se prevenir, mandou cegar os quatro césares que estavam vivos e que já haviam sofrido a amputação da língua. Precisava de apoio, e tentou se tornar popular edificando muito (igrejas, asilos de velhos, hospitais) e baixando os impostos. Mas no terreno militar as coisas iam mal com os árabes, e na corte a situação era ainda pior: seus dois eunucos favoritos, Eustarácio e Aécio, lutavam ferozmente entre si para ficar com o poder, e estavam tão crescidos que até pareciam almejar o trono. Isto é, como os eunucos não podiam ser imperadores, conspiravam para pôr um de seus familiares como sucessor.

Esse foi, provavelmente, o maior erro de Irene como basileu: não regulamentar sua sucessão. Esperava-se que ela se casasse e tivesse filhos, mas a imperatriz não demonstrava nenhum interesse nisso. Mulher sozinha num mundo viril, ela talvez não quisesse ter de brigar outra vez com um homem por seu heterodoxo direito ao poder. No fim, a pressão da corte a fez conceber um vago plano de matrimônio com Carlos Magno, o rei dos francos, um projeto que nunca deu em nada. Enquanto isso, no Natal de 800, Carlos Magno foi coroado em Roma pelo papa como Imperador dos Romanos, argumentando que o império não podia ser regido por uma mulher. Irene estava cada vez mais cercada.

A inquietação dos bizantinos com as aspirações de Carlos Magno e o poder excessivo dos eunucos precipitaram as coisas. Em 802, Nicéforo, o ministro da Economia, deu um golpe de Estado e se proclamou imperador. Irene foi confinada na ilha de Lesbos, e a amargura de perder o trono talvez tenha acelerado seu fim, pois morreu em 803. Ainda não devia ter completado cinquenta anos. Contra todo prognóstico, contra todo costume, contra seu próprio sexo, essa Irene inteligente, bela e cruel conseguira chegar ao apogeu de um enorme império em decadência, de uma corte suntuosa e bárbara na qual as mutilações foram comuns durante séculos. Ela fez o que muitos outros basileus fizeram, mas ao mutilar Constantino estava marcando seu lugar na história. A imperatriz Irene, que lutou tanto, e tão ferozmente, para escapar de sua identidade e de seu destino de mulher, hoje é lembrada sobretudo como a mãe que cegou o próprio filho.

Para terminar

Acabou-se o que era doce. Chegamos ao fim desta série de histórias de mulheres. Não que não haja mais histórias para contar, ao contrário: quanto mais adentramos o mar remoto do feminino, mais mulheres descobrimos: fortes ou delicadas, gloriosas ou insuportáveis, mas todas interessantes. As águas do esquecimento estão repletas de náufragas e basta embarcar para começar a vê-las.

Se termino aqui e agora é por cansaço e porque já estou vivendo com elas há tempo demais, a ponto de ter desenvolvido uma espécie de obsessão patrimonial por *minhas mulheres* que me deixa indignada, por exemplo, se vejo um filme bobo sobre Agatha Christie no qual Vanessa Redgrave, a atriz que encarna a escritora, diz numa cena que não sabe nadar: Agatha Christie nadava tão bem, gostava tanto disso, que me digo, muito ofendida, que devem ser uns estúpidos. De modo que finalizar o livro aqui é totalmente arbitrário, como foram arbitrários os outros capítulos: a seleção, a ordem. Restam muitas mulheres fascinantes sobre as quais poderia falar. A escritora Jane Bowles, por exemplo, tão enigmática em tudo que há até quem desconfie que tenha morrido envenenada por sua criada e amante marroquina. A incrível Alexandra David-Néel, a primeira mulher ocidental que entrou em Lhasa, a capital do Tibete, em 1923, e que se converteu numa importante mística budista. Ou a estonteante Emilia Pardo Bazán, livre, poderosa e sensual (é só ler seu delicioso e tórrido romance *Insolación* para perceber o quanto dona Emilia foi uma mulher apaixonante). Daria para falar de todas essas e de outras não mencionadas, e também de muitas outras mais que ainda nem conheço. Mas seria um trabalho interminável.

    Obviamente, também não contei tudo sobre as mulheres que aparecem neste livro. Embora tenha ampliado um pouco as biografias (quando foram publicadas no suplemento dominical do *El País*, tinham forçosamente um limite de espaço), não é possível embutir toda a riqueza e a diversidade de dezesseis vidas num único volume, de modo que omiti uma infinidade de detalhes. Não disse, por exemplo, que Frida Kahlo tinha uma capa de ouro para os dentes, com diamantes incrustados, que usava em ocasiões de gala (curiosamente, nunca vi uma foto dela sorrindo). Nem que Emily Brontë se recusava a morrer; que tentou fingir que não estava doente (no dia em que faleceu se levantou da cama à mesma hora de sempre, desceu até a sala e se pôs a costurar) e que lutou desesperadamente até o fim. Ou que Margaret Mead, muito descuidada fisicamente, gorda e feia aos sessenta anos, sempre levava nas viagens uma pequena chaleira onde pudesse ferver água para fazer vapor e assim enrolar o cabelo: um detalhe impensável de faceirice, que achei comovente. Além disso, a todas as coisas que não contei sobre essas mulheres é preciso acrescentar as muitas outras que ignoro sobre elas. Pois é impossível entender e abarcar completamente uma vida: toda biografia não passa de uma versão da realidade, e no meu caso foi, ainda por cima, uma versão apaixonada.

    A publicação destes dezesseis capítulos no *El País* teve repercussões curiosas. Depois que saiu o de María Lejárraga, por exemplo, Antonio González Herranz, que é casado com a sobrinha dela, teve a gentileza de me enviar a cópia de um punhado de cartas de Gregorio Martínez Sierra a María, nas quais fica evidente, uma vez mais, que era ela quem escrevia as obras que ele depois assinava. As cartas são suculentas. Como esta de 1926: "Julio vai lhe entregar um livro de versos de Mercedes Saavedra. Me comprometi com o prólogo: escreva-lhe (*sic*) logo e mande-me-lo (*sic*) para Havana". Porém o mais incrível é comprovar que Martínez Sierra devia sofrer de uma espécie de alucinação narcisista, pois com frequência, no mesmo parágrafo em que pede o trabalho a sua mulher, ele se gaba, desatinadamente, de seu *próprio* êxito. Por exemplo, após receber pelo correio uma obra que María acaba de terminar, Gregorio diz: "Até ontem não me haviam entregado *Hay que ser feliz*. Está admiravelmente bem escrita. Há inquietações novas, sagacidade psicológica, garbo no diálogo. Por isso nossas obras circulam e circularão. Já somos autores mundiais e de categoria".

Houve outros capítulos na série que levantaram certa polêmica. Principalmente, como era previsível pela categoria e proximidade geográfica do personagem implicado, aquele dedicado a Zenobia Camprubí, a mulher de Juan Ramón Jiménez. Os familiares do Nobel e um ou outro estudioso juanramoniano sentiram-se na obrigação de defender o poeta. E a professora Graciela Palau de Nemes, especialista em Juan Ramón e editora dos diários de Zenobia (há pouco tempo saiu o segundo volume, também pela Alianza Editorial), enviou um longo e belo artigo que, por sua extensão, não foi publicado, e cuja tese se pode resumir em uma de suas frases: "Juan Ramón não anulou Zenobia nem ela se destruiu por causa dele". Que fique aqui o registro de sua versão (porque dentro de cada um de nós vivem multidões).

Mais interessante ainda foi o que aconteceu com o capítulo dedicado a Laura Riding, a poeta norte-americana que foi amante de Robert Graves. Poucos dias depois foi publicada no *El País* uma breve carta da viúva de Graves, Bery (sua segunda esposa), dizendo que Riding não era má ("não era melhor nem pior que os demais humanos") e que não se formara nenhuma seita em torno dela. Mas o curioso é que ao mesmo tempo recebi uma longa carta de uma pessoa bem próxima do ambiente Riding-Graves. Essa pessoa me implorava para não publicar seu nome ("por motivos óbvios") e se alegrava de que alguém por fim tivesse se "atrevido" a escrever o que se dizia no capítulo. E acrescentava: "[Riding] deve ter sido uma bruxa, ainda que uma de notável poder e inteligência, e posso lhe garantir que os efeitos de sua influência são perduráveis e atravessam as gerações. Algumas pessoas não se atreviam a falar sobre Laura depois de ficarem cinquenta anos afastados dela, outros reagiam batendo na madeira ao mencionar seu nome... mas também há alguns que a defendem... não sei se por padecer de síndrome de Estocolmo ou por medo do que possa acontecer no Além. Na verdade, em que pese sua obra escassa, ela nomeou oficialmente doze testamenteiros literários. De modo que, cuidado!". Nem é preciso dizer que as duas cartas aumentaram meu fascínio pela obscura e inquietante personalidade de Laura Riding.

A publicação desta série causou, além disso, uma espécie de efeito cascata. E assim, pesquisadoras, jornalistas, amigas e arquivistas começaram a me enviar generosamente uma aluvião de material sobre mulheres. Cito apenas algumas amostras: a compositora Marisa Manchado me falou das esforçadas desventuras de suas antecessoras (como Barbara Strozzi, do século XVII, uma das pouquíssimas compositoras da história, que foi obrigada pelo pai e agente, um calhorda, a posar com os peitos de fora num retrato para promover sua carreira). A associação Testimonio, do México, enviou uma foto curiosa da filósofa Simone Weil durante a guerra civil em Barcelona: está vestida com um macacão e aparece magérrima (lembremos que era anoréxica). E uma organização chamada Ada Byron, que fomenta a coeducação em matemática, contribuiu com uma série de retratos de mulheres cientistas.

Essa Ada certamente era a filha de Lord Byron e foi pioneira no terreno de computadores: a linguagem de programação ADA leva seu nome (muitos criadores das linguagens de programação foram mulheres, como no caso do Cobol). Por falar em mulheres cientistas, não resisto à tentação de contar aqui a história cruel de Hipátia de Alexandria (370-415), por ser particularmente reveladora. Hipátia era uma importante matemática e astrônoma. Escreveu tratados algébricos e comentários ao cânone ptolomaico; inventou, entre outros aparelhos, um astrolábio e um planisfério. Era um personagem público influente, defendia a racionalidade e se negou a se converter ao cristianismo. Por tudo isso, o patriarca Cirilo, um cristão fanático, levantou a plebe contra ela e fez com que fosse assassinada: arrancaram-na de sua carruagem, deixaram-na nua e a torturaram até a morte. Hipátia tinha 45 anos. Não sei se me espanta mais o sadismo vingativo de seu fim ou o fato de que nenhum de seus livros sobreviveu, nenhum de seus inventos. Ela também foi devorada pelo silêncio.

O que a vida dos outros tem que nos atrai tanto? As biografias estão na moda. Os especialistas afirmam que esse gênero literário começou, tal e como agora o entendemos, com *A vida de Samuel Johnson*, de James Boswell, publicado em Londres em 1791. Sem dúvida os autores anglo-saxões são os reis do gênero e fizeram da biografia uma obra de arte. Na Espanha, curiosamente, e salvo notáveis exceções, o gênero biográfico mal foi trabalhado: talvez sejamos ciosos demais de nossa intimidade, talvez tenhamos sido educados na cerração do privado (uma tradição árabe, ao fim e ao cabo).

A escritora Belén Gopegui me disse há algum tempo que as biografias a desagradavam e que o gênero lhe parecia puramente mexeriqueiro. Já eu, adoro; e não pelo que possa ter de fofoca, mas sim por sua qualidade especular. Penso que ao ler a vida dos outros estamos tentando aprender com eles: os personagens biografados são exploradores que saem para palmilhar essa *terra incognita* que é a existência. Estudamos suas aventuras e suas desventuras no intento de deduzir como é aquilo que nos espera: como podemos lidar com o triunfo e o fracasso, com a velhice, o desamor ou a perda, com a morte dos outros e com a própria morte. Já que a essência fortuita do mundo é cada vez mais evidente, e o caos já carece de paliativos (os casamentos não duram para sempre, nem o céu nem o inferno esperam por nós, já não há ideologias nem religiões que organizem convenientemente nossos dias), precisamos improvisar um mapa que aponte o caminho entre tanto vazio. E assim, ao conhecer a vida dos outros vamos confeccionando nossa própria cartografia particular: onde estão os recifes de coral, o mar aberto e os baixios, as rochas que podem nos destroçar.

A existência é um trajeto temporal; no caminho, os anos vão nos fazendo e também nos desfazendo. Talvez esta seja uma das perguntas fundamentais da vida: o que serei amanhã, o que terei feito de mim. As mulheres desta série mostram que, de fato, o tempo pesa; e que a navegação da própria existência é cheia de perigos. Algumas naufragaram completamente, como Eberhardt ou Camille Claudel. Outras afundaram numa deterioração monumental, mas lutaram com dignidade até o fim, como Frida Kahlo e Ottoline Morrell. Há uma porção cujo desenvolvimento pessoal não me convence: pode-se dizer que, de algum modo, petrificaram-se por dentro, como Margaret Mead ou Simone de Beauvoir. Mas há outras, umas poucas, que com os anos conseguiram melhorar e fazer de sua vida um triunfo crescente: é o caso da magnífica George Sand ou da deliciosa Agatha Christie.

Fazendo esta série pude comprovar, enfim, que todas as mulheres que retratei se afastam completamente da norma. Por exemplo, como já assinalei na introdução, são muitos os amantes mais jovens do que elas. E pode-se dizer que também são frequentes as angústias, as depressões e as obsessões: como se muitas delas tivessem bordejado essa terra de ninguém que a sociedade chama de loucura. Mas isso não quer dizer que as mulheres famosas sejam necessariamente umas lunáticas, nem que as protagonistas destes dezesseis capítulos não tenham nada a ver com suas contemporâneas. É mais o contrário: suas aflições são um reflexo de sua época. Não vamos esquecer que, durante muitos séculos, as mulheres que não se adaptavam ao rígido papel do *feminino* eram condenadas à alienação: pois o que é, afinal, a loucura, senão que seu senso íntimo do mundo não é aceito pela sociedade?

Por exemplo, quando, em janeiro de 1852, Charlotte Brontë sofreu uma de suas grandes depressões, o médico a proibiu de escrever: o trabalho intelectual era considerado anormal nas mulheres e, portanto, provocava essas crises nervosas. Muitos anos depois, já entrado o século XX, os médicos disseram a mesma coisa a Virginia Woolf (sem perceber, em ambos os casos, que a escrita, a criação, era a única coisa que podia aliviá-las). Durante séculos a sociedade encerrou as mulheres, privou-as de sua liberdade e de sentido, conseguiu enlouquecê-las. Um dos casos mais emblemáticos desse processo de destruição foi o de Charlotte Perkins Gilman. Norte-americana, com inquietações artísticas, casada e com uma filha, em 1880 Gilman teve "uma crise de nervos". Foi ver o dr. Mitchell, que era, na época, o especialista mais famoso dos Estados Unidos, e disse a ele que sua enfermidade desaparecia quando estava viajando, longe do marido e da filha, e que recrudescia ao voltar para eles. Mas o dr. Mitchell não pareceu lhe dar nenhuma atenção.

O livro *For Her Own Good* [Para o seu próprio bem], de Ehrenreich e English, recolhe as palavras de Perkins Gilman, que explicou desta forma o que o médico lhe receitou: "Leve uma vida o mais caseira possível. Tenha sua filha a seu lado o tempo todo (é preciso notar que o simples fato de vestir a menina me estremecia e me fazia chorar). Deite durante uma hora depois de cada refeição. Não tenha mais do que duas horas de vida intelectual por dia. E nunca mais volte a tocar numa caneta, num pincel nem num lápis no tempo que lhe restar de vida". Durante alguns meses, Gilman tentou seguir docilmente todos esses conselhos, o que quase acabou com ela: "Estive perigosamente perto de perder a razão. A agonia mental se tornou tão insuportável que eu me sentava com o olhar vazio, movendo a cabeça de um lado para outro". No fim, e num "momento de lucidez", Gilman entendeu o que estava acontecendo: ela queria ser escritora e não suportava seu destino passivo de esposa. Então se divorciou, partiu com a filha para a outra ponta dos Estados Unidos, transformou-se numa pioneira do ativismo feminista, escreveu um livro no qual conta sua história e foi razoavelmente feliz. Sem mais crises de nervos.

De maneira que não, claro que não, é certo que essas mulheres não eram *normais*. Quando nos aproximamos da vida concreta, da cotidianidade oculta e silenciada, percebemos que a realidade pouco tem a ver com os anais oficiais, com a ortodoxia social, com a história que o poder nos contou. E não se trata apenas das mulheres, mas também de muitíssimos homens que ousaram sentir, desejar e agir à margem das convenções. Ao fazer esta série, percebi com mais clareza do que nunca que cada vida é uma aventura, um desvio das limitações do correto. Talvez tenha sido isto, definitivamente, o mais importante que aprendi: a normalidade é o que não existe.

Posfácio à edição de 2007

Não é verdade que nós, escritores, amamos todas as nossas obras com carinho imparcial, como o que se imagina que os pais têm pelos filhos (embora eu também duvide da veracidade disso); eu diria, antes, que em geral os autores preferem, de sua própria produção, mais uns livros do que outros, frequentemente por motivos estranhos e que independem do sucesso obtido. Para mim, *Historias de mujeres* é um desses livros especiais, uma obra que levo no coração porque sempre a senti cheia de vida, isto é, cheia da tumultuosa, alvoroçada e alucinante vitalidade das mulheres que retrata. É um livro com um trabalho imenso por trás; tão enorme, enfim, que acho que não seria capaz de fazer outra vez uma obra semelhante, ainda que, nos doze anos que se passaram desde sua publicação, numerosos leitores tenham me pedido uma segunda parte. Como compensação pelo esforço investido, devo dizer que aprendi muito ao fazê-lo; e ainda hoje, se releio alguma das biografias, continuo descobrindo detalhes e aprendendo coisas, continuo me admirando com as aventuras extraordinárias das *minhas mulheres*.

Permitam-me que eu utilize novamente o possessivo *minhas*, porque esta obra é feita numa técnica mista entre o ensaio e a narrativa. Os dados em que baseio meus retratos são os mais completos, os mais confiáveis e os mais objetivos que pude encontrar; porém, uma vez construída essa trama documental, tentei viver dentro de cada uma das mulheres da mesma forma com que tento entrar em meus personagens romanescos. Ou seja, procurei entender como o mundo seria visto pelos olhos dessas pessoas, a partir daquelas circunstâncias biográficas, daquela cultura, daquele contexto histórico. Na verdade, cada um dos capítulos deste livro é uma viagem existencial aos extremos do ser.

Curiosamente, alguns leitores me falaram deste livro como se fosse um mostruário de mulheres heroicas. Naturalmente, ler é uma atividade extraordinariamente subjetiva, e cada um de nós entende as coisas do seu jeito, porque para mim esta obra é exatamente o contrário de um catálogo hagiográfico de mulheres perfeitas. Nunca quis fazer isso. Não só não acredito que nós, mulheres, tenhamos de ser forçosamente admiráveis, como também reivindico que possamos ser tão más, tão tolas e tão arbitrárias como os homens às vezes o são. Almejo a verdadeira liberdade do ser, assumir nossa humanidade cabal e plena, com todas as suas luzes e suas sombras. Assim, entre as biografias deste volume há senhoras perversas e terríveis, como Laura Riding ou a mortífera Aurora Rodríguez, a mãe da pobre Hildegart. Há mulheres patéticas e perturbadas que não podem ser modelo para ninguém, como Camille Claudel ou Isabelle Eberhardt. E há outras, por fim, ambíguas e complexas, que ostentam feitos admiráveis e detalhes horrendos, como a grande Simone de Beauvoir, uma pensadora monumental que também ocultava certas misérias. Não obstante, todas elas, malvadas ou bondosas, infelizes ou felizes, derrotadas ou triunfantes, são pessoas bastante incomuns e têm vidas fascinantes. Aliás, acrescentamos a esta edição uma biografia, a da imperatriz Irene de Constantinopla, outra mulher fora de série, poderosa e malvada como poucas.

E o que aconteceu no mundo nesses anos em que o livro está circulando? Em primeiro lugar, publicou-se mais material documental sobre algumas das biografadas. Para mim, a contribuição mais importante é a de Rosa Cal sobre Aurora Rodríguez, com a obra *A mí no me doblega nadie* [Ninguém me dobra] (Ediciós do Castro), um trabalho de pesquisa quase detetivesco a partir de documentos originais. Graças ao esforço de Rosa, agora sabemos muito melhor como foram os últimos momentos de Hildegart. No início de 2006 publiquei no *El País* um texto sobre Aurora Rodríguez com base nos novos dados. Intitulava-se "A mãe aranha", e acho que vale a pena reproduzir aqui seu trecho final, porque explica de maneira ainda mais pavorosa o que deve ter sido aquele lento inferno materno-filial:

> Hildegart se transformara numa moça grande e robusta com um rosto rechonchudo que, nas fotos, parece insosso e bobo, mas que ao vivo devia ter sua graça, porque todos os contemporâneos a definiam como uma garota bonita (no próprio dia do assassinato, quando lhe perguntaram por que havia matado sua filha, Aurora respondeu: "Porque era muito bonita".) Além disso, ela estava fazendo um tremendo sucesso, o sucesso para o qual sua mãe sempre a impulsionou, mas que agora decerto provocava a maior ciumeira em Aurora [...]. Em abril de 1933, a paranoia agressiva de Aurora se tornara insuportável. Um dia Hildegart lhe pediu que a deixasse morar sozinha, ou pelo menos com a vizinha que chamavam de *abuelita*. O pedido gerou broncas, violência, dramas desatinados, noites inteiras de tortura emocional. No fim, Aurora fingiu aceitar. Mas só aparentemente. No fim de um mês de maio tórrido, Hilde mandou um cartão ao jornalista Cohucelo, uma das poucas pessoas que mantinham algum trato com as duas mulheres: "Amigo Cohucelo, venha nos ver esta noite, se possível, há algo urgente". O homem foi e o receberam no terraço. Aurora explicou que Hilde parecia demonstrar

especial interesse por Abel Velilla, e que sua filha não estava no mundo para contrair matrimônio: "Casá-la seria sacrificar a missão para a qual ela veio à Terra". Ao ouvir isso, Hildegart se levantou e chorou durante um longo tempo, contemplando o céu: "Quero morrer!", soluçava. Dois dias depois, Cohucelo, ainda impressionado, telefonou. Quem atendeu foi Hilde, e o jornalista lhe perguntou: "Como vai essa força?". "Não posso falar, minha mãe acaba de chegar. Só tenho vontade de morrer", disse a moça, e desligou abruptamente.

Desde o dia 27 de maio, a noite da visita de Cohucelo, até 9 de junho, data do assassinato, Aurora praticamente sequestrou a filha naquele ático abafado e escaldante da rua Galileo. A mãe não abria a porta para as visitas e chegou a arrancar o telefone para que Hilde não pudesse falar com ninguém. Dá arrepios imaginar o que devem ter sido esses últimos dias de clausura e tormento, de calor e violência. No final de maio, Aurora pediu a uma vizinha que cuidasse dos vasos e dos cães enquanto ela estivesse de viagem a Cuba, por três ou quatro meses, e lhe deu quatro pesetas pelo serviço. Essa mentira revela que nesse momento ela já planejara assassinar a filha. E que achava que em três ou quatro meses já teria se livrado.

Em 8 de junho discutiram novamente. Como todos os dias, Hilde insistiu em ir embora e Aurora em torturá-la. A moça, exausta, deitou-se e dormiu. A mãe passou a noite ajoelhada diante da cama da filha, vendo-a dormir. *E bem no centro da maranha, Deus, a Aranha*, escreveu a poeta Alejandra Pizarnik antes de se suicidar. Quando amanheceu, a mãe aranha se desvencilhou da criada ordenando que saísse com os cães. Depois pegou um pequeno revólver que guardava no armário e atirou em Hilde, no lado esquerdo da testa; depois lhe meteu outra bala quase no mesmo lugar. Depois lhe deu um tiro no coração, e por fim "ainda disparei um *tiro de misericórdia* na bochecha esquerda". Lugar estranho para dar um *tiro de misericórdia*, já que não afeta órgãos vitais. Mas sem dúvida conseguiu lhe destroçar o rosto. O rosto bonito de sua filha.

Há um detalhe pavoroso que ainda não contei e que permite intuir a sordidez e a asfixia daquele inferno doméstico: na casa da Galileo só havia um quarto. Elas dividiam até o quarto. Eu me pergunto quantas madrugadas Aurora deve ter passado vigiando o sono da filha, ciumenta, talvez, dessas inevitáveis horas de descanso nas quais Hilde não era totalmente dela. E me pergunto se a moça estava realmente dormindo nessa última noite; se não tinha medo do olhar alucinado, venenoso da mãe. Talvez a tenha visto vir com a pistola; e quem sabe essa violência final não tenha sido senão um alívio, a única libertação possível para a vítima capturada na teia de aranha pegajosa e letal.

Além disso, tenho a clara sensação, quase a certeza, eu diria, de que no breve espaço de tempo transcorrido desde a publicação deste livro a situação das mulheres melhorou, de maneira geral, em todo o mundo, exceto, é claro, nos bolsões do fundamentalismo retrógrado, sobretudo islâmico, mas também, em certos casos, cristão. Guardo numa gaveta um exemplar do *El País* do domingo 27 de novembro de 2005. Conservo-o porque ele me parece, de algum modo, histórico. A primeira página não chama a atenção: a foto de uma tempestade de neve, uma notícia sobre uma Cúpula em Barcelona... Você abre o jornal e as páginas 2 e 3 estão inteiramente dedicadas a Michelle Bachelet, na época candidata à presidência do Chile e hoje já no cargo. Viramos a folha: toda a página 4 é uma entrevista com Ellen Johnson-Sirleaf, presidenta da Libéria, com um grande retrato de seu rosto. Adiante, na página 5, outra grande entrevista com foto da estupenda Ayaan Hirsi Ali, a antiga deputada holandesa de origem somali. Prosseguimos: página 6, um artigo sobre as eleições na Tchetchênia ilustrado casualmente com uma foto de duas mulheres passando diante de um muro cheio de cartazes. E, na página 7, uma entrevista de página inteira, com seu retrato correspondente, com Fayza Aboul Naga, ministra egípcia da Cooperação Internacional. Vejam, não era um efeito pretendido, não era uma data marcada pelo feminino, como o Dia Internacional da Mulher. Era um jornal qualquer de um dia qualquer, e as sete primeiras páginas da seção internacional estavam ocupadas, quase que totalmente, por essas mulheres novas, mulheres responsáveis por governos, ministérios, assentos parlamentares; mulheres fortes, ativas, eficientes. Um luxo só, e uma prova evidente da velocidade vertiginosa das mudanças históricas. O futuro está aqui, o futuro é hoje e está sendo construído por nós, homens e mulheres. Pela primeira vez, por todos nós.

Bibliografia

Introdução: A vida invisível [pp. 25-42]

ANDERSON, Bonnie S.; ZINSSER, Judith P. *Historia de las mujeres*. v. 1 e 2. Barcelona: Editorial Crítica, 2007.
BUCK, Claire (Org.). *Bloomsbury Guide to Women's Literature*. Londres: Bloomsbury Publishing Limited, 1992.
DICCIONARIO de mujeres célebres. Madri: Espasa de Bolsillo, 1994.
EHRENREICH, Barbara; ENGLISH, Deirdre. *Brujas, comadronas y enfermeras*. Barcelona: Ediciones LaSal, 1981.
____. *Por su propio bien*. Madri: Taurus Bolsillo, 1990.
GRAVES, Robert. *A deusa branca: Uma gramática histórica do mito poético*. Rio de Janeiro: Bertrand Brasil, 2003.
MORRIS, Mary (Org.). *Maiden Voyages*. Nova York: Vintage Books, 1993.
ROSE, Phyllis (Org.). *Women's Lives*. Londres/ Nova York: W. W Norton and Company, 1993.
TUBERT, Silvia. *Mujeres sin sombra*. Madri: Siglo XXI, 1991.
WAGNER-MARTIN, Linda. *Telling Women's Lives*. Nova Jersey: Rutgers University Press, 1994.

Agatha Christie: A eterna fugitiva [pp. 43-51]

CHRISTIE, Agatha. *Ven y dime cómo vives*. Barcelona: Tusquets, 2008. (Colección Andanzas.)
____. *Autobiografia*. Porto Alegre: L&PM, 2015.
GILL, Gillian. *Agatha Christie: Vida y mistério*. Madri: Espasa Calpe, 1995.
MORGAN, Janet. *Agatha Christie*. Barcelona: Ultramar, 1986.
Os romances de Mary Westmacott publicados pela Grijalbo.
Os romances policiais publicados pela Editorial Molino.

Mary Wollstonecraft: Ardente solidão [pp. 52-9]

ANDERSON, Bonnie S.; ZINSSER, Judith P. *Historia de las mujeres*. v. 2. Barcelona: Editorial Crítica, 2007.

BOSWELL, James. *The Life of Samuel Johnson*. Londres: Penguin Books, 2008.
BURKE, Edmund. *Reflexões sobre a Revolução Francesa*. São Paulo: Edipro, 2014.
SCHMITT, Eberhard. *Introducción a la historia de la Revolución Francesa*. Madri: Cátedra, 1985.
SHELLEY, Mary. *Frankenstein ou o Prometeu moderno*. São Paulo: Penguin Classics Companhia das Letras, 2015.
TOMALIN, Claire. *Vida y muerte de Mary Wollstonecraft*. Barcelona: Montesinos, 2013.
WOLLSTONECRAFT, Mary. *Maria: Or the Wrongs of Woman*. Londres: W. W. Norton, 1994.
____. *Reivindicação dos direitos da mulher*. São Paulo: Boitempo, 2017.

Zenobia Camprubí: A vida mortífera [pp. 60-8]

CALDERÓN, J. M. Naharro. *Entre el exilio y el interior*. Barcelona: Anthropos, 1994 (sobre o exílio literário).
CAMPRUBÍ, Zenobia. *Vivir con Juan Ramón*. Madri: Los Libros de Fausto, 1986.
____. *Diario 1. Cuba (1937-1939)*. Madri: Alianza Tres, 2006.
"Juan Ramón Jiménez: La obra como construcción poética de la realidad". *Anthropos: Revista de Documentación Científica de la Cultura*, Barcelona, n. 7, fev. 1981.
"Juan Ramón Jiménez: Configuración poética de la obra: Estudios y documentación". *Anthropos: Revista de Documentación Científica de la Cultura*, Suplementos, n 11: Antologías temáticas, Barcelona, fev. 1989.

Simone de Beauvoir: Vontade de ser [pp. 69-78]

BEAUVOIR, Simone de. *Balanço final*. Rio de Janeiro: Nova Fronteira, 1972.
____. *La plenitud de la vida*. Barcelona: Edhasa, 1989.
____. *Diario de guerra*. Barcelona: Edhasa, 1990.
____. *Cartas a Sartre I e II*. Barcelona: Editorial Lumen, 1996.
____. *A força das coisas*. Rio de Janeiro: Nova Fronteira, 2009.
____. *A cerimônia do adeus*. Rio de Janeiro: Nova Fronteira, 2015.
____. *O segundo sexo*. Rio de Janeiro: Nova Fronteira, 2016.
____. *Memórias de uma moça bem-comportada*. Rio de Janeiro: Nova Fronteira, 2017.
CROSLAND, Margaret. *Simone de Beauvoir: The Woman & Her Work*. Londres: William Heinemann, 1992.
FRANCIS, Claude; GONTIER, Fernande. *Simone de Beauvoir*. Rio de Janeiro: Editora Guanabara, 1986.
SARTRE, Jean-Paul. *Cadernos de guerra*. São Paulo: Difel, 1983.
____. *Cartas al Castor*. Barcelona: Edhasa, 1985.

Romances e contos pela Edhasa.
Obras completas pela Aguilar.

Lady Ottoline Morrell: O excesso e a grandeza [pp. 79-87]

BELL, Quentin. *Virginia Woolf*. Barcelona: Lumen, 2003.
HOLROYD, Michael. *Lytton Strachey*. Londres: Penguin Books, 1971.
RUSSELL, Bertrand. *Autobiografia*. 3 v. Rio de Janeiro: Civilização Brasileira, 1969-1972.
SEYMOUR, Miranda. *Ottoline Morrell: Life on the Grand Scale*. Nova York: Farrar Straus & Giroux, 1993.
TOMALIN, Claire. *Katherine Mansfield*. Nova York: St. Martin Press, 1987.
WOOLF, Virginia *Dardos de papel*. Madri: Odin Ediciones, 1994.

Alma Mahler: Com garras de aço [pp. 88-97]

GIROUD, Françoise. *Alma Mahler ou A arte de ser amada*. Rio de Janeiro: Rocco, 1989.
KEEGAN, Susanne. *Alma Mahler*. Barcelona: Paidós Testimonios, 1993.
MAHLER-WERFEL, Alma. *Minha vida*. São Paulo: Martins Fontes, 1997.
MARGARIT, Isabel. *Alma Mahler: La gran dama de la seducción*. Barcelona: Planeta, 1994.
SOLMSSEN, Arthur. *Una princesa en Berlín*. Barcelona: Tusquets, 2002.

María Lejárraga: O silêncio [pp. 98-106]

GAITE, Carmen Martín. "Prólogo". In: FORTUM, Elena. *Celia, lo que dice*. Madri: Alianza, 1990.
GIES, David. *El teatro en la España del siglo XIX*. Cambridge: Cambridge Press, 1996.
NIEVA, Pilar. *Autoras dramáticas españolas entre 1918 y 1936*. Madri: CSIC, 1993.
RODRIGO, Antonina. *María Lejárraga: Una mujer en la sombra*. Madri: Ediciones Vosa, 1994.
SIERRA, María Martínez. *Una mujer por caminos de España*. Barcelona: Castalia, 1989.

Laura Riding: A mais malvada [pp. 107-16]

BAKER, Deborah. *In Extremis: The Life of Laura Riding*. Nova York: Grove Press, 1993.
CHALON, Jean. *George Sand*. Barcelona: Edhasa, 1992.

GRAVES, Richard. *Robert Graves: Biografía (1895-1940)*. Barcelona: Edhasa, 1992.
____. *A deusa branca: Uma gramática histórica do mito poético*. Rio de Janeiro: Bertrand Brasil, 2003.

George Sand: A plenitude [pp. 117-25]

SAND, George. *Un invierno en Mallorca*. Madri: Edaf de Bolsillo, 1981.
____. *Lettres d'un voyageur*. Londres: Penguin Classics, 1988.
____. *Historia de mi vida*. Barcelona: Parsifal, 1990.
DICCIONARIO de autores Bompiani, Ed. Hora.

Isabelle Eberhardt: Fome de martírio [pp. 126-33]

ERRERA, Eglal (Org.). *Isabelle Eberhardt: Cartas y diários*. Barcelona: Circe, 1990.
KOBAK, Annette. *The Life of Isabelle Eberhardt*. Londres: Chatto & Windus, 1988.
MORRIS, Mary (Org.). *Maiden Voyages*. Nova York: Vintage Books, 1993.
WEIL, Simone. *A gravidade e a graça*. São Paulo: Martins Fontes, 1993.

Frida Kahlo: O mundo é uma cama [pp. 134-42]

BARTRA, Eli. *Kahlo, mujer, ideología y arte*. Barcelona: Icaria, 1994.
HERRERA, Hayden. *Frida: A Biografia*. São Paulo: Biblioteca Azul, 2011.
JAMIS, Rauda. *Frida Kahlo*. São Paulo: Martins Fontes, 2015.
KETTENMANN, Andrea. *Kahlo*. Londres: Taschen, 1999.
LE CLÉZIO, J. M. G. *Diego y Frida*. Rio de Janeiro: Record, 2010.
PONIATOWSKA, Elena. *Tinísima*. Cidade do México: Ediciones Era, 2004.

Aurora e Hildegart Rodríguez: Mãe morte [pp. 143-51]

ARRABAL, Fernando. *La Virgen roja*. Barcelona: Seix Barral, 1987. (Biblioteca Breve.)
CAL, Rosa. "Tras el padre de Hildegart". *Cambio*, v. 16, n. 1045, 2 dez. 1991.
FAJARDO, José Manuel. "Aurora Rodríguez: La tragedia de la Eva futura". *Cambio*, v. 16, n. 806, 11 maio 1987.
GUZMÁN, Eduardo de. *Aurora de sangre*. Madri: G. del Toro, 1973.
PELÁEZ, Raquel Álvarez; GARCÍA-ALEJO, Rafael Huertas. *Criminales o locos?* Madri: CSIC, 1987. (Cuadernos Galileo de Historia y Ciencia.)
Ver também o filme *Mi hija Hildegart*, de Fernando Fernán Gómez.

Margaret Mead: Aninhar-se no vento [pp. 152-60]

BATESON, Mary Catherine. *With a Daughter's Eye*. Nova York: William Morrow & Co, 1984.
HOWARD, Jane. *Margaret Mead: A Life*. Nova York: Ballantine Books, 1990.
MEAD, Margaret. *Macho e fêmea*. Petrópolis: Vozes, 1971.
____. *Cartas de una antropóloga*. Barcelona: Bruguera-Emecé, 1983.
____. *Experiencias personales y científicas de una antropóloga*. Barcelona: Paidós, 1987.
____. *Adolescencia y cultura en Samoa*. Barcelona: Paidós, 1987.
____. *Sexo e temperamento*. São Paulo: Perspectiva, 1988.

Camille Claudel: Sonhos e pesadelos [pp. 161-9]

DELBÉE, Anne. *Une Femme*. Paris: Le Livre de Poche, 1984.
HIGONNET, Anne. "Ensaio sobre Claudel". In: CHADWICK, Whitney; COURTIVRON, Isabelle (Orgs.). *Significant Others*. Londres: Thames and Hudson, 2018.
PARIS, Reine-Marie. *Camille Claudel*. Paris: Gallimard, 1984.
RIVIÈRE, Anne. *Camille Claudel, la internada*. Barcelona: Nuevo Arte Thor, 1989.

As irmãs Brontë: Corajosas e livres [pp. 170-9]

BARKER, Juliet. *The Brontës*. Londres: Weidenfeld & Nicolson, 1995.
BRONTË, Anne. *Agnes Grey*. São Paulo: Martin Claret, 2015.
____. *A senhora de Wildfell Hall*. Rio de Janeiro: Record, 2017.
BRONTË, Charlotte. *Jane Eyre*. Rio de Janeiro: Jorge Zahar, 2018.
BRONTË, Emily. *O morro dos ventos uivantes*. São Paulo: Scipione, 2005.
____. *O vento da noite (Poemas)*. Rio de Janeiro: Civilização Brasileira, 2016.
FRANK, Katherine. *A Chainless Soul: A Life of Emily Brontë*. Boston: Houghton Mifflin, 1990.
GARDINER, Juliet. *Las hermanas Brontë en Haworth*. Barcelona: Paidós, 1995.
GORDON, Lyndall. *Charlotte Brontë*. Londres: Vintage, 1995.

Irene de Constantinopla: A mãe que cegou o filho [pp. 180-8]

HERRIN, Judith. *Mujeres en púrpura*. Madri: Taurus, 2002.
PATLAGEAN, Evelyne. *Historia de Bizancio*. Barcelona: Editorial Crítica, 2001.

Um fervor de mulheres

Na cidade de Delft, nos Países Baixos, nasceu e viveu durante o século XVIII uma das personalidades científicas mais curiosas e simpáticas da história. Chamava-se Anton van Leeuwenhoek e era comerciante de tecidos. Recebera uma educação muito precária; não sabia latim, a língua dos homens cultos, e aos dezesseis anos interrompeu os estudos para começar a trabalhar. Mas ele tinha uma mente aberta e ágil, uma curiosidade universal, um talento enorme. Começou a fabricar suas próprias lupas para olhar as tramas dos tecidos que comprava, e foi tão incrivelmente bom nesse empenho que conseguiu lentes capazes de aumentar mais de duzentas vezes o objeto observado, algo insólito para a época (sua técnica era secreta e se perdeu com sua morte; passaram-se muitos anos antes que pudessem voltar a fabricar vidros semelhantes). Então o homem começou a aplicar esses microscópios sobre todas as coisas: cabelos, plantas, fluidos orgânicos, pedras. Descobriu, entre outras curiosidades, os espermatozoides. Mas antes, em 1675, olhou uma gota d'água de um lago e, para seu espanto e encantamento, topou com um inesperado fervor de organismos vivos: milhares de bichinhos dançavam em cada pequena porção de líquido. Ele os chamou de *animálculos*. Tinha acabado de descobrir os micróbios e, naturalmente, foi bem difícil para a sisuda comunidade científica aceitar o achado de um pobre e supostamente ignorante vendedor de tecidos. Questão de classe, claro. Ou seja, de poder.

Comecei narrando essa longa anedota porque, em primeiro lugar, Leeuwenhoek me fascina. Também porque seu caso mostra como uma mente aberta, a paixão e o afinco podem mudar o mundo. Mas sobretudo porque me parece uma metáfora perfeita do momento em que estamos do processo de desconstrução do sexismo. Nós também temos de aplicar, agora, uma espécie de microscópio para esquadrinhar os subterrâneos da história, para trazer à luz toda essa vida outrora invisível. E do mesmo modo que Leeuwenhoek ficou espantado com a infinidade de organismos que cabiam numa gota d'água, eu fico pasma diante do riquíssimo fervor de damas formidáveis que surgem em todas as épocas quando você começa a esquadrinhar a realidade, como demonstra a extraordinária pesquisa realizada por Ana López-Navajas, que implicou um aporte absolutamente fundamental na relação de personagens que vêm na sequência. É uma nova maneira de olhar que, por outro lado, também topa com a reticência do poder convencional, como ocorreu com nosso mercador de tecidos, que teve de lutar com o poder científico. Também quero agradecer as pertinentes sugestões que me foram dadas por Carolina Reoyo e pelo serviço de documentação da Alfaguara, apontando os nomes de algumas contemporâneas que neste exato momento estão levando o mundo adiante com suas mãos.

A maioria dos personagens que cito fizeram grandes contribuições à humanidade, mas também há uma porção de mulheres truculentas e malvadíssimas: não é uma hagiografia. Claro que a minha concentração em selecioná-las, em reunir documentação e escrever sobre elas, uma atrás da outra, tornou-me mais consciente do que nunca das duras circunstâncias em que as mulheres tiveram de desenvolver sua vida. E assim, uma imensa maioria de mulheres teve que aprender por si mesmas e de forma autodidata, pois a educação lhes era proibida; a muitas delas foi negado o reconhecimento de seus êxitos, ou os atribuíram a um homem; quase todas tiveram que enfrentar inseguranças abissais e perfeitamente compreensíveis quando o mundo inteiro está lhe dizendo que você não tem valor. Como se não bastasse, essas mulheres desbravadoras que fizeram malabarismos com sua vida tiveram, em geral, uma porção de filhos, algumas até dez ou doze, com os riscos do parto naqueles tempos, as indisposições da gravidez, a obrigação de cuidar das crianças. Não sei como conseguiram.

A lista aparece em ordem cronológica e está articulada em torno de noventa mulheres, embora no texto muitas mais sejam citadas. É uma seleção difícil, pois há muitíssimas, essa é a primeira evidência, o primeiro assombro. Decidi evitar também as mulheres muito conhecidas e tentar me centrar, justamente, nessa sensação de explosão do oculto, da maravilhosa descoberta do fervor na gota d'água.

De modo que não vou incluir as grandes políticas e dirigentes da história, Cleópatra, Isabel, a Católica, Isabel Tudor, a rainha Vitória da Inglaterra, Golda Meir, Indira Gandhi, Benazir Bhutto e tantas outras. Também não vou incluir cientistas célebres como Hipátia de Alexandria (popularizada pelo fantástico filme de Amenábar) ou a grande Marie Curie. Nem escritoras e pensadoras da estatura de santa Teresa de Jesus, sor Juana Inés de la Cruz, Jane Austen, Emilia Pardo Bazán, Emily Dickinson, Virginia Woolf, María Moliner, Hannah Arendt e muitas e muitas outras. Nem revolucionárias e ativistas sociais como Rosa Luxemburgo, Rigoberta Menchú ou Malala. Enfim, poderíamos continuar assim por muito tempo. Pensando bem, é espantoso que tenha havido tantas e tantas mulheres que, apesar de todas as limitações, deram um jeito não só de desenvolver uma vida trepidante, mas também de permanecer nos anais. Claro que muitas delas são lembradas de maneira enviesada e ridícula, como já vimos no caso de Catarina, a Grande, de quem só se destacam seus amantes. Contudo, o mais curioso é que, quando nos pedem que citemos mulheres relevantes na história, em geral ficamos, já de saída, um pouco bloqueados, vazios, como se estivéssemos por fora, como se não conseguíssemos encontrar facilmente o caminho mental para esses arquivos de memória. É a falta de hábito, sem dúvida. As façanhas dos homens são prioritárias não só em nossa educação, mas também em nossa visão automática do mundo.

Por fim, também procurei evitar (com algumas exceções) aquelas que já cito no livro, a exemplo da fascinante rainha-faraó Hatshepsut. Como já disse, o que quero é me centrar na descoberta. Em usar a lupa e dar uma primeira olhada no bulício invisível. Em nossa alegria ao saber que existem e existiram. Aqui vão algumas delas. Apreciemos.

Merit Ptah
(*c.* 2700 a.C.)

Sabemos dela porque sua imagem está gravada numa tumba perto da pirâmide escalonada de Saqqara. Foi médica-chefe da corte no Antigo Egito, um posto sem dúvida muito importante. É a primeira mulher conhecida na história da ciência.

Enheduanna
(*c.* 2300 a.C.)

Filha do rei acádio Sargão I, essa princesa mesopotâmica tem o privilégio de ser o primeiro autor literário da história da humanidade. Sua obra *Exaltação de Inanna* é o primeiro texto assinado de que se tem notícia. Além disso, possuía grande poder como suma sacerdotisa do deus Nannar (a Lua). Como se não bastasse, fez também as primeiras anotações astronômicas e musicais da história. De sua obra, escrita em tabuletas cuneiformes, foram feitas inúmeras cópias, algumas delas séculos depois de sua morte, o que revela a enorme importância e influência dessa mulher que está presente na origem da literatura, da astronomia e da música.

Tapputi Belatekallim
(*c.* 1200 a.C.)

As primeiras descrições de processos químicos da história provêm dessa mulher, que foi perfumista na Babilônia. Suas notas se conservam talhadas em escrita cuneiforme sobre uma pedra.

Theano de Crotona
(c. 600 a.C.)

Sabemos por referências que essa importante matemática grega escreveu tratados de matemática, física e medicina, em especial sobre poliedros retangulares e sobre a proporção áurea, mas infelizmente suas obras se perderam: só se conservam alguns fragmentos de seus textos. Esposa de Pitágoras, pertenceu, naturalmente, à escola pitagórica, que defendia a igualdade na educação de homens e mulheres. Na verdade, há notícias sobre a existência de mais 27 pitagóricas, além de Theano.

Artemísia de Halicarnasso
(c. 500 a.C.)

A fascinante Artemísia foi tirana de Halicarnasso, na satrapia de Caria. Lutou a favor do grande rei da Pérsia Xerxes I na Segunda Guerra Médica contra os gregos, e ela mesma comandou, pessoalmente, seus cinco barcos de combate nas famosas batalhas navais de Artemísio e Salamina. Era a única mulher entre os generais do rei Xerxes, e também foi a única pessoa que o aconselhou a não atacar os gregos somente pelo mar, mas a se valer também de uma ofensiva conjunta terrestre e marítima. Xerxes não lhe deu ouvidos e o resultado foi catastrófico para os persas. Perseguida na batalha por um trirreme ateniense do qual não conseguia se livrar, Artemísia fez que seu barco investisse num navio da frota de Xerxes e o afundasse, de maneira que os gregos a consideraram um aliado e a deixaram escapar. Ela regressou às linhas persas, onde Xerxes exclamou: "Meus homens se transformaram em mulheres e minhas mulheres [por Artemísia], em homens!". Ou pelo menos é isso que nos conta o historiador grego Heródoto, que fala muito bem dela, apesar de ter pertencido ao lado inimigo.

Aspásia de Mileto
(*c*. 470 a.C.-*c*. 400 a.C.)

Eis uma mulher que a história oficial tratou com dureza, provavelmente porque a inteligente e culta Aspásia foi uma das mulheres com mais peso na vida pública da antiga Grécia, e isso, na época, não se perdoava. Política e pensadora, retórica formidável, foi amante de Péricles e, depois que ele ficou viúvo, sua companheira. Numerosos autores falam dela, como Platão, Aristófanes, Plutarco ou Xenofonte, que diz que Sócrates a considerava sua mestra. Foi muito criticada por sua influência na política e em Péricles. Perseguida judicialmente e difamada, sua vida mostra as dificuldades que uma mulher livre tinha de enfrentar na Atenas da época. Fontes coetâneas sustentam que era hetaira, ou seja, cortesã, e é bem possível que fosse; naquela sociedade só as hetairas recebiam uma educação refinada e conseguiam alcançar independência econômica; no entanto, hoje alguns especialistas pensam que tal informação poderia ser fruto de uma campanha de desprestígio dirigida contra ela e Péricles. Acusar de prostituição mulheres pouco convencionais foi um clássico desde o princípio dos tempos.

Hipárquia, a cínica
(*c*. 346 a.C.-*c*. 300 a.C.)

Hipárquia foi uma pioneira da contracultura, um personagem chocante por sua modernidade. Filósofa, contestatária e feminista, rompeu com a família para ir viver com seu mestre, Crates, relevante membro da escola cínica, uma corrente de pensamento que rejeitava radicalmente as convenções sociais. Consequentes com suas ideias, tanto Crates quanto ela se despojaram de todo seu dinheiro e de suas propriedades; viviam na rua vestidos com farrapos e faziam amor à vista de todos e à luz do dia. Essa mulher da pá-virada escreveu três livros de filosofia que, no entanto, não foram conservados. Teodoro, o

Ateu, quis caçoar dela e lhe perguntou por que não se dedicava a tarefas próprias de seu sexo (sim, é antiga assim essa idiotice), e ela respondeu: "Você acha que fiz mal em consagrar ao estudo o tempo que, por causa do meu sexo, eu deveria ter perdido como tecelã?". Há outras filósofas na época além de Hipárquia, como Areté de Cirene, que pertencia à escola cirenaica (a mesma do machista Teodoro, o Ateu); conta-se que Areté ensinou filosofia durante 35 anos e que escreveu cerca de quarenta obras, das quais infelizmente não resta nada.

Aglaonike de Tessália
(*c.* 200 a.C.)

Aglaonike, famosa em seu tempo, era considerada uma feiticeira pela maioria de seus conterrâneos "porque fazia a Lua desaparecer do céu". Na verdade, o que essa importante astrônoma grega, citada por Plutarco, conseguiu, foi prever os eclipses de nosso satélite. Ela não foi a única a cultivar esses conhecimentos na área: houve outro robusto grupo de astrônomas que eram denominadas, decerto com algum temor, *as bruxas de Tessália*. Curiosamente, sempre houve muitas mulheres que olharam para o firmamento ao longo da história, entre elas a famosa Hipátia de Alexandria, cujos estudos sobre curvas cônicas foram utilizados mais tarde para determinar o percurso dos planetas.

Boudica
(século I d.C.)

A história de Boudica ou Boadiceia não só é tristíssima como oferece um exemplo perfeito do sofrimento causado pelo sexismo. Essa rainha guerreira celta da tribo dos icenos comandou a maior rebelião dos britanos contra o Império Romano, nos anos 60 e 61 d.C. Boudica, alta, de voz áspera e olhar feroz, cabeleira ruiva até os quadris, túnica multicolorida e um grosso colar de ouro, segundo a descrição do historiador romano Dion Cássio, era esposa de Prasutagos, o rei dos icenos, que não tinham sido invadidos pelos romanos porque o rei era seu aliado. No entanto, com a morte de Prasutagos, que não tinha filhos varões, o trono devia passar para a mais velha de suas duas filhas. Algo natural entre os celtas, que tinham muito mais respeito pela mulher, mas inadmissível para os romanos, que aproveitaram a ocasião para anexar o reino como se ele tivesse sido conquistado. Terras e bens foram confiscados e aldeias, saqueadas. Tácito diz que Boudica foi açoitada e suas duas filhas violadas, típica sina das mulheres — serem tomadas como butim ou arma de guerra. A rainha, compreensivelmente enfurecida, sublevou os icenos e várias outras tribos contra os romanos. Conseguiu ganhar algumas batalhas e, entre outras vitórias, incendiou e arrasou Londinum, a primitiva Londres. Mas, no fim, seus desorganizados exércitos foram arrasados pelas legiões imperiais. Após sua derrota, os romanos se entregaram a um dos massacres mais ferozes da história, liquidando até mulheres grávidas e crianças pequenas. Não se sabe muito bem o que aconteceu com Boudica; Tácito diz que tomou veneno para não cair nas mãos do inimigo, e Dion Cássio afirma que tanto ela como as duas filhas lutaram encarniçadamente até o final na batalha, embora seus corpos nunca tenham sido encontrados.

Maria, a judia

Foi uma das cientistas mais importantes da Antiguidade, da estatura de um Arquimedes ou de um Euclides, mas não podemos nem datar sua época com precisão. Sabemos que viveu em Alexandria em algum momento entre o século I e o III d.C. É considerada a fundadora da alquimia, que era o conhecimento químico de seu tempo. Introduziu o uso do vidro nos laboratórios, descobriu o ácido do sal marinho e o ácido acético, e entre seus muitos inventos estão o *banho-maria*, que conserva seu nome até hoje, o alambique de três bicos e, sobretudo, o *kerotakis*, um aparelho para aquecer substâncias e recolher seus vapores. Era selado a vácuo, e foi o uso desse tipo de recipiente na alquimia, ou seja, nas artes herméticas, que cunhou a expressão *hermeticamente fechado*. O *kerotakis* de Maria continuou a ser usado sem modificações nos laboratórios até o século XIX, e é o precursor do instrumento que hoje se utiliza para se obter as finíssimas camadas de grafeno.

Zenóbia de Palmira
(245-272[?])

Casada aos catorze anos com o rei de Palmira, Zenóbia chegou ao trono pela via mais usual para as mulheres: a viuvez. Depois do assassinato do rei, em 267, assumiu o comando em nome do filho, ainda muito pequeno, e se lançou à guerra com a intenção de criar seu próprio império e poder enfrentar de igual para igual os dois poderes imperiais que a cercavam, o romano e o sassânida. Suas hábeis campanhas militares permitiram que conquistasse toda a Ásia Menor e o Egito, o qual governou de 269 até 272. Nesse ano foi derrotada pelo imperador Aurélio e levada para Roma como refém. Não se sabe muito bem o que aconteceu com ela; pode ter sido decapitada no mesmo ano de 272, aos 28 anos, depois de construir, como Alexandre Magno, um efêmero império.

Metrodora
(*c.* 200-400)

Também não sabemos a época exata em que viveu essa formidável médica grega. Em Florença se conservam dois volumes de seu tratado *Sobre as doenças e o cuidado das mulheres*. Suas rigorosas observações se baseiam numa ampla prática clínica, tanto pela exploração manual como por meio do *speculum*, o mesmo espéculo usado hoje em dia, e sua obra foi utilizada como referência médica até o século XVI. É uma das representantes mais ilustres dentre as muitas médicas gregas e romanas que exerceram seu ofício entre os séculos I e IV, como Aspásia e Cleópatra, ambas do século II.

Egéria
(século IV)

Parece que a viajante Egéria era nobre e galega, ou seja, oriunda de Gallaecia, a província romana de Hispânia. O que se sabe com certeza é que era freira e também intrépida, pois embarcou numa viagem monumental que durou quatro anos (de 381 a 384) e que a levou ao Egito, Palestina, Síria, Mesopotâmia, Ásia Menor e Constantinopla. Escreveu um livro ameno contando seu périplo, *A viagem de Egéria*, que é reimpresso desde aquela época até hoje (um fulgurante sucesso editorial) e que demonstra ter havido, em todas as épocas, mulheres fazendo coisas aparentemente proibidas para elas.

Teodora, imperatriz de Bizâncio
(c. 500-548)

A grande Teodora, que começou vendendo seu corpo e acabou sendo declarada santa pela Igreja ortodoxa, é um dos personagens mais singulares da história europeia. Não se sabe ao certo se nasceu na Síria ou no Chipre, mas, em todo caso, era filha de um adestrador de ursos do hipódromo e de uma atriz e bailarina. Naquela época as atrizes eram praticamente prostitutas, e Teodora se dedicou a isso em sua primeira juventude. No entanto, sua inteligência, seu talento e seu encanto ultrapassavam, em muito, os limites marcados por suas origens modestas. Depois de conviver durante quatro anos com um alto oficial que a maltratava, Teodora largou a vida de meretriz, instalou-se em Constantinopla e começou a trabalhar como fiandeira num edifício próximo do palácio. Assim conheceu Justiniano (na época herdeiro do trono imperial de seu tio, Justino I), que se encantou com ela e acabou tomando-a por esposa. Como imperatriz, Teodora chegou a deter um poder comparável ao do marido. Nos chamados *distúrbios de Niká* (532), uma revolta popular que quase destronou Justiniano, foi ela quem salvou a situação. Quando o imperador e os oficiais, incapazes de controlar os sediciosos, preparavam-se para fugir, Teodora se plantou diante deles e os repreendeu. "A púrpura é uma excelente mortalha", exclamou com ferocidade: era melhor morrer defendendo o trono que morrer como covarde no exílio. Envergonhado, Justiniano decidiu ficar e combater, e o fato é que, no fim, ele saiu vitorioso: de acasos raros como esse é feito o destino. Outro grande êxito de Teodora foi sua contribuição ao famoso código de Justiniano de um conjunto de leis chamadas *Novellae*, cláusulas sobre os direitos da mulher de uma modernidade surpreendente: proibição da prostituição forçosa e fechamento dos bordéis que a praticavam, direito ao divórcio, herança igual para filhos e filhas, direito da esposa de gerir seus próprios bens, direito de custódia dos filhos para as mães, proibição do assassinato de mulheres adúlteras, casa de retiro para as prostitutas que quisessem abandonar o ofício, pena de morte por violação... Essas disposições só estiveram vigentes por oitenta anos, e foi preciso esperar até o século XX para que voltasse a haver no mundo códigos legais que protegessem, de tal forma, os direitos femininos.

Wu Zetian
(625-705)

Conta a lenda que a imperatriz Wu era malvadíssima. Foi a única mulher que reinou por si mesma na China; houve outras damas poderosas na história desse imenso país, mas como regentes ou consortes. Wu, por sua vez, exerceu o poder pessoalmente e chegou a proclamar sua própria dinastia, chamada Zhou, para tentar se legitimar. Ela provinha de uma família aristocrática e, ainda menina, entrou no harém do imperador Tang Taizong como concubina de quinta categoria, ou seja, a menos importante entre as mulheres. Uma década mais tarde o imperador morreu e foi sucedido por seu filho, Tang Gaozong, que, contra todo costume, levou Wu para seu harém e a promoveu à segunda categoria. Isso provocou um enorme escândalo na corte, porque se julgava imoral que uma mesma concubina servisse ao pai e ao filho. É provável que a jovem já fosse amante do herdeiro antes da morte do velho imperador, e devia ser uma rival muito perigosa, porque a esposa oficial de Gaozong, a imperatriz Wang, a detestava. Em 654, depois de ter uma filha que foi assassinada logo depois de nascer, uma enfurecida Wu acusou a imperatriz e outra concubina importante de serem as autoras do crime. Gaozong acreditou na amante e a nomeou regente consorte; já no poder, dizem que Wu torturou com as próprias mãos, até a morte, a antiga imperatriz Wang e a concubina. Também dizem que foi ela quem matou seu próprio bebê para conseguir se livrar de suas rivais, mas isso provavelmente é um boato e faz parte de sua lenda obscura. A partir de 660, Gaozong começou a adoecer e era Wu quem governava de fato o país; a lenda também sustenta que era ela quem estava envenenando o imperador, e que mandou matar seu filho mais velho porque ele se rebelou. O que se sabe é que mandou executar vários ministros e que seu poder foi crescendo. Quando Gaozong morreu, pôs seu terceiro filho no trono; seis semanas mais tarde mudou de ideia, destituiu-o e entronou outro de seus filhos. Mas pouco depois deixou de melindres, tirou o imperador fantoche e assumiu o poder diretamente. Chamou a si mesma de Shengshen Huangdi, um nome cuja última palavra é um tratamento que significa "imperador", o que também provocou escândalo, pois era inadmissível que uma mulher ousasse denominar-se dessa forma. Para atenuar o ressentimento e ganhar popularidade, promoveu o budismo e o transformou em religião oficial em 691, conquistando, com isso, numerosos apoiadores. Além disso, exerceu o poder de maneira despótica, repressiva e belicista, ordenando um ataque massivo contra os mongóis. Em 705, depois de quase duas décadas à frente do império, e após ter completado oitenta anos, um golpe de Estado acabou com a vida de seus ministros (e supostamente amantes), os irmãos Zhang, e expulsou Wu do trono. Seu terceiro filho voltou a se proclamar imperador e restaurou a dinastia Tang, pondo fim à brevíssima dinastia criada por sua mãe. Wu morreu poucos meses depois, talvez de pura raiva.

Kahina da Mauritânia
(c. 637-702)

Naquela época, o que se conhecia por Mauritânia não corresponde à Mauritânia atual, era um território enorme que ocupava o norte da África. Era habitado por berberes, e sua maioria era de religião judaica. O islã acabara de fazer sua aparição na história (Maomé morreu em 632) e os muçulmanos guerreavam furiosamente, tentando ampliar seus territórios. Kahina se chamava, na verdade, Dahia (*kahina* significa "adivinha") e era filha da nobreza berbere, uma mulher culta e inteligente, com a tez escura e uma grande cabeleira negríssima, segundo as descrições da época. Importante líder religiosa e feiticeira, teve três filhos de três pais diferentes, dois meninos e uma menina. Em 690, os muçulmanos derrotaram os mauritanos e mataram seu líder, Kusayla, na batalha de Mems. Então a confederação berbere elegeu como nova dirigente a respeitada Kahina, que se pôs à frente de suas tropas e enfrentou o fogo do islã. Reconhecida por todos os cronistas como uma grande estrategista, Kahina derrotou os árabes em 698, na grande batalha de Wadi Niskiara, na atual Argélia, e forçou-os a bater em retirada para a Líbia. Porém, como era inevitável, o exército muçulmano voltou e enfrentou Kahina no oásis de Tarfa. Era o ano de 702, e na noite anterior à grande batalha a berbere, sabendo que seria derrotada, pediu a seus dois filhos que não combatessem com ela e que passassem para o lado inimigo, para assim garantir sua sobrevivência. Os filhos obedeceram e acabaram fazendo uma boa carreira militar no outro lado. Os muçulmanos destroçaram as forças de Kahina, que, ao que parece, tomou veneno para não cair viva nas mãos dos vencedores.

Jamila
(século VIII)

Era chamada de *rainha da canção* e foi uma das musicistas mais famosas do mundo árabe. Além de compor e interpretar, fundou uma escola na qual educou numerosos artistas reconhecidos e criou uma célebre orquestra com cinco alaúdes femininos que devia ser um verdadeiro espetáculo. Ela nasceu em Medina, mas seu prestígio ultrapassou as fronteiras. Uma de suas obras, que falava de sua peregrinação a Meca, transformou-se num clássico, interpretado durante séculos depois de sua morte. Jamila, aliás, não era a única: no mundo árabe de então floresciam muitas musicistas notáveis, como a célebre Oraib (século IX), escrava em Bagdá durante muito tempo (foi vendida e comprada inúmeras vezes e conhecemos as fortunas que pagavam por ela: em certa ocasião, 100 mil moedas de prata, em outra, 5 mil de ouro...). Foi uma artista refinada, poeta, compositora e cantora. Conseguiu se emancipar e viveu até os noventa anos; quando morreu, Harum al-Raschid (o poderoso califa tantas vezes citado em *As mil e uma noites*) mandou que compilassem suas mais de mil canções.

Rabi'a al-Adawiyya
(c. 717-801)

Seus pais eram tão pobres que morreram de fome quando ela era criança, de modo que a pequena foi encontrada vagando pelas ruas em busca de comida e vendida como escrava. Tudo isso aconteceu onde hoje é o Iraque, em tempos muito agitados nos quais germinava um movimento religioso que pretendia regressar à pureza do profeta Maomé. A lenda diz que o amo de Rabi'a libertou-a, admirado com a força de sua fé, o que era muito adequado para uma santa. Porque Rabi'a, autora de versos apaixonados que louvam o amor divino, é uma das místicas e santas sufis mais importantes do mundo árabe, um personagem equiparável a Santa Teresa de Ávila. Figura essencial da literatura e da religiosidade muçulmanas, a escola sufi se baseia em sua concepção espiritual.

Ende
(c. 950-c. 1000)

Era freira, mas principalmente artista, e é provável que seja a primeira pintora europeia conhecida. É autora das 115 miniaturas que ilustram o *Beatus* conservado na catedral de Girona. A obra de Ende possui grande refinamento, detalhes intrincados, alto conteúdo simbólico e animais muito estranhos, o que transforma esse *Beatus* num dos mais relevantes ainda preservados. Ende deixou ali sua assinatura (*Ende pintrix*), o que talvez indique o orgulho que sentiu por sua obra. Mas certamente na Idade Média houve muitas outras mulheres miniaturistas que não assinaram.

Murasaki Shikibu
(978-1014)

O romance mais antigo da humanidade foi escrito por essa japonesa, Lady Murasaki (Shikibu não é um sobrenome, mas um tratamento honorífico), pertencente à pequena nobreza de Kyoto, filha de um modesto escritor e neta de um grande poeta, Fujiwara no Kanesuke, cujos versos ainda são lidos no Japão. Murasaki escreveu um livro monumental de 4200 páginas, *Genji Monogatari* [O romance de Genji], a obra clássica mais importante da literatura japonesa, um afresco realista de grande argúcia psicológica que descreve a falsidade e o vazio da sociedade aristocrática e o sofrimento das mulheres. O fato de um dos dois silabários japoneses hoje em uso ter sido criado por mulheres da nobreza que não podiam ter acesso ao chinês facilitou o surgimento de numerosas autoras na literatura clássica, como Sei Shonagon e seu famoso diário *O livro do travesseiro*.

Wallada bint al-Mustakfi
(994-1091)

A cordovesa Wallada foi uma poeta andaluza, e as poetas andaluzas eram formidáveis. Praticavam, por exemplo, a poesia satírica de caráter sexual, uma tradição na literatura árabe. Suas vidas contradizem todas as ideias estereotipadas que temos das mulheres na Idade Média e, ademais, na cultura muçulmana. Wallada era filha de uma escrava cristã e de um efêmero califa de Córdoba, que só durou dois anos no poder antes de ser assassinado. Ela, que não tinha irmãos homens, herdou a fortuna do pai, o que lhe permitiu abrir um palácio no qual se dedicou a educar moças de boa família e a receber poetas e artistas da época, como uma *salonnière* medieval. Parece que era uma beldade, com o cabelo loiro-avermelhado, a pele clara e os olhos azuis. Bordava seus próprios versos em seus vestidos, participava de torneios poéticos com os homens com o rosto descoberto, uma coisa escandalosa e ímpia, e teve relações secretas com o poeta Ibn Zaydun, a quem dedicou vários poemas de amor. Quanto a seus versos satíricos, dizia coisas tão selvagens como estas: "Parabéns, al-Asbahi, pelos benefícios/

que recebeste do Senhor do Trono, do Benfeitor;/ conseguiste com o cu do teu filho/ o que não conseguiu com a boceta de Buran seu pai al-Hasan". Houve outras poetas andaluzas importantes, como Nazhun bint al-Qula'i, do século XI. Essas artistas muçulmanas estão na origem da voz feminina na lírica medieval em literatura românica. Aliás, devemos lembrar que a poesia lírica em língua românica nasce com as *jarchas*, uma lírica feita essencialmente por mulheres.

Trótula de Salerno
(início do século XI-1097)

A cirurgiã italiana Trótula era, por certo, especialista em ginecologia, ou seja, na anatomia feminina, mas isso não a impediu de se transformar num dos médicos mais importantes da Idade Média. Acredita-se que foi professora na Escola Médica Salernitana, o primeiro centro médico que existiu de maneira independente da Igreja, considerado por alguns autores a primeira universidade europeia. Seu monumental tratado de dezesseis volumes sobre ginecologia e obstetrícia ostenta o recorde de ser o livro mais reproduzido na Idade Média. Até o século XVI, foi texto obrigatório nas escolas de Medicina, e tinha tanta popularidade e influência que, a partir do século XV, seus seguidores, incapazes, talvez, de assumir que uma mulher pudesse ter feito algo tão importante, começaram a assinar a obra com o nome de Trótulo, masculinizando sua autoria.

Mulheres desbravadoras que fizeram malabarismos com suas vidas

Arwa al-Sulayhi
(c. 1048-1138)

Seu reinado foi o mais longo de toda a história do Iêmen. Essa sultana governou o país de 1067 até sua morte, em 1138, ou seja, nada mais nada menos que 71 anos, primeiro compartilhando o poder com seus dois maridos e sua sogra, e depois sozinha. Foi o mais importante soberano da dinastia Sulayhid. Sua sogra, Asma bint Shihab, também foi uma mulher formidável, corregente do Iêmen de 1047 até sua morte, em 1087, de maneira que as duas juntas, Asma e Arwa, governaram o país durante quase um século. Enquanto estiveram no poder, a *jutba*, a principal oração muçulmana que sempre é dedicada ao soberano (servindo para datar os reinos ao longo da história) foi dita em homenagem a ambas as mulheres, o que era muito raro no mundo islâmico e confirma, sem sombra de dúvida, que as duas exerceram um poder absoluto. Os cronistas dizem que Arwa era incrivelmente inteligente, corajosa, devota e com um temperamento independente, além de muito bonita. Era versada em poesia e história e uma governante sábia e eficaz. Mudou a capital de Sana para Jibla, guerreou quando teve de guerrear, mas com prudência, construiu mesquitas, estradas, palácios e uma infinidade de escolas, desenvolveu a agricultura e enriqueceu o país. Seu longuíssimo e frutífero reinado (os 37 últimos anos sozinha) a transformam numa espécie de rainha Vitória do mundo árabe. É uma pena que a história tenha se apressado a esquecer as sultanas (houve algumas outras, além dessas duas).

Anna Comneno
(1083-1153)

Como era a primogênita do imperador bizantino Aleixo I Comneno, Anna nasceu na famosa Câmara Pórfira do palácio real de Constantinopla, aquela sala de parto cor púrpura e semelhante a um útero onde os soberanos vinham ao mundo. De maneira que ela pensou ter direito ao trono, uma ambição totalmente legítima, mas que sua condição feminina acabaria frustrando. Muito inteligente, recebeu uma educação esmerada. Era uma erudita em matéria de literatura, geografia, astronomia, gramática, história, mitologia, medicina e filosofia. O bispo metropolitano de Éfeso declarou que ela atingira "os mais altos cumes da sabedoria, tanto laicos como divinos". Conspirou para tomar a coroa de seu irmão mais novo e pôr em seu lugar o próprio marido, que teria sob controle. Descoberto o plano, teve de se exilar num mosteiro e lá permaneceu, desprezada durante mais de trinta anos, até sua morte. No entanto, não ficou de braços cruzados, pois escreveu a *Alexiada*, na qual conta as gestas do reinado de seu finado pai, o que a transformou numa das primeiras historiadoras ocidentais. A *Alexiada* é hoje a principal fonte para se conhecer a vida e a política bizantinas do final do século XI e início do XII, e é particularmente valiosa por sua descrição da Primeira Cruzada, a partir de um ponto de vista grego. Ao fim e ao cabo, Anna Comneno conseguiu passar para a posteridade.

Hildegard von Bingen
(1098-1179)

A tremenda Hildegard foi uma espécie de Leonardo da Vinci medieval. Nascida na Renânia, Alemanha, parecia conhecer tudo e fazer tudo muito bem. Foi uma poderosa abadessa beneditina e também escritora, mística, musicista, pintora, cientista, botânica, pregadora e visionária. Sua obra musical é muito importante; alguns especialistas sustentam que foi precursora da ópera com seu *Ordo Virtutum*, uma espécie de oratório muito colorido. Escreveu tratados de medicina e de ciências naturais e, entre outras coisas, descreveu o orgasmo feminino, algo verdadeiramente extraordinário naquela época. Além disso, inventou a primeira língua artificial (a língua ignota) e introduziu o lúpulo na fabricação da cerveja. De maneira que todas as cervejas que hoje bebemos são devedoras do engenho daquela mulher, um dos personagens mais relevantes da Baixa Idade Média.

Condessa de Dia
(c. 1140-1175)

Chamava-se Beatriz e foi a mais famosa de todas as trovadoras provençais dos séculos XII e XIII. Eram os tempos do amor cortês e da formidável Leonor da Aquitânia, que liderou, em sua corte de Poitiers, um pequeno renascimento social e cultural que durou um século e meio, e no qual as mulheres adquiriram uma relevância nunca antes vista. Por isso, não é de estranhar que hoje saibamos da existência de cerca de trinta trovadoras. Poeta e musicista, a Condessa de Dia falava com voz original e poderosa do amor profano, que ela devia conhecer bem, pois era casada com o conde de Vienne, mas amava o trovador Raimbaut de Orange. Foi dessa mesma época, final do século XII, a importantíssima Maria de França, a primeira poeta em língua francesa, autora dos deliciosos *lais*, relatos lendários escritos em octossílabos que descrevem as aventuras de diversos heróis e sua relação com o amor.

Tomoe Gozen
(c. 1157-c. 1184)

Tomoe, claro, morreu jovem. Todas morriam jovens, todas as samurais ou *onna bugeisha*. Houve muitas ao longo dos séculos, porque as mulheres também faziam parte dessa lendária casta de guerreiros japoneses que serviram aos senhores feudais a partir do século X. Em vez da tradicional espada ou *katana*, elas utilizavam a *naginata*, uma longa lança rematada por uma pavorosa lâmina curva. E também tinham seu próprio ritual de suicídio para morrer com honra, mas em vez do *seppuku* ou *harakiri*, o conhecido desventramento masculino seguido de decapitação, elas cortavam a garganta (*jigai*). Dizem que Tomoe era muito bonita, uma grande arqueira e espadachim, e que domava cavalos com uma destreza diabólica. Não se sabe ao certo como morreu, talvez na batalha de Awazu. Sabemos muito mais da última grande samurai, Nakano Takeko, que faleceu com 21 anos, em 1868, meses antes de os samurais serem abolidos. Aos dezesseis anos já era mestra de combate e instruía outras mulheres, entre elas sua irmã. Quando estourou a guerra entre os xoguns ou senhores feudais e o imperador, que era apoiado pelos Estados Unidos, Nakano comandou um grupo de vinte mulheres guerreiras. Participou da defesa de Aizu, a última batalha. As samurais não tinham armas de fogo e enfrentavam os fuzis imperiais apenas com a defesa de suas lanças. Mesmo assim, dizem que Nakano matou seis inimigos antes de receber um tiro no peito. Agonizante, preferiu morrer com honra e pediu a sua irmã que a decapitasse; esta, esgotada pela batalha ou pela dor, não teve forças suficientes, e um samurai varão teve de arrematar a carnificina. Contam que quando as tropas imperiais entraram em Aizu, encontraram os cadáveres de duzentas mulheres guerreiras que tinham se suicidado ritualmente. Na internet há fotos de Nakano, uma mulherzinha de aparência frágil, primorosamente vestida e penteada, que exibe suas armas com um orgulho desafiador.

Sultana Radiyya
(1205-1240)

Quando Radiyya chegou ao trono, em 1236, seus primeiros atos de soberania foram tirar o véu e cunhar uma moeda com a seguinte inscrição: "Pilar das mulheres, rainha dos tempos,

Sultana Radiyya Bint Shams al-Din Iltutmish". Essa orgulhosa reivindicação de seu poder e de seu sexo é comovente e admirável. Foi a única mulher do sultanato turco de Délhi (Índia) que sucedeu seu pai, Iltutmish, sendo solteira e herdando diretamente o poder. Já havia sido regente quando seu pai estava vivo; admirador de sua inteligência e de seus dotes políticos, ele preferiu que ela o sucedesse, em vez de seus filhos varões, dos quais dizia que "se dedicavam ao vinho, às mulheres, ao jogo e à adulação, ao passo que Radiyya, mesmo sendo mulher, tinha a cabeça e o coração de um homem e era melhor que vinte de seus filhos". Também proferiu-se a *jutba* em homenagem a Radiyya durante os quatro anos de seu sultanato. Foi uma mulher muito inteligente e capaz, exerceu uma autoridade absoluta e até comandou seus exércitos nas batalhas, ao que parece do alto de um elefante (costumava se vestir de homem). No entanto, cometeu o erro de se apaixonar por um escravo abissínio, Jamal al--Din Yaqut, o que não lhe foi perdoado nem pela nobreza turca, por ele ser abissínio, nem pelos indianos, adeptos do sistema de castas, por ele ser escravo. Além disso, todos devem ter considerado inadmissível uma mulher ter um caso amoroso. O exército se levantou contra ela, e mesmo combatendo, Radiyya perdeu. É possível que tenha sido assassinada em 1240. O historiador persa Firishta, do século XVI, disse da sultana: "A princesa era dotada de todas as qualidades que se exigem do rei mais capacitado. Suas ações foram rigorosamente examinadas, sem que se encontrasse nelas nenhuma falha, exceto a de ser mulher".

Maria di Novella
(meados do século XIII)

Com apenas 25 anos, Maria di Novella obteve a cátedra de matemática da Universidade de Bolonha. Sabe-se muito pouco sobre ela, mas contam que, por ser jovem e bonita, e supondo que sua beleza pudesse distrair os alunos varões (mas não só:

decerto ela temia que não a levassem a sério, acrescento), ministrava suas aulas por detrás de uma cortina. Aliás, a Universidade de Bolonha, fundada em 1088, admitiu estudantes mulheres ininterruptamente desde sua criação, e possui uma robusta representação de catedráticas ilustres ao longo dos séculos, como Dorotea Bucca (século XIV), que ensinou medicina e filosofia moral; Anna Morandi (século XVIII), anatomista e escultora de figuras de cera (duas dessas figuras estão conservadas no Palazzo Poggi de Bolonha, uma delas um autorretrato de Morandi dissecando um cérebro humano), ou a grande matemática do século XVIII Maria Gaetana Agnesi, autora do primeiro texto completo de cálculo da história, que abarca de álgebra a equações diferenciais, e responsável pela chamada *bruxa de Agnesi*, uma conhecida curva de cálculo.

Abadessas de Fraumünster
(do século IX ao século XVI)

No mundo da Baixa Idade Média e da Renascença as abadessas tiveram um poder enorme, e chegaram a desenhar uma vasta rede de enclaves femininos que se estendia por toda a Europa. Muitas delas possuíam atribuições próprias de um senhor feudal e não respondiam nem sequer ao rei, somente ao papa. Um exemplo dessas grandes líderes são as abadessas do convento de Fraumünster, que governaram a cidade de Zurique, Suíça, do século IX até quase o século XVI. A abadia foi fundada em 853 por Luís, o Germânico, para sua filha Hildegard; dotou-a com um extenso território e lhe outorgou imunidade, pondo-a sob sua autoridade direta. Em 1045, o rei Enrique III concedeu a Fraumünster o direito de cunhar moedas, abrir mercados, cobrar pedágios... A abadessa tinha total comando da cidade. Em 1218 o imperador Frederico II aumentou ainda mais sua relevância, tornando o convento um território independente de todo o mundo, exceto do próprio imperador.

A partir do século XIV, o poder das abadessas foi diminuindo lentamente, como o de qualquer senhor feudal, em virtude dos confrontos com os pujantes grêmios. A reforma protestante dissolveu a abadia de Fraumünster em 1524, e quarenta anos depois o Concílio de Trento acabou com a autonomia das poucas abadessas que restavam na Europa.

Christine de Pizan
(1364-1430)

A veneziana Christine não só é considerada a primeira escritora profissional da história, como também se inicia com ela, de forma articulada, a causa feminista, isto é, a reivindicação do direito das mulheres à educação e ao conhecimento, uma demanda que se denominou *la querelle des femmes* (a disputa das mulheres) e que manteve esse nome até o século XVIII. Christine era filha de um físico, alquimista e astrólogo, e se educou de forma autodidata. Poeta e filósofa, dominava o francês, o italiano e o latim. Enviuvou aos 25 anos, e ao ver-se sem dinheiro, com três filhos, sua mãe e uma sobrinha para alimentar, decidiu manter sua família com a pena, o que conseguiu facilmente com canções, poemas e baladas. Sua obra máxima é *La Cité des dames* [A cidade das damas], na qual reivindica o valor das mulheres desde a Antiguidade por meio de histórias de senhoras relevantes. Ou seja, um pouco como este livro, só que ela foi absolutamente inovadora. Sua escrita é elegantíssima e precisa, e faz parte da grande literatura clássica do Renascimento, junto com Dante, Petrarca e Boccaccio.

Beatriz Galindo
(1465-1535)

É a mais conhecida de uma série de mulheres eruditas espanholas, sábias renascentistas e humanistas que floresceram sob o mecenato da rainha Isabel, a Católica, e de dona Maria de Portugal. Como Beatriz era a mais inteligente de todas as suas irmãs, seus pais, fidalgos de Salamanca, a destinaram ao convento. Sua aptidão para as línguas clássicas era tanta que com vinte anos já era famosa em toda a Espanha e recebera o cognome de *Latina*. Foi então que Isabel, a Católica, a chamou, tirou-a do convento e levou-a para a corte, para que fosse preceptora de seus filhos. Casou-se e foi mãe duas vezes, fundou o hospital de La Latina e vários conventos, e escreveu poemas em latim e comentários sobre Aristóteles, uma obra da qual não resta quase nada, como também não resta quase nada dos textos das demais sábias renascentistas sepultadas na desmemória (a obra das mulheres parece ter uma tendência natural ao extravio). Uma dessas eruditas esquecidas é Lucía de Medrano, a primeira mulher a conseguir lecionar numa universidade espanhola (na de Salamanca, em 1508).

María de Estrada
(1475 ou 1486-de 1537 a 1548)

A insólita María se tornou conquistadora ao fazer trinta anos, ou seja, numa idade avançada para a época, depois de passar vários anos como náufraga entre os nativos da Cuba pré-colonial. Nasceu em Sevilha e era irmã do conquistador Francisco de Estrada, com quem provavelmente viajou para o Novo Mundo. Participou de ações bélicas como mulher soldado e acompanhou Hernán Cortés na conquista do México, onde foi vista lutando com tanta bravura, armada de uma espada e um escudo, que o cronista Diego Muñoz Camargo disse que ela combatia "valorosamente, com tanta força e ânimo que superava o esforço de qualquer varão, por mais esforçado e enérgico que fosse, e nos deixava a nós próprios espantados". Cortés a recompensou com as cidades de Hueyapan, Nepupualco e Tetela del Volcán, das quais foi *encomendera*. Tornou-se rica e famosa, mas mesmo assim os cronistas contam que ela "lutou até o fim". Devia gostar disso. Houve outras mulheres guerreiras na conquista, como a estremenha Inés de Suárez, que participou da expedição de Pedro de Valdivia (de quem parece ter sido amante) ao Chile e da fundação da cidade que depois se transformaria em Santiago do Chile. Conta-se que, em meio a uma batalha cruenta que os espanhóis estavam perdendo, foi ela quem decidiu pela execução de sete caciques que eram seus prisioneiros, e chegou a cortar a cabeça do primeiro com as próprias mãos. Sim. As mulheres podem ser tão cruéis e ferozes quanto os homens.

Sayyida al-Hurra
(c. 1485-15??)

O nome dessa mudéjar nascida na província de Cádis é uma alcunha que significa *Dama Livre*, o que dá uma ideia do personagem potente que foi. Seu pai governava um pequeno território, semi-independente dos sultões de Fez, cuja capital era Xexuão, no norte do Marrocos. Ainda era uma menina quando a casaram com Sidi Mandri, um general granadino, governador da cidade de Tetuão. Mandri era trinta ou quarenta anos mais velho que ela e, além disso, estava muito doente, de modo que a partir de 1512 Sayyida teve de exercer o poder em seu nome. Após o falecimento do marido, a *Dama Livre* governou a cidade por trinta anos, como substituta ou diretamente. Ao longo desse tempo, patrocinou e financiou a navegação corsária desde Tetuão, transformando-se numa espécie de rainha dos piratas. Em 1541, com mais de cinquenta anos, casou-se com o sultão do Marrocos, provavelmente porque sua liderança estava em risco e ela buscava uma aliança poderosa. De nada adiantou: em 1542 Hasan Hassim, um antigo rival de Mandri, tomou pelas armas Tetuão e usurpou a Sayyida o comando e as riquezas. Não se sabe o que houve com ela depois disso: talvez tenha se retirado para a casa da família em Xexuão, porque sua tumba está nessa cidade.

Beatriz Bernal
(1501/1504-1562/1586)

Foi a primeira escritora espanhola profissional. E também fez muito sucesso. Em 1545 publicou nada mais nada menos que um livro de cavalaria intitulado, com a pompa do gênero, *Cristalián de España*. O livro saiu anonimamente, mas Beatriz se encarregou de deixar claro que a obra pertencia a uma mulher, pois na capa consta que a autoria é de "uma senhora natural da nobre e mais leal vila de Valladolid". A graça da novela reside em seus personagens femininos poderosos, como Minerva, uma donzela guerreira que é a companheira de aventuras de Cristalián e que não se disfarça de homem para lutar, como era habitual nos modelos literários. A obra, claro, foi muito celebrada, teve várias reedições e chegou a ser traduzida para o italiano, embora nesse país tenham omitido toda referência ao fato de ter sido escrita por uma mulher.

A cacica Orocamay e as amazonas
(século XVI)

Diversos cronistas espanhóis falaram da existência, no Novo Mundo, de povoados de mulheres que se regiam a si próprias e eram denominadas amazonas; supostamente não conviviam com homens, só se juntavam a eles alguns meses por ano para ter descendência; quando pariam varões, davam-nos aos pais para que os criassem, e elas ficavam com as meninas. O próprio Hernán Cortés, após a conquista do México, enviou quatro espanhóis ao Ocidente para que tentassem encontrar a terra das amazonas. Essa lenda circulou por outras partes da América Latina, e sem dúvida se baseava na existência real de tribos governadas por mulheres ou cacicas. O rio Amazonas tem esse nome porque o espanhol Francisco de Orellana, o primeiro europeu que o navegou até a desembocadura, assim o batizou depois de ser atacado, das margens, por ferozes guerreiras munidas de arco e flecha (Orellana perdeu um olho). Uma das cacicas mais importantes dentre as muitas do Novo Mundo foi a venezuelana Orocamay, obedecida num raio de mais de trinta léguas de seu povoado, segundo o cronista Fernando de Oviedo. Governou sobre 7 mil almas e foi "muito amiga dos cristãos".

Grace O'Malley
(1530-1603)

Também era chamada de Graine, a Calva, porque quando menina seu pai se negou a levá-la numa expedição naval, alegando que seus cabelos compridos se enredariam nas enxárcias, o que fez com que a pequena fera raspasse a cabeça. Essa irlandesa boa de briga foi líder do clã Ó Máille e uma temível pirata. Casou-se duas vezes, teve vários amantes e quatro ou cinco filhos, e sua biografia é uma batalha contínua. Passava os dias lutando, principalmente contra os ingleses, mas também contra outros clãs; tomando castelos ou defendendo-os dos agressores; jogando, de diversas ameias, chumbo derretido nos inimigos, ou dirigindo, como corsária, a abordagem de algum barco. No final do século XVI vestiu um traje fino de dama de estirpe e se encontrou com a rainha Isabel Tudor para pedir que libertasse seus dois filhos, na época prisioneiros dos ingleses. Grace se recusou a lhe fazer reverência e falava da rainha como "a mulher Tudor", ou seja, considerava o evento um encontro entre iguais, de chefa de clã para chefa de clã. As duas mulheres chegaram a um acordo que ambas se apressaram a descumprir. Foi um desses personagens que parecem maiores que a vida, exatamente igual à nossa famosa *Monja Alférez*, a basca Catalina de Erauso (1585-1650?), que menciono brevemente no prólogo deste livro. Catalina fugiu do convento com quinze anos e, a partir daí, viveu travestida e se fazendo passar por homem com grande êxito (segundo seus retratos, era muito viril). Foi um personagem formidável, duelista e violento. Assassinou inúmeras pessoas, entre elas seu tio e seu próprio irmão, e foi temida por sua extrema crueldade com os índios, quando cruzou o oceano para participar da Conquista. No Chile, obteve a patente de alferes. Foi para a prisão diversas vezes por suas tropelias, foi torturada sem que descobrissem seu verdadeiro sexo (o que não consigo entender) e, para evitar a morte, finalmente revelou sua identidade, já no fim da vida.

Sofonisba Anguissola
(c. 1535-1625)

Parece inacreditável que a célebre pintora italiana Sofonisba possa ter feito uma carreira tão brilhante, considerando todas as limitações a que estavam submetidas as mulheres artistas de sua época. Por exemplo, embora tenha sido aceita como aluna nos ateliês de arte (coisa insólita: o acesso às academias era vetado às mulheres), não pôde estudar anatomia nem desenhar modelos ao natural, porque as damas não podiam ver corpos nus. Especializou-se no retrato e aos 25 anos já alcançara tanto prestígio que se transformou em pintora da corte de Felipe II. É autora de um dos mais famosos retratos do monarca, embora ele tradicionalmente tenha sido atribuído a Sánchez Coello, só se reconhecendo a autoria de Sofonisba em época recente. Aproveito para dizer que entre os séculos XV e XVIII houve uma infinidade de mulheres artistas em todos os campos e em todos os países; musicistas, escritoras, pintoras e escultoras que venceram dificuldades sociais tremendas para seguir sua vocação e conseguiram construir carreiras de grande sucesso, ainda que a posteridade tenha se apressado a esquecê-las, e até mesmo, como no caso de Sofonisba, a atribuir suas obras a homens. São tantas, enfim, que seria muito enfadonho citá-las, o que é um orgulho. Mas vou mencionar a romana Artemisia Gentileschi (1593-c. 1654), poderosa pintora de quadros violentos e tenebristas, um dos artistas mais importantes do Barroco, porque sua biografia resume bem a condição feminina. Já mencionei que às mulheres era proibido o ingresso em academias de arte, de modo que Artemisia estudou com um preceptor particular, Tassi, que um dia a violentou de maneira brutal. Quando o abuso foi denunciado perante um tribunal vaticano, Artemisia foi submetida a um humilhante exame ginecológico e também torturada com um aparelho que lhe apertava progressivamente os dedos com cordas, pois achavam que, se uma pessoa sustentasse o mesmo depoimento sob tortura, ficaria provado que estava dizendo a verdade (espero não dar ideias à justiça). A jovem aguentou, e Tassi foi condenado a um ano de prisão. Não parece muito.

Isabel Barreto
(15??-1612)

Isabel é considerada a primeira mulher do mundo a obter o cargo de almirante. Era filha de um conquistador português, Nuno Rodrigues Barreto, mas nasceu em Lima, no Peru, e se casou nessa mesma cidade com o *adelantado* Álvaro de Mendaña. Em 1595 embarcou com o marido numa expedição às ilhas Salomão. Pouco depois de descobrir as ilhas Marquesas, Mendaña contraiu malária e morreu, não sem antes ter nomeado sua mulher governadora em terra e o irmão de Isabel, Lorenzo, almirante da expedição. No entanto, Lorenzo também morreu dias mais tarde, e ela ficou no comando da frota de quatro navios como *adelantada do mar oceano*. Uma rebelião indígena fez Barreto se decidir a rumar para as Filipinas, e a expedição aportou em Manila após uma terrível travessia. Contam que Isabel mandou que a amarrassem ao timão durante um tsunami, e também que sua crueldade causou a morte de vários marinheiros que a desobedeceram e que ela mandou enforcar. Já disse que não tenho a menor dúvida de que as mulheres podem ser tão ferozes quanto os homens, mas, sem justificar nem um pouquinho seu comportamento, pergunto-me se naquela época um almirante varão seria considerado igualmente cruel se tivesse feito a mesma coisa. Ou se teria sido tão desobedecido.

Sophia Brahe
(1556-1643)

Eis aqui mais uma desesperadora, discriminatória e repetitiva biografia de mulher. Sophia, filha de uma família nobre de Knudstrup (Dinamarca), era a irmã caçula do famoso astrônomo Tycho Brahe. Pois bem, enquanto ele recebia uma educação esmerada, os pais de Sophia se negaram a deixá-la estudar. Mas ela estudou por conta própria, com ajuda da biblioteca familiar e interessada principalmente em astrologia, química e botânica. Tycho, percebendo seu talento, tomou-a como assistente. Ela trabalhou com o irmão no observatório e foi ela quem realizou e calculou a maior parte das importantes tabelas que detalhavam a posição dos planetas, as quais Kepler depois utilizaria para formular suas teorias. Tabelas que, naturalmente, em geral foram atribuídas apenas a Tycho Brahe.

Marie de Gournay
(1565-1645)

Provinha de uma família nobre arruinada, e também foi autodidata, como tantas outras mulheres na história (até onde poderiam chegar esses talentos femininos se pudessem ter estudado devidamente?). Mesmo assim, Marie conseguiu aprender latim e grego, física, geometria, literatura e história. Grande admiradora das obras de Montaigne, pôde conhecê--lo aos 23 anos. O filósofo tinha 54 e ficou impressionado com a inteligência da jovem De Gournay: animou-a a publicar e se transformou numa espécie de mentor para ela. Marie, que nunca se casou, levou uma vida economicamente precária, mas independente, como escritora e tradutora profissional. Editou e fez a introdução das obras completas de Montaigne depois de sua morte e publicou diversos textos próprios; o mais importante foi o tratado feminista *Sobre a igualdade de homens e mulheres*, no qual sustenta que uns e outras só diferem fisicamente, e que se as mulheres não estavam aptas a tratar de matérias como a ciência ou a filosofia, era simplesmente porque o acesso ao conhecimento lhes fora proibido. Ela sabia disso muito bem.

Fede Galizia
(1578-1630)

Filha de um pintor de miniaturas, a milanesa Fede desenhava desde menina e aos doze anos já era uma pintora conhecida. Seu realismo e detalhismo a fizeram triunfar como retratista, mas hoje ela é importante sobretudo por ter criado a natureza-morta, um tipo de pintura que, pensando bem, de fato pertence ao âmbito do tradicionalmente feminino, com seus motivos gastronômicos, domésticos e florais. Nunca se casou e viveu de maneira moderna, independente, profissional e bem-sucedida até sua morte.

Francesca Caccini
(1587-*c.* 1641)

Hoje ninguém se lembra de Caccini, mas em sua época ela foi uma famosíssima compositora, cantora, professora de música e poeta. O mais relevante, do ponto de vista atual, é que foi a primeira mulher da história a compor uma ópera. E não apenas isso: ela e Monteverdi são os responsáveis por esse gênero dramático e musical ter triunfado no mundo. A primeira composição considerada ópera é *Dafne*, de um tal de Jacopo

Peri e do ano de 1597, mas foi apresentada em função privada e, além disso, se perdeu. Comumente se atribui a Claudio Monteverdi a paternidade do gênero, porque sua obra *La favola d'Orfeo*, que estreou em 1607, é a mais antiga que ainda se representa regularmente. No entanto, foram as aclamadas composições de Francesca que popularizaram esse tipo de música na Europa. Seu grande sucesso *La liberazione di Ruggiero*, interpretado em Varsóvia em 1628, foi a primeira ópera que saiu da Itália.

Anne Conway
(1631-1679)

O caso dessa original e influente filósofa inglesa é bastante triste. Teve a sorte de receber na infância uma boa educação com preceptores (sabia latim, grego e hebreu), e depois conheceu Henry More, o importante filósofo platônico de Cambridge, que no início foi para ela uma espécie de mentor, mas depois se transformou num colega da mesma estatura intelectual: "No conhecimento das coisas, tanto naturais como divinas, você não só superou todas as representantes de seu próprio sexo, mas também os do outro", escreveu-lhe More. Desde os doze anos, Anne sofria de dores de cabeça terríveis e incapacitantes que ninguém conseguiu curar, apesar dos muitos tratamentos, às vezes mirabolantes, a que foi submetida (chegaram a lhe abrir a jugular). Morreu aos 47 anos sem ter publicado nada, mas onze anos mais tarde editaram póstuma e anonimamente seu importante tratado *Os princípios da mais antiga e mais moderna filosofia*, que propõe um conceito de mônada, derivado da Cabala, que se antecipa a Leibniz. O cientista Van Helmont, amigo de Anne, levara uma cópia do manuscrito a Leibniz, que incorporou as ideias de Conway à sua própria obra. Leibniz reconheceu essa influência repetidas vezes, atribuindo à condessa de Conway a origem dessa parte de seu trabalho, mas mesmo assim o livro de Anne foi atribuído durante anos (como não?) a Van Helmont.

Elizabeth Wilbraham
(1632-1705)

Nas enciclopédias tradicionais Elizabeth é mencionada como "promotora da arquitetura", o que quer que isso signifique, mas na última década diversas pesquisas comprovaram que ela era arquiteta, na verdade uma das primeiras arquitetas conhecidas por esse nome, e também uma das mais prolíficas. Proveniente de uma boa família, a inglesa Elizabeth se casou aos dezenove anos com um barão, e já devia gostar tanto de arquitetura que utilizou sua longa lua de mel para aprofundar seus conhecimentos dessa disciplina. Conheceu na Holanda o fundador do Barroco holandês, Pieter Post, e estudou a obra de Palladio na Itália. Como não podia exercer a profissão por ser mulher, valeu-se de arquitetos que supervisionavam as obras em seu lugar. Desenhou mais de uma dúzia de edifícios para sua família, entre eles os impressionantes Weston Park e Wotton House. Também são suas dezoito igrejas de Londres anteriormente atribuídas ao famoso Christopher Wren, que muito provavelmente foi seu discípulo. No total, calcula-se que Elizabeth Wilbraham foi arquiteta de cerca de quatrocentos edifícios.

Aphra Behn
(1640-1689)

Duvido que haja muitas vidas tão livres e explosivas como a de Aphra, uma inglesa de procedência humilde (seu pai era barbeiro) que acabou sendo romancista, espiã e dramaturga. Quando menina e adolescente, morou no Suriname, na Guiana Holandesa, onde acompanhou várias rebeliões de escravos. Já em Londres, casou-se com um alemão rico que logo morreu. Viúva e abastada, dedicou-se a esbanjar sua fortuna e a deitar-se alegremente com homens e mulheres, ficando famosa por sua libertinagem. Parece que foi amante do rei Carlos III, para o qual foi espiã na Antuérpia durante a guerra com a Holanda. Arruinada, passou brevemente pela prisão devido a suas dívidas, de modo que, ao ser libertada em 1570, nossa casanova feminina não teve saída senão ganhar a vida com a escrita, transformando-se na primeira escritora profissional inglesa. Sua obra *Oroonoko* foi o primeiro romance antiescravagista da história, o que não é de estranhar, porque as mulheres sempre foram muito mais ativas no movimento contra a escravidão (a cubana-espanhola Gertrudis Gómez de Avellaneda também lançaria um romance assim, *Sab*, em 1841). Mas o que a tornou extremamente popular foram suas comédias. Fizeram tanto sucesso que, quando morreu, a iconoclasta Aphra foi enterrada na abadia de Westminster.

Émilie du Châtelet
(1706-1749)

Como gosto da maravilhosa marquesa de Châtelet! É tão conhecida que eu talvez não devesse incluí-la nesta lista, mas não consigo resistir ao encanto dessa física e matemática francesa, amante, amiga íntima e companheira intelectual do grande Voltaire, que reconhecia que Émilie sabia muito mais de ciências do que ele, sobretudo de matemática. Filha de um barão liberal, teve a imensa sorte de ter um pai que acreditava na educação feminina; e embora sua condição de mulher a tenha impedido de ir à universidade (era proibido na França da época), ela contou com os melhores preceptores. Aos doze anos falava inglês, italiano e alemão e traduzia do latim e do grego. Adorava música e tocava cravo, e também montava a cavalo, praticava esgrima e fazia ginástica, tudo isso bem pouco habitual naquela época. Casou-se e, depois de ter três filhos e vários amantes, viveu durante anos com Voltaire no castelo de Cirey, de onde introduziram a física newtoniana na França. Os dois trabalharam estreitamente juntos, e quando ele publicou *Elementos da filosofia de Newton*, teve a honestidade de reconhecer no prólogo a importância da colaboração de Madame du Châtelet, principalmente no que se refere à óptica. Em Cirey, ambos se dedicaram aos estudos de maneira quase obsessiva. Voltaire conta: "Lemos alguns cantos de *Jeanne la Pucelle* ou uma tragédia à minha moda ou um capítulo de *Le Siècle de Louis XIV*. Daí voltamos a Newton e a Locke, não sem vinho de Champagne e excelente comida, pois somos filósofos muito voluptuosos". Entre outras obras, Émilie publicou seu *Discurso sobre a felicidade*, um dos mais belos desse gênero tão típico do século XVIII, reivindicando o legítimo direito dos seres humanos de serem felizes (em oposição ao vale de lágrimas e da resignação cristã dos séculos anteriores), e traduziu para o francês os *Principia mathematica* de Newton, tradução que, aliás, continua vigente. Seu relacionamento sentimental com Voltaire acabou com o tempo, mas eles continuaram morando juntos como colegas próximos até o final. Dois anos antes de sua morte, Madame du Châtelet se apaixonou loucamente por um jovem oficial da guarda e também poeta, Saint-Lambert, e manteve com ele um relacionamento apaixonado e não totalmente correspondido, ou pelo menos não com a mesma entrega. Ficou grávida dele enquanto estava traduzindo os *Principia* e se apressou a concluir o trabalho, assustada com um mau pressentimento. Deu à luz uma menina em 3 de setembro de 1749 e logo depois começou a se sentir péssima. Em 10 de setembro pediu que lhe trouxessem seu manuscrito dos *Principia* e o datou nesse dia. Morreu horas mais tarde, aos 42 anos, acompanhada de seu marido, de Saint-Lambert e de Voltaire.

Laura Bassi
(1711-1778)

Foi uma menina-prodígio, um verdadeiro gênio, e desde muito pequena recebeu aulas de matemática, filosofia, anatomia, história natural e línguas. Teve, ademais, a sorte de nascer em Bolonha, na Itália, de modo que pôde estudar na formidável universidade dessa cidade, que, como já foi dito, era uma das poucas a admitir alunas. Foi catedrática de filosofia, mas sua grande paixão foram as ciências. Cansada da falta de apoio e das dificuldades que enfrentava por ser mulher (por exemplo, tinha de pedir uma autorização ao conselho da universidade para cada conferência pública que quisesse dar), montou em 1749 um laboratório particular que se tornou famoso em toda a Europa e ao qual compareceram numerosos cientistas de renome. Por fim, quase trinta anos mais tarde, em 1776, conseguiu que o conselho lhe concedesse a cátedra de física experimental no Instituto de Ciências da Universidade de Bolonha. Aliás, enquanto fazia tudo isso, Laura Bassi teve doze filhos.

Jeanne Baret
(1740-1807)

Aqui temos outra mulher que se vestiu de homem para poder seguir sua vocação. Jeanne embarcou com 26 anos como assistente do botânico Philibert Commerson na primeira circum-navegação do mundo feita pela França, para o que teve de se disfarçar de homem. A expedição durou três anos, mas no final do segundo descobriram a condição feminina de Jeanne, e tanto ela como Commerson foram obrigados a desembarcar em 1768 nas ilhas Maurício, onde o botânico morreria cinco anos mais tarde. Vendo-se sozinha e sem um centavo, a intrépida Jeanne abriu um cabaré em Port Louis. Um ano mais tarde se casou com um oficial naval, também francês, e voltaram para seu país, completando assim a volta ao mundo (foi a primeira mulher a fazer isso). Jeanne levou para a França as trinta caixas com mais de 6 mil amostras que havia coletado e catalogado junto a Commerson. Havia 5 mil espécies, entre elas 3 mil descritas como novas. O rei Luís XVI elogiou seus méritos científicos e lhe outorgou uma pensão vitalícia, mas Jeanne passou para a história como a amante de Commerson, não como a botânica que foi. Seu verdadeiro papel começou a ser reconhecido há muito pouco tempo.

Olympe de Gouges
(1748-1793)

É curioso o papel da viuvez na vida das mulheres; foi, com frequência, a única via para conquistar a independência, e muitas enviuvavam abominando a instituição do matrimônio. Foi o que aconteceu com Olympe, filha de um açougueiro de Montauban, na França. Seu esposo, muito mais velho que ela, morreu cedo, deixando-a com um filho e sem a menor vontade de se casar novamente. Olympe foi para Paris e viveu como escritora e dramaturga. Foi muito ativa na causa antiescravagista; escreveu duas obras de teatro e um ensaio político sobre o tema. O primeiro dos dois dramas, *Le Esclavage des noirs* [A escravidão dos negros], não só foi proibido como também encarceraram brevemente a autora na Bastilha; após a Revolução, o drama por fim foi representado na Comédie-Française. Olympe era, naturalmente, revolucionária; em 1791 publicou sua famosa *Declaração dos direitos da mulher e da cidadã*, porque, como outras pessoas (entre elas, o filósofo Condorcet), acreditou que quando se falava em direitos do homem também estavam incluídos os da mulher. Equivocaram-se. Preocupada com os abusos de poder de Robespierre e de Marat, essa mulher honesta e corajosa criticou-os duramente. Foi detida em agosto de 1793. Da prisão pediu várias vezes, para ter chance de defesa, que fosse julgada pelos tribunais ordinários, em vez de ser enviada para o terrível tribunal revolucionário. Numa tentativa desesperada de se salvar, escreveu clandestinamente dois panfletos, *Olympe de Gouges no tribunal revolucionário* e *Uma patriota perseguida*, que conseguiu mandar para fora da prisão. Ambos os textos circularam em Paris e foram muito lidos, mas de nada adiantaram: em 2 de novembro de 1793 ela foi conduzida sem advogado para a pantomima do tribunal revolucionário. Foi para a guilhotina no dia seguinte. Seu único filho renegou-a publicamente após sua morte, talvez por medo de ser preso.

Caroline Herschel
(1750-1848)

Foi outra importantíssima astrônoma obscurecida pela fama de seu irmão, o famoso William Herschel. Como tantas outras, Caroline também teve de se virar para educar-se sozinha, sem pisar na universidade e sem professores. Apesar disso, começou muito cedo a colaborar com William no trabalho astronômico. Em 1786 Caroline já possuía um pequeno observatório próprio; um ano mais tarde, o rei George III lhe destinou um salário como assistente de seu irmão, o que lhe deu independência econômica e contribuiu para que Caroline fosse se convertendo, pouco a pouco, numa celebridade na Alemanha. Junto com William, descobriu 1 milhar de estrelas duplas, e os dois demonstraram que muitas eram sistemas binários, com o que conseguiram a primeira prova da existência da gravidade fora do sistema solar. Além desses êxitos conjuntos, Caroline descobriu por conta própria oito cometas e três nebulosas. Embora tenha recebido homenagens em vida, foi depois de sua morte que a dimensão de seu trabalho começou realmente a ser reconhecida. Enfim, já mencionei que as mulheres sempre se destacaram na contemplação dos céus. Há muito mais astrônomas, e muito importantes, como a francesa

Nicole-Reine Lepaute, também do século XVIII, que junto com o matemático Clairaut foi a primeira pessoa a demonstrar as teorias de Newton ao calcular a chegada do cometa Halley a partir das hipóteses newtonianas.

Marie-Anne Pierrette Paulze, Madame de Lavoisier
(1758-1836)

No caso da eminente Marie-Anne Pierrette, mãe da química moderna, é seu marido, Antoine Lavoisier, quem levou toda a glória, embora ambos tenham pesquisado juntos desde o início, numa colaboração frutífera e paritária semelhante à de Marie e Pierre Curie. Efetivamente, os cadernos do laboratório estão cheios de notas e diagramas efetuados por ela, e foi Marie (que recebera educação científica formal e também dominava o latim e o inglês) que traduziu para o francês diversos livros de importantes cientistas contemporâneos, essenciais para o desenvolvimento da obra do casal. Pois esses textos, que ainda eram muito influenciados pela tradição alquímica, foram aqueles que os Lavoisier conseguiram refutar e superar, estabelecendo, dessa forma, as bases da química atual. Descobriram, junto com Joseph Priestley, o gás oxigênio, cujo nome foi dado pelos Lavoisier (provém do grego e significa *gerador de ácidos*). Em 1793, durante a fase do Terror da Revolução Francesa, tanto o pai de Marie quanto Antoine Lavoisier foram detidos (todos os que não apoiaram fanaticamente Marat e Robespierre foram encarcerados), e apesar dos desesperados esforços da cientista para salvá-los, ambos foram guilhotinados em 8 de maio de 1794. Todos os bens de Marie foram confiscados pelo governo revolucionário, incluindo os cadernos de notas e o laboratório. Apesar disso, Madame de Lavoisier reconstruiu pacientemente todo o trabalho feito, e oito anos após a morte do marido vieram a lume suas *Memórias de química*, um livro fundamental dos primórdios dessa disciplina científica que ampliava o *Tratado elementar de química*, publicado por Lavoisier em 1789. Apareceu firmado com o nome de seu marido, talvez pela típica subestimação feminina ou talvez porque Marie soubesse que essa era a única forma de ele ser aceito, e a obra foi considerada, como de costume, exclusivamente dele, ainda que, como dissemos, o livro tenha sido escrito por Marie muito tempo depois da execução de Antoine.

Gertrudis Bocanegra
(1765-1817)

Embora fosse filha de comerciantes espanhóis, a mexicana Gertrudis acabou sendo uma heroína na luta contra a Espanha. Teve uma educação muito deficiente, como a imensa maioria das mulheres de sua época, mas lia muito e os autores da Ilustração a converteram numa revolucionária. Quando estourou a guerra da Independência ela se somou à causa, como seu marido, um soldado de Michoacán. Gertrudis atuou como correio dos rebeldes e organizou com grande habilidade uma rede de comunicações entre as sedes mais importantes dos sublevados. Seu esposo e seu filho morreram na guerra e pouco depois ela foi descoberta e feita prisioneira pelo exército leal à Coroa. Embora a tenham torturado para que delatasse outros guerrilheiros, Gertrudis aguentou o tormento com bravura e não disse nada. Acabou fuzilada. Nas lutas independentistas da América Latina houve inumeráveis mulheres, heroicas, estoicas e guerreiras. Muitas delas foram fuziladas ou tiveram de enfrentar destinos piores, como ocorreu com a pobre Micaela Bastidas, no Peru, esposa e conselheira de Túpac Amaru II e protagonista, junto com o marido, da importante rebelião de Túpac Amaru, que chegou a contar com um exército de 7 mil pessoas, homens e mulheres, e que venceu os realistas em várias batalhas. Justamente por isso, pela importância da revolta, quando por fim foram vencidos, em

1781, deram-lhes um final atroz e exemplar: primeiro obrigaram Micaela e o marido a ver como cortavam a língua de seu filho e o enforcavam; depois cortaram a língua de Micaela, tentaram estrangulá-la com cordas e, por fim, a mataram a pontapés. Quanto a seu marido, Túpac Amaru, foi esquartejado vivo. Micaela tinha 36 anos.

Ching Shih
(1775-1844)

A espetacular Ching tem a honra de ser protagonista de um conto de Borges, "A viúva Ching, pirata", pertencente ao livro *História universal da infâmia*, ainda que, naturalmente, o texto do escritor argentino tenha muita invenção. O certo é que Ching foi uma prostituta que se casou com um capitão de piratas, com quem adotou um filho vietnamita chamado Chang Pao. Quando seu marido morreu numa tempestade em 1808, o casal já conseguira formar uma coalizão corsária de mais de quatrocentos barcos e 70 mil homens, um verdadeiro exército que ela continuou ampliando, até chegar a liderar mais de 2 mil barcos no final de sua carreira: não surpreende que muitos a considerem o pirata mais importante da história. Controlava seu poder com mão de ferro e ditou leis de pirataria cuja desobediência era punida com a morte: por exemplo, era proibido saquear as aldeias que tivessem ajudado os piratas; também era proibido violar as prisioneiras (o violador tinha a cabeça cortada e jogada por ela pela borda-livre). Assim que ficou viúva, essa mulher insólita se casou com o filho adotivo, que era lugar-tenente da frota. Durante anos ela sustentou uma verdadeira guerra contra o governo chinês, que perdeu tantos barcos (passavam a engrossar a frota pirata) que tiveram de confiscar navios privados. Por fim, Ching negociou com o governo e obteve pleno perdão para ela e seus homens, em troca de se aposentar do ofício. Deram um bom cargo de funcionário para seu filho e esposo, e Ching passou o resto da vida dirigindo um bordel e uma casa de apostas em Cantão. Tremenda.

Sophie Germain
(1776-1837)

Não sei de onde vem esse absurdo lugar-comum que afirma que as mulheres não dão para números, pois a história está cheia de matemáticas extraordinárias que também tiveram de lutar contra todo tipo de obstáculo para poder se educar e desenvolver seu trabalho. Eis aqui mais uma (e não será a última da lista), a francesa Sophie Germain, que teve de aprender matemática sozinha, por meio de livros e com a oposição de seus pais. Começou sua autoeducação com treze anos, e aos vinte se disfarçou de homem e se fez chamar M. Le Blanc para poder frequentar as aulas na universidade, bem como para assinar seus trabalhos. Nunca se casou e manteve uma copiosa correspondência científica com os matemáticos mais famosos de seu tempo, como Lagrange, Legendre e Gauss. Começou a escrever para eles como Le Blanc, mas todos acabaram conhecendo sua identidade. Quando se revelou para Gauss, ele respondeu: "Como descrever minha admiração e assombro ao ver que meu estimado correspondente M. Le Blanc se metamorfoseia nesse personagem ilustre que me oferece um exemplo, quase inacreditável de tão brilhante. A afinidade pelas ciências abstratas em geral, e sobretudo pelo mistério dos números, é muito rara [...]. Mas se uma pessoa do sexo que, segundo nossos costumes e preconceitos, deve enfrentar muitíssimas dificuldades a mais do que os homens para se familiarizar com esses penosos estudos, e mesmo assim é bem-sucedida ao desviar dos obstáculos e penetrar em suas zonas mais obscuras, então sem dúvida essa pessoa deve ter o mais nobre valor, o talento mais extraordinário e um gênio superior". Certo, ela o tinha. Fez contribuições importantes para a teoria dos números (entre outras coisas com os chamados *números primos de Germain*), e embora tenha tentado resolver o teorema de Fermat sem sucesso, conseguiu restringir o leque de suas soluções (o teorema foi resolvido em 1995). Gauss a indicou para um doutorado honoris causa na Universidade de Göttingen, onde ele lecionava, mas não conseguiu que o concedessem a ela em vida. Só lhe concederam o doutorado (que mesquinhos...) meses depois de sua morte.

Juana Azurduy
(1780-1862)

Nasceu no Vice-Reinado do Rio da Prata, onde hoje fica a Bolívia; seu pai era um branco rico e sua mãe, uma mestiça, e a menina falava espanhol e quéchua. Aos doze anos a meteram num convento para que se tornasse freira, mas Juana era demasiado Juana para que lhe impusessem esse futuro (ou qualquer outro), e aos dezessete anos a expulsaram por rebeldia. Com 25 anos se casou com Manuel Padilla, um militar que lutava pela independência e contra os espanhóis, e ambos embarcaram na revolução de Chuquisaca de 1809. A partir daí sua vida foi um sem-fim de revoluções, levantes e batalhas; foi presa, libertada, todos os seus bens foram confiscados e ela continuou guerreando. Organizou o *Batallón Leales* e participou de diversas gestas bélicas, como quando, à frente de trinta cavaleiros, entre eles várias mulheres, atacou as forças de um general espanhol e lhes arrebatou o estandarte. Ferida numa batalha, seu marido morreu quando tentava socorrê-la. Chegou a ser nomeada coronel, mas como o regime anterior havia confiscado todos os seus bens, depois da independência ela viveu na mais absoluta miséria (reivindicou a devolução de seu patrimônio, mas não conseguiu). Morreu com 82 anos quase sem ter o que comer e foi enterrada numa vala comum. Cem anos depois, seus restos foram exumados e depositados num mausoléu em sua homenagem na cidade de Sucre. Um pouco tarde, não?

Mary Fairfax Somerville
(1780-1872)

Esta história acaba muito bem, muito bem mesmo, embora parta das condições mais adversas. A escocesa Mary era filha de um oficial da Marinha. Seus dois irmãos receberam uma boa educação, mas suas duas irmãs e ela mal aprenderam a ler. Mary só foi ao colégio por um período, aos dez anos de idade. Mas isso despertou sua paixão pela leitura e pelo estudo. E aqui temos mais uma dessas mentes fulgurantes que se veem obrigadas a aprender sozinhas. Seus pais a mandaram para uma escola de senhoritas para que fosse preparada para o casamento (recebia aulas de costura, piano, pintura...), e ela estudou latim e, sobretudo, álgebra e matemática por conta própria. Casou-se aos 24 anos com um marido que não a entendia, mas que fez a gentileza de morrer muito cedo. Viúva e economicamente independente, pôde se dedicar com paixão à ciência e ampliou seus estudos autodidatas de grego, botânica, geologia, geografia e astronomia. Entrou em contato com o famoso matemático William Wallace, ajudando-o a resolver alguns problemas, o que o fez ganhar uma medalha de prata concedida pela revista de matemática mais importante da época. Em 1812 se casou com um inspetor de hospitais que foi um grande companheiro e a apoiou em tudo. De fato, ele apresentou várias vezes os trabalhos de Mary em sociedades científicas às quais ela, como mulher, não tinha acesso. Traduziu do francês para o inglês a *Mecânica celeste* de Laplace, fazendo, além disso, uma edição crítica da obra e explicando as bases matemáticas do seu trabalho. Publicou diversos livros, todos eles com grande sucesso e muitas reedições, e foi uma divulgadora científica extraordinária. Suas análises das perturbações da órbita de Urano levaram o astrônomo Adams a descobrir Netuno, e seu tratado de *Geografia física*, publicado em 1848, continuou vigente até bem entrado o século XX. Somerville, que morreu com 92 anos e ainda lia livros de álgebra durante quatro ou cinco horas por dia, acabou conquistando a glória terrena. Foi membro da Real Sociedade Astronômica, da Real Academia da Irlanda, da Sociedade Estadunidense de Geografia e Estatística, da Sociedade Geográfica Italiana, da Sociedade Americana de Filosofia, e lhe outorgaram a medalha de ouro da Real Sociedade Geográfica. Nada mal para uma autodidata.

Mary Anning
(1799-1847)

Um raio atingiu Mary quando ela tinha quinze meses. Estava debaixo de um olmo, no colo de uma vizinha e com duas amigas dela. As três mulheres tiveram morte instantânea, mas a menina se salvou, o que todos consideraram um milagre. A partir daí, as pessoas atribuíam a deslumbrante inteligência de Mary aos efeitos do raio. Era filha de um ebanista inglês muito pobre, e sete irmãos seus morreram na infância. Para completar as míseras finanças, a família procurava fósseis nos alcantilados próximos (moravam em Dorset) e os vendia aos visitantes. Assim começou a carreira dessa mulher, que foi a primeira paleontóloga profissional da história. No entanto, seu sexo e sua baixa classe social impediram que fosse reconhecida por seus pares, que, com poucas exceções, costumavam citar seus importantes achados mas não sua autoria, o que, naturalmente, deixava a pobre Anning desesperada e indignada. Entre outros êxitos, Mary identificou corretamente o primeiro ictiossauro, encontrou os primeiros esqueletos de plesiossauros e o primeiro pterossauro encontrado fora da Alemanha, e demonstrou que as famosas *pedras bezoar*, tão utilizadas na alquimia e na medicina medievais, eram na verdade coprólitos, ou seja, fezes fossilizadas. Sua obra contribuiu poderosamente para mudar as ideias do início do século XIX sobre a história da Terra, fornecendo uma sólida base científica à então controversa teoria da extinção.

Jane Digby
(1807-1881)

Eis aqui uma mulher que fez o que bem quis de sua vida e que, ademais, se deu bem. Para maior espanto, era inglesa e viveu na puritana, machista e terrivelmente repressiva sociedade vitoriana, cujos limites estreitos ela dinamitou com sua biografia libérrima. De família aristocrática, filha de um almirante, teve quatro maridos e uma porção de amantes, entre eles o rei Luís I da Baviera, o rei Otto da Grécia (filho do anterior), o príncipe Schwarzenberg, que foi ministro-presidente do Império Austríaco, e o general grego revolucionário Chatzipetros, com quem viveu a vida das guerrilhas, morando em cavernas, cavalgando e caçando pelos montes. Seus amantes duelavam por ela e a boa sociedade vivia em sobressalto diante de seus contínuos escândalos. Teve meia dúzia de filhos de seus vários casamentos; a metade morreu e ela deixou os outros sob os cuidados dos pais. Como mostram seus retratos, Jane era belíssima, uma loira de aparência etérea que não deixava transparecer seu fogo interior. Além disso, era curiosa, corajosa, falava oito idiomas e adorava percorrer o mundo. Aos 46 anos viajou para o Oriente Próximo e se apaixonou arrebatadamente por Medjuel al Mezrab, um jovem de 26 anos que era o xeique de uma tribo da Síria. Casaram-se pelo rito muçulmano e a loira Jane assentou a cabeça. Sua relação durou 28 anos, até a morte dela, e não houve mais escândalos. Aprendeu árabe, sua nona língua, e se vestiu de beduína. Ou pelo menos fazia isso durante metade do tempo, porque combinaram de viver seis meses por ano de maneira austera e tradicional, numa tenda beduína no meio do deserto, com Mezrab guerreando de quando em quando com as outras tribos, e passar os outros seis meses opulentamente num palácio que Jane havia comprado em Damasco.

Ada Lovelace
(1815-1852)

Como filha do poeta Lord Byron e da ativista social e antiescravagista Annabella Milbanke, Ada foi marcada, desde a infância, pela heterodoxia. De fato, sua mãe pouco convencional fez que a menina estudasse intensivamente desde os quatro anos. Ada adorava matemática, mas também mecânica, e a ideia de voar a entusiasmava. Queria inventar uma máquina que a transportasse pelo ar e passou anos estudando as aves e fazendo esboços do aparelho. Ficou amiga do cientista Charles Babbage, que estava imerso no projeto de criação da primeira máquina calculadora mecânica, a chamada *máquina analítica*. Ada escreveu um trabalho intitulado simplesmente *Notas*, onde desenvolvia seu próprio estudo sobre a máquina analítica e apresentava um corpo teórico revolucionário e visionário. Almejava criar a informática, que ela chamava de *ciência das operações*, e intuiu as aplicações práticas da máquina (incluída a capacidade de criar música). Também descreveu detalhadamente os passos que deviam ser seguidos para que uns cartões perfurados transmitissem uma série de números à máquina. Esse código é o primeiro algoritmo desenhado para ser executado num computador. Ada publicou suas *Notas* numa revista científica e teve a precaução de assiná-las só com suas iniciais, mas depois se espalhou o boato de que ela era a autora, e os cientistas não lhe prestaram atenção pelo fato de ser uma mulher. Morreu com 36 anos de um câncer de ovário. Suas *Notas* só voltaram a ser publicadas em 1953, já com seu nome. Hoje ela é reconhecida como a primeira pessoa a descrever uma linguagem de programação. É a mãe da informática.

Clara Schumann
(1819-1896)

Algumas das peças estreadas pelo grande músico Robert Schumann foram, na verdade, compostas por sua esposa, a modesta Clara; por exemplo, das doze canções do Op. 37, três são dela. Além de compor, Clara também tocava piano; foi, de fato, uma das intérpretes mais relevantes de seu tempo. Reuniam-se em seus salões todos os músicos do momento e Brahms a amou por muitos anos. Teve oito filhos e a infelicidade de ver vários deles morrerem: sua vida não foi fácil. Era bela, sensível e prodigiosamente bem-dotada para a música, mas, presa no cárcere da típica insegurança feminina, nunca soube se valorizar. Sua obra como compositora é breve, e em seu diário ela explica o porquê: "Uma vez acreditei que eu tivesse talento criativo, mas renunciei a essa ideia; uma mulher não deve querer compor. Nenhuma foi capaz de fazer isso, então, por que eu poderia esperar que eu o fosse?". Essa desolada rendição é duplamente trágica porque é mentira; em sua própria época houve numerosas compositoras, como Fanny Mendelssohn, alemã como Clara; ou como as francesas Mel Bonis, Augusta Holmès ou Cécile Chaminade; a espanhola Isabel Colbran e, sobretudo, a polonesa Maria Szymanowska, famosíssima em vida, depois injustamente esquecida, precursora de Chopin. Mas, além disso, desde a Antiguidade existiam inúmeras musicistas notáveis, algumas já citadas nesta lista. Obviamente, pelo fato de serem mulheres, para elas era muito difícil transpor fronteiras e alcançar visibilidade, e é claro que não foram registradas na história oficial. Isso foi uma constante desde o começo dos tempos, de maneira que, durante séculos, as mulheres tiveram de emergir do nada várias vezes, sem modelos, sem referências, pioneiras eternas por culpa de uma história não escrita e com muita frequência derrotadas, como a pobre Clara, por sua penosa e equivocada sensação de singularidade.

Florence Nightingale
(1820-1910)

Pensamos conhecer a célebre Florence como a criadora da enfermagem moderna, mas ela fez muito mais em sua movimentada vida. Nascida na Itália no seio de uma família inglesa da classe alta, Florence teve de ir contra a vontade de seus pais para se dedicar à enfermagem, em vez de seguir as normas de vida habituais para uma donzela de sua condição social. Além disso, nunca se casou, provavelmente porque sua entrega aos doentes foi uma espécie de sacerdócio civil (era muito religiosa). Quando chegaram notícias da terrível mortandade na guerra da Crimeia, embarcou imediatamente para lá com um grupo de trinta enfermeiras que ela mesma havia formado. Descobriu que para cada soldado que morria no front, dez faleciam na retaguarda devido a infecções, doenças, maus cuidados e péssima higiene. Como era uma matemática formidável (mais uma!), aplicou esse talento à estatística e, ao voltar a Londres, realizou magníficos quadros informativos que analisavam a causa das mortes e que serviram para mudar as condições da retaguarda nos conflitos bélicos. Em seus últimos anos também produziu um exaustivo estudo estatístico da situação sanitária na Índia rural. Florence foi pioneira na representação visual dos dados estatísticos; desenvolveu um gráfico circular que hoje se conhece como *diagrama de área polar* ou *diagrama da rosa de Nightingale*. Foi, de fato, a primeira mulher admitida na Real Sociedade Estatística. Além desse importante trabalho, criou em 1860 a primeira escola de enfermagem laica do mundo. Mas essa parte é mais conhecida. Henri Dunant se inspirou em seu trabalho para fundar a Cruz Vermelha.

Pauline Viardot-García
(1821-1910)

Há personagens catalisadoras da cultura que parecem irradiar uma espécie de força criativa sobre seu entorno social, e

Pauline Viardot-García é um deles. Essa francesa era filha de uma família de cantores espanhóis e irmã da famosíssima soprano María Malibrán, que em seus breves 28 anos de vida se transformou num mito da ópera. Pauline também era cantora, em seu caso mezzosoprano, e também professora de música e compositora. Viardot criou a ópera de câmara, gênero que cultivou com obras como *Cendrillon*. Além disso, exerceu enorme influência com os salões de sua casa, frequentados pelos mais importantes músicos europeus, e introduziu a música russa no Ocidente (foi a primeira estrangeira que cantou ópera italiana na Rússia). Pauline era casada com o escritor e hispanista Louis Viardot, com quem teve quatro filhos; mas em São Petersburgo conheceu Ivan Turguêniev, com quem manteve uma relação sentimental até sua morte. Durante trinta anos, Turguêniev e Pauline, acompanhada do marido, viveram nos arredores de Paris em duas casas separadas, mas situadas na mesma quadra. Tudo indica que os três se deram bem. Uma das filhas de Pauline, Louise Viardot, também foi uma compositora notável.

Sofia Kovalevskaya
(1850-1891)

O passado familiar dessa matemática e pensadora russa parece tirado de um conto de fadas: descendia de um rei da Hungria, mas seu avô perdeu o título de príncipe e os direitos hereditários por se casar com uma cigana. Sofia era fascinada por números desde criança, e aos treze anos mostrava grandes dotes para a álgebra. Para sua infelicidade, seu pai tinha horror a mulheres intelectuais, de modo que a privou de aulas de matemática. Sofia foi obrigada a continuar estudando por conta própria anos a fio, de noite, às escondidas, lendo tratados de álgebra. Como ninguém lhe explicava a matéria e ela encontrava nos livros coisas que não entendia, teve de deduzir (ou reinventar) por conta própria as fórmulas trigonométricas e o conceito de seno. Um professor descobriu seu segredo e, admirado com o talento da jovem, conseguiu vencer o preconceito do pai, de modo que Sofia retomou as aulas. Acertou um casamento de conveniência para poder estudar no exterior, mais especificamente em Berlim, e para doutorar-se escreveu três teses, duas de matemática e uma de astronomia. Morreu de gripe aos 41 anos e, apesar de seu falecimento precoce, foi uma matemática extraordinária que obteve importantes avanços no campo da álgebra. É dela o *teorema de Cauchy-Kovalvskaya*, embora sempre o escrevam, incorretamente, Cauchy-Kovalevsky, como se o autor fosse um homem (a terminação feminina russa é *-aya*).

Teresa Carreño
(1853-1917)

Pianista, compositora, empresária e mezzosoprano venezuelana, Teresa sempre viveu a vida muito depressa: aos nove anos estreou como solista com a Orquestra Sinfônica de Boston e com a Filarmônica de Londres. Aos dez, deu um concerto na Casa Branca diante de Abraham Lincoln. Casou-se quatro vezes e teve seis filhos de diversos pais, e foi obrigada a dar sua primeira filha para adoção porque não tinha dinheiro para mantê-la. Mais tarde se consagraria na Alemanha como concertista de fama mundial. Compôs peças notáveis para piano e orquestra.

Mina Fleming
(1857-1911)

Mina teve uma típica vida de mulher atípica, ou seja, é um exemplo perfeito dessas trajetórias heroicas e quase milagrosas que a maioria das mulheres que se destacaram em alguma atividade tivera de forjar para si. Nascida na Escócia e de família modesta, depois de uma educação limitada se casou aos vinte anos com um tal de James Fleming e emigrou para os Estados Unidos, estabelecendo-se em Boston. Dois anos mais tarde seu marido a abandonou. Mina, que estava grávida, teve de procurar trabalho para se manter. Arrumou uma colocação como empregada doméstica na casa de Edward Pickering, famoso professor de astronomia e diretor do Observatório de Harvard. Pickering estava aborrecido com seu assistente e disse que até sua empregada poderia fazer melhor que ele. Talvez só se tratasse de uma excêntrica boutade, ou talvez ele tivesse percebido a inteligência de Mina; o fato é que lhe ofereceu um emprego temporário no observatório, primeiro para realizar tarefas rotineiras de escritório, e depois alguns cálculos matemáticos. Seu desempenho foi tão bom que muito rapidamente se transformou em pesquisadora permanente e ingressou no que depois receberia o nome de *as computadoras de Harvard*, dezenas de mulheres jovens que, sob a direção de Mina Fleming, encarregavam-se de fazer os numerosos e necessários cálculos matemáticos hoje feitos por computadores. Além de comandar essa equipe com mão de ferro, Mina participou da elaboração do catálogo estelar Henry Draper, e ao longo de nove anos essa astrônoma excepcional catalogou mais de 10 mil estrelas e descobriu 59 nebulosas gasosas (entre elas a famosa Cabeça de Cavalo), 310 estrelas variáveis e dez novas. Também estabeleceu padrões de magnitude fotográfica para medir o brilho dos astros variáveis e estudou as propriedades das anãs brancas. No primeiro *Catálogo índice de nebulosas e cúmulos de estrelas*, publicado em 1895, seu nome foi apagado e seus resultados foram atribuídos a Pickering. Por sorte, no segundo *Catálogo* (1908) seus achados já seriam reconhecidos.

Beatrice Potter Webb
(1858-1943)

Em suas fotos ela parece muito fofa, elegante, sonhadora e até um pouco meiguinha, mas esse aspecto inofensivo é uma miragem, pois a economista, socióloga e reformista social

Beatrice Webb foi dinamite pura. Seu pai foi um rico empresário inglês e, embora ela tenha começado a trabalhar nos negócios da família, desde muito jovem mostrou grandes inquietações intelectuais e sociais. Empregou-se, em algumas ocasiões, como operária manual para estudar o funcionamento da economia industrial, e dedicou sua vida a combater a miséria e a exploração laboral. Interessava-lhe o cooperativismo e, em 1891, publicou um livro intitulado *O movimento cooperativo na Grã-Bretanha*. Casou-se em 1892, já velha para a época (34 anos), com Sidney Webb, outro reformista de ideias socialistas com quem escreveu vários tratados sobre temas econômicos, políticos ou sindicais. Além disso, continuou produzindo textos só de sua autoria, entre eles um intitulado *Os salários de homens e mulheres: deveriam ser iguais?*, que, apesar de ter sido publicado em 1919, continua ressoando sombriamente na atualidade. Os Webb foram dirigentes importantes da Sociedade Fabiana, socialistas não marxistas que acreditavam na evolução e não na revolução, e participaram muito ativamente da constituição do Partido Trabalhista britânico. Beatrice e o marido, junto com outro economista fabiano, Graham Wallas, e o escritor George Bernard Shaw foram os quatro fundadores, em 1895, da prestigiosa London School of Economics.

Gertrude Bell
(1868-1926)

A formidável Gertrude é um personagem com tanta ou maior relevância, substância e talento que T. E. Lawrence, mas ele ficou famoso (foi o célebre Lawrence da Arábia) e ela, embora cada vez mais reconhecida, nunca teve a mesma popularidade. Em todo caso, Gertrude e Lawrence foram os principais conspiradores para a instauração da dinastia haxemita na Jordânia e no Iraque. Além disso, Gertrude alentou a revolução árabe durante a Primeira Guerra Mundial, e após o armistício desenhou as fronteiras da Mesopotâmia. Mas essa é só uma parte da complexa vida dessa exploradora, funcionária, espiã, arqueóloga, antropóloga, escritora e montanhista britânica. O trabalho diplomático de Gertrude foi essencial para o desenho geopolítico do Oriente Próximo naqueles anos agitados. Era pró-árabe, o que lhe causou problemas com seus chefes. Descobriu e escavou as ruínas de Bersiba, na Síria, e colaborou na criação do Museu Nacional do Iraque. Morreu de overdose aos 57 anos, num provável suicídio.

Alexandra David-Néel
(1868-1969)

Viveu 101 anos, mas os preencheu com experiências suficientes para uns três séculos. Nascida na França e criada na Bélgica, a biografia de Alexandra beira o impossível, às vezes o estrambótico, e ao mesmo tempo possui inegável interesse. Foi orientalista, feminista, cantora de ópera, anarquista, exploradora, jornalista, montanhista, espiritualista e escritora. Visitou Lhasa, capital do Tibete, em 1924, quando a cidade estava proibida para estrangeiros. Estudou budismo durante muito tempo e vivenciou diversas experiências místicas. Passou dois anos aprendendo tibetano e tantrismo numa caverna a 4 mil metros de altitude, onde quase morreu congelada por vestir apenas uma túnica leve de algodão. Publicou mais de trinta livros sobre suas viagens, religiões orientais ou temas filosóficos. Sua obra influenciou escritores da geração beat como Jack Kerouac e Allen Ginsberg. Na última vez em que subiu as montanhas do Himalaia já havia completado cem anos.

Ynes Mexia
(1870-1938)

O que mais me agrada nessa mulher, nascida nos Estados Unidos, mas filha de um diplomata mexicano, é sua audácia para se reinventar numa idade em que, em sua época, as mulheres já se achavam acabadas. Ynes começou com uma vida das mais convencionais; estudou até o ensino médio e depois passou dez anos na fazenda da família no México, cuidando, como uma boa filha, do pai até sua morte. Casou-se com um empresário espanhol, que a deixou viúva sete anos mais tarde. Casou-se novamente, dessa vez com um homem dezesseis anos mais jovem que ela, e logo se divorciou. Então resolveu trabalhar e se empregou como assistente social na cidade de San Francisco. Começou a frequentar o Sierra Club, uma organização de amantes da natureza que existe até hoje, e descobriu que gostava de botânica, de modo que em 1921, com 51 anos, matriculou-se na Universidade de Berkeley para estudar essa matéria (embora não tenha se formado). E em 1925, na idade de 55 redondíssimos anos, começou sua respeitada carreira como botânica numa viagem ao oeste do México. Passou os doze anos de vida que lhe restavam viajando por toda a América Latina e coletando um total de mais de 150 mil espécimes de plantas, centenas deles novos. Descobriu um novo gênero, que batizou de *Mexianthus*, e as dificuldades quase sempre extremas de suas viagens não a amedrontavam. Por exemplo, essa madura dama intrépida passou três meses vivendo com os aguarunas, uma tribo indígena do Amazonas.

Alice Guy
(1873-1968)

Seu nome não nos diz nada, mas vejam só, essa francesa que terminou sua vida nos Estados Unidos é o primeiro diretor de cinema da história; ou seja, a primeira pessoa que fez um filme de ficção, e também a primeira a viver disso profissionalmente. Não, não foi Méliès, foi ela. Mas foi apagada, como tantas outras: só começou a ser resgatada no século XXI. Alice, que estudara secretariado, começou a trabalhar na Companhia Geral de Fotografia.

Na época o cinematógrafo era considerado uma espécie de entretenimento de feira, e os irmãos Lumière achavam absurdo que pudesse ser utilizado para contar histórias. Até que Alice Guy chegou, em 1896, e com 23 anos rodou um filme com argumento, *La Fée aux choux* [A fada do repolho], o primeiro filme de ficção da história, no qual já experimentou diversos truques de rodagem. Para surpresa de todos, essa obra de Alice e as seguintes tiveram um enorme sucesso de público, e foi aí que outros cineastas começaram a seguir seu rastro. Na época, Alice era a pioneira absoluta dos efeitos especiais, do uso de gravações de gramofone junto às imagens, da câmera lenta e rápida, e do movimento para trás. A linguagem cinematográfica (ou seja, quando nos referimos a planos, iluminação, adereços, montagem etc.) vem dela, que também foi o primeiro produtor executivo. Rodou cerca de mil filmes e fundou diversas produtoras na França e nos Estados Unidos: pelo menos fez sucesso ainda em vida. Inaugurou o gênero policial, além de trabalhar com todos os gêneros possíveis, e foi a primeira pessoa que falou do cinema como arte, não como mero entretenimento popular. Em 1913 escreveu um texto sobre o lugar da mulher na indústria cinematográfica, denunciando a discriminação que sofriam. E, de fato, ela foi apagada da história oficial. Ou atribuíram seus filmes a seu marido (um cinegrafista com quem se casou em 1907, com quem teve dois filhos e de quem se divorciou em 1917) ou simplesmente não a citaram. Enfim.

A descoberta do bulício invisível

Lise Meitner
(1878-1968)

Aqui temos mais uma dessas desesperadoras biografias de mulher. Essa física austríaca colaborou durante trinta anos, em Berlim, com o químico alemão Otto Hahn, e sua participação foi essencial na descoberta da fissão nuclear. O nazismo a forçou a abandonar a Alemanha em 1938 (era judia), e ela se transferiu para a Universidade de Estocolmo, onde continuou suas pesquisas. Foi Meitner que, num trabalho publicado com Strassmann na revista *Nature*, usou pela primeira vez o termo *fissão nuclear*, mas em 1944, quando deram o Nobel a Otto Hahn por esse achado, o químico nem sequer a mencionou (além disso, Hitler continuava no poder). Lise teve a sorte de ser longeva, o que permitiu que visse as primeiras reivindicações públicas de seu nome: transformou-se no exemplo mais citado de discriminação da mulher na ciência. Há outros casos parecidos, como o de Rosalind Franklin (1920-1958), eminente cientista britânica que descobriu os fundamentos da estrutura molecular do DNA. Wilkins, um colega de trabalho com quem mantinha uma relação conflituosa, pegou as notas de Rosalind e uma importantíssima fotografia que a cientista conseguira tirar do DNA por meio de um complexo processo denominado *difração de raios X*, e sem que ela soubesse ou o autorizasse, mostrou tudo para dois colegas, Watson e Crick, que estavam trabalhando no mesmo campo e que se apropriaram ilegalmente dessas descobertas, nas quais se basearam para desenvolver seu próprio trabalho. Não se sabe se Rosalind chegou a conhecer o roubo do qual foi objeto; faleceu com 37 anos de um câncer de ovário, provavelmente causado pela exposição a esses raios X com os quais vislumbrou as entranhas do DNA. Quatro anos depois da morte de Franklin, em 1962, Watson, Crick e Wilkins ganharam o Nobel de Medicina por seus achados sobre o DNA. Nesse caso não lhe usurparam o prêmio, porque o galardão não pode ser ganho postumamente (embora Rosalind o tivesse merecido), mas sem dúvida lhe roubaram o prestígio, pois os premiados nem ao menos mencionaram Franklin nem sequer reconheceram sua contribuição. Esses comportamentos predatórios não são coisa do passado remoto; por exemplo, também é famoso o caso da astrofísica da Irlanda do Norte, Jocelyn Bell (1943), que descobriu os pulsares, uma classe de estrelas de radiação breve e intensa, e que sem sombra de dúvida deveria ter compartilhado em 1974 o Nobel que concederam por esse achado a seu supervisor, Antony Hewish.

María Blanchard
(1881-1932)

A atormentada Blanchard nasceu na Espanha, numa família abastada, mas desenvolveu quase toda sua importantíssima obra pictórica na França. Sofria de uma deformação das costas muito proeminente, resultado de uma queda de sua mãe quando estava grávida. Quase não há fotos de María, porque ela se considerava um monstro e evitava se retratar. Sua primeira viagem a Paris foi em 1909; poucos anos depois se instalou para sempre na capital francesa. Experimentou, por um tempo, o cubismo, foi muito aplaudida, ganhou diversos prêmios, ombreou-se com todos os grandes da arte e ela mesma foi tão grande como eles, mas me parece que não a consideram, injustamente, à sua altura. Teve uma vida muito difícil, torturada, doentia, solitária, com apertos econômicos e fases depressivas. Segundo Ramón Gómez de la Serna, ela disse coisas tristes como estas: "Não tenho talento, o que faço, faço à custa de muito trabalho". E também: "Trocaria toda minha obra... por um pouco de beleza".

Emmy Noether
(1882-1935)

Aqui temos um dos mais eminentes personagens desta lista: a judia alemã Noether é um dos maiores matemáticos de todas as épocas. Segundo Einstein, Hilbert e outros importantes cientistas, é a mulher mais relevante na história dessa matéria. Fez contribuições revolucionárias nos campos da física teórica e da álgebra abstrata. Seu *teorema de Noether* é, segundo o físico norte-americano Leon Lederman, "um dos mais importantes teoremas matemáticos jamais demonstrados que guiaram o desenvolvimento da física moderna, possivelmente no mesmo nível do teorema de Pitágoras". Além disso, Emmy é famosa por ter sido um dos iniciadores da álgebra abstrata: "O desenvolvimento da álgebra abstrata, que é uma das mais importantes inovações da matemática do século XX, deve-se em grande medida a ela", reconheceu o também matemático Nathan Jacobson. E como nossa Emmy Noether obteve esses êxitos imensos? Da seguinte maneira: primeiro, empenhando-se em estudar matemática na Universidade de Erlangen-Nuremberg, uma pretensão bastante ousada, porque apenas dois anos antes o conselho universitário se mostrara contrário ao ingresso de mulheres. Mesmo assim, Noether e outra garota se matricularam. Eram as únicas entre 986 alunos. Emmy só podia assistir a algumas aulas como ouvinte, sempre pedindo autorização prévia para o professor. Apesar dessas dificuldades, em 1903 foi aprovada no exame de graduação, e nos anos seguintes redigiu a tese e se doutorou. De 1908 a 1915 deu aulas no Instituto Matemático da Universidade de Erlangen, sem que lhe pagassem absolutamente nada. Em 1915 David Hilbert quis contratá-la para a Universidade de Göttingen, mas os professores da faculdade de filosofia se opuseram: "O que nossos soldados vão pensar quando voltarem para a universidade e virem que se pede a eles que aprendam pondo-se aos pés de uma mulher?", disse um desses cretinos. De maneira que durante vários anos Emmy deu aulas em Göttingen sem receber e sem aparecer como docente titular, apenas como assistente de Hilbert. Só conseguiu ser reconhecida como professora de álgebra e receber um salário (aliás, bem baixo) em 1923. Durante os longos anos anteriores teve de ser mantida pela família. Em 1933 foi expulsa da universidade pelos nazistas e partiu, com uma bolsa, para a Universidade Bryn Mawr, nos Estados Unidos. Dois anos mais tarde morreu em decorrência de um tumor no ovário, aos 53 anos.

Renée Vivien
(1887-1909)

Seu nome verdadeiro era Pauline Tarn e era inglesa, mas quando, aos 21 anos, seu pai morreu e ela herdou uma fortuna, foi morar na França e mudou de nome. Seus poderosos poemas simbolistas estão escritos em francês, e ela é uma *maldita* da estirpe de Baudelaire. Abertamente lésbica, manteve diversos amores, todos bastante torturantes. Viajou sem parar pela Europa, Japão, Egito, China, Oriente Médio e Estados Unidos. Drogava-se, sobretudo com hidrato de cloral; vivia alcoolizada, era anoréxica e uma vez tentou se suicidar. Costumava usar roupas de homem, ainda que sem ocultar sua condição feminina. Era belíssima e faleceu muito jovem, com apenas 32 anos, mas na época já tinha virado um trapo e precisava de uma bengala para caminhar (queimou seu corpo da mesma forma que incendiou Paris). Provavelmente uma neuropatia alcoólica a tenha matado.

Bessie Coleman
(1892-1926)

Bessie era negra e filha de granjeiros muito pobres dos Estados Unidos. Trabalhando como manicure numa barbearia de Chicago, começou a escutar as histórias dos aviadores que tinham voltado da Primeira Guerra Mundial e ficou encantada com suas aventuras. Resolveu ser piloto, mas as escolas de voo dos Estados Unidos não admitiam nem mulheres nem negros. O fundador e editor do jornal *Chicago Defender*, cliente da barbearia, desafiou-a a tentar no exterior, e o jornal a ajudou economicamente em seu empenho. Bessie tomou aulas de francês e foi para Paris, onde aprendeu a voar e conseguiu se transformar no primeiro cidadão negro norte-americano com uma licença de aviação internacional. Voltou para os Estados Unidos e em 1921 começou a ganhar a vida com espetáculos de exibição aérea. Usava aparelhos da Primeira Guerra Mundial, muito deteriorados; em 1922 quebrou a perna e três costelas quando seu avião teve uma pane e caiu. Durante cinco anos continuou com essa vida e chegou a ser bem famosa; sua ambição era reunir dinheiro suficiente para abrir uma escola de voo para negros. Morreu junto com seu copiloto numa das exibições, devido a uma falha do motor; tinha 34 anos. Uma década mais tarde desapareceria no oceano, quando tentava dar a volta ao mundo, a grande Amelia Earhart (1897-1937), a famosa piloto norte-americana que atravessou sozinha o Atlântico e o Pacífico. Pouco antes ela escrevera uma carta ao marido: "Por favor, você deve saber que estou ciente dos riscos, quero fazer isso porque tenho vontade. As mulheres devem tentar fazer coisas como os homens fizeram. Se eles falharam, suas tentativas devem ser um desafio para os outros".

Grace Marguerite Hay
(1895-1946)

No século XX irrompem no mundo numerosas jornalistas arrojadas, e uma delas é Grace Marguerite, Lady Hay Drummond-Hay, britânica mas residente nos Estados Unidos. Casou-se muito jovem com um nobre cinquenta anos mais velho que a deixou viúva, tornando-se Lady cinco anos depois. Começou, então, a colaborar com periódicos ingleses e com o *Chicago Herald*, e ficou famosa em 1929 ao ser a única mulher a participar da expedição que deu a primeira volta ao mundo num balão dirigível. Demoraram 21 dias e lá ela conheceu o famoso jornalista Karl von Wiegand, de quem foi amante intermitente e sempre colega. Como repórter, Grace foi correspondente estrangeira na Manchúria (China) e esteve em guerras como a da Abissínia, na Etiópia, viajando com frequência com Von Wiegand. Durante a Segunda Guerra Mundial os dois foram detidos pelos japoneses e confinados num campo de prisioneiros em Manila, Filipinas. Foram libertados em 1945, quando a guerra acabou, mas na época Grace já estava muito doente. Morreu alguns meses depois em Nova York, aos cinquenta anos.

Irène Joliot-Curie
(1897-1956)

A fama imensa de sua mãe, Marie Curie, de algum modo obscureceu os êxitos de Irène, sua filha mais velha, que Marie educou com mão férrea para que substituísse Pierre, o marido e pai prematuramente falecido num acidente de trânsito. Era uma mulher de ciência, negligente com sua aparência e aparentemente pouco feminina segundo os cânones tradicionais; Einstein disse que ela "parecia um granadeiro", embora tenha reconhecido seu grande talento. Em 1935 ganhou, junto com o marido, Fréderic Joliot, o prêmio Nobel de Química por sua descoberta da radiação artificial, abrindo a porta do processo que levaria à bomba atômica. Além disso, estudaram as reações em cadeia e os requisitos necessários para a construção de reatores nucleares. Em 1951 foi afastada da Comissão de Energia Atômica francesa por suas simpatias com o Partido Comunista francês. Morreu em 1956 de uma leucemia causada pela radiação, como sua mãe. Pergunto-me o que pensaria de Hiroshima e Nagasaki. A propósito, no Projeto Manhattan, que desenvolveu as bombas atômicas, colaborou também outra mulher, a física chinesa Chien-Shiung Wu (1912-1997).

Barbara McClintock
(1902-1992)

O que me parece chamativo na biografia dessa botânica norte-americana, que sem dúvida era um gênio, é sua aparente insegurança. McClintock teve claro, desde o início, seu campo de trabalho: a citogenética do milho. Fez grandes descobertas na cartografia genética do milho, ganhou diversos prêmios e entrou para a Academia Nacional de Ciências em 1944, com apenas 42 anos. Prosseguiu com suas pesquisas na década seguinte e descobriu o processo de algo chamado *transposição genética*, mas seus colegas receberam seus achados com ceticismo e, embora pareça inacreditável, McClintock foi tão afetada por isso que parou de publicar seus dados a partir de 1953. Por sorte, nos 1960 e 1970 apareceram outros cientistas que demonstraram as hipóteses de Barbara, e, ainda mais afortunadamente, dessa vez sua autoria de mulher foi respeitada; e em 1983, aos 81 anos, ela ganhou o Nobel de Medicina sozinha, por seus avanços no campo da bem-sucedida transposição.

Valentina Tereshkova
(1937)

A russa Valentina não foi apenas a primeira mulher a viajar ao espaço, mas também o primeiro civil a fazer isso. Era operária numa fábrica têxtil e paraquedista amadora; foi selecionada entre mais de quatrocentas candidatas a piloto do *Vostok 6*, lançado em 1963. Ficou três dias no espaço e orbitou a Terra 48 vezes, ao que parece bastante enjoada. Tinha 26 anos. Depois de seu voo, estudou na Academia da Força Aérea e se tornou engenheira espacial. Também desempenhou diversos cargos políticos na época soviética. Hoje está aposentada, mas em 2013, aos 76 anos, declarou que gostaria de viajar a Marte, mesmo que o trajeto fosse só de ida.

Wangari Maathai
(1940-2011)

Pertencia à etnia kikuyu e nasceu no Quênia quando o país ainda era uma colônia britânica. Seu pai trabalhava na granja de um branco e ela só começou a frequentar a escola aos oito anos de idade. Sempre foi a primeira da classe, e quando terminou o segundo grau foi um dos trezentos quenianos selecionados para estudar nos Estados Unidos com uma bolsa da Fundação Joseph Kennedy Jr. Fez biologia e voltou para o Quênia, onde em 1971 se transformou na primeira mulher do sul da África a obter um doutorado (em Anatomia Veterinária, na Universidade de Nairóbi). Preocupada com a degradação ambiental em seu país, logo começou a se destacar como ativista ecológica. Criou o movimento Cinturão Verde, com o qual mobilizou mulheres de todo o Quênia para que coletassem sementes autóctones nos bosques e criassem estufas. Mais tarde, e com financiamento das Nações Unidas, Wangari conseguiu que o movimento Cinturão Verde se espalhasse por todo o continente. Representantes de quinze países africanos viajaram ao Quênia para aprender a desenvolver programas semelhantes aos de Maathai contra o desmatamento, a desertificação, a fome rural e a escassez de água. Além disso, Maathai foi se envolvendo cada vez mais na defesa dos direitos democráticos e na luta contra a corrupção e a especulação imobiliária, o que lhe custou todo tipo de confronto com o poder, incluindo perseguições, ameaças de assassinato e espancamentos. Em 2004 recebeu o Nobel da Paz, que a transformou na primeira mulher africana e no primeiro ambientalista a ganhar esse prêmio.

Drew Gilpin Faust
(1947)

Sem dúvida continua sendo mais difícil para elas, mas mesmo assim atualmente as mulheres estão alcançando as mais altas posições sociais. É o caso de Drew Gilpin Faust, uma historiadora norte-americana especializada na Guerra Civil Americana, que em 2006 foi nomeada presidenta da prestigiosa Universidade Harvard (Estados Unidos), a primeira mulher nesse cargo e, ainda mais meritório, o primeiro presidente que não estudou antes nessa universidade. Ou de Mary Barra (1961), que foi trabalhar como estagiária para a General Motors aos dezoito anos, enquanto estudava engenharia elétrica. Passou por diversos postos (entre outros, dirigiu uma linha de montagem) e em 2014 foi nomeada CEO da General Motors, ou seja, diretora-geral, o cargo mais alto. Essa norte-americana foi a primeira mulher a ocupar essa posição numa multinacional automobilística. Em 2017, a famosa lista *Forbes* a situou em quinto lugar no ranking das mulheres mais poderosas do mundo.

Norma Andrade
(1958)

Lilia, a filha de Norma, desapareceu em 2001 em Ciudad Juárez, México. Encontraram seu corpo uma semana depois, com sinais de tortura e violação. Foi mais um dos inumeráveis, pavorosos feminicídios de Ciudad Juárez. Devido ao assassinato de Lilia, Norma e outras mães de vítimas se reuniram e fundaram Nuestras Hijas de Regreso a Casa, uma organização de heróis, sobretudo heroínas, que lutam contra essa atrocidade. Enfrentam de rosto descoberto os assassinos, e suas vidas estão por um fio. Tanto Norma como sua outra filha, Malú García, também ativista, tiveram de abandonar seus lares. Norma foi baleada em 2011 em Ciudad Juárez. Por isso, mudou-se para um domicílio supostamente protegido, mas lá foi atacada com uma faca e lhe cortaram o rosto em 2012. O governo não parece sequer investigar com eficiência os delitos contra os integrantes de Nuestras Hijas de Regreso a Casa e tampouco lhes dá proteção suficiente. Enquanto escrevo estas linhas (26 de janeiro de 2018), leio nas redes sociais que Malú García acaba de sofrer um atentado. Sua caminhonete foi alvo de tiros em Toluca, e neste momento a jovem está refugiada numa zona industrial. O horror. (Adendo: Malú se salvou desse ataque, mas ela e os filhos continuam recebendo ameaças.)

Sampat Pal Devi e suas guerreiras do Sári Rosa
(1960)

É filha de pastores analfabetos de Uttar Pradesh, uma das regiões mais pobres da Índia. Não foi ao colégio, e aprendeu a ler e escrever sozinha. Aos doze anos a casaram com um vendedor de sorvetes e aos vinte já tinha cinco filhos. Um dia, em 2002, viu um vizinho espancando a mulher; tentou detê-lo, mas não conseguiu. No dia seguinte, voltou com cinco amigas e, armadas com *lâthis*, os tradicionais bastões de bambu, surraram o espancador. Assim nasceu o Exército do Sári Rosa. Primeiro eram 25; percorriam as cidades explicando para as mulheres que deviam se proteger e convencendo-as de que as meninas deviam estudar. Defendiam as vítimas, atacavam os agressores, exigiam que a polícia investigasse crimes nos quais antes jamais haviam prestado atenção. O movimento pegou fogo e as guerreiras vestidas de rosa chegaram a 400 mil em toda a Índia (também há alguns homens). Além disso, lutam contra a corrupção, pela redistribuição de terras e pelo cupom de alimentos para os mais pobres. Criaram e promoveram ateliês de costura e produção de algodão para dar emprego às mulheres e para que pudessem ter uma vida autossuficiente e digna. Sampat Pal é acusada de uma infinidade de delitos; foi ameaçada de morte e teve que abandonar sua casa e sua família.

Peggy Whitson
(1960)

Quando a norte-americana Peggy Whitson, astronauta-chefe da NASA, regressou à Terra em setembro de 2017, tinha passado um total de 665 dias de sua vida no espaço, ou seja, mais de 22 meses. É um recorde absoluto em relação a qualquer outro astronauta da NASA, homem ou mulher. Também é a astronauta mais velha do mundo (57 anos), e além disso ficou 39 horas e 46 minutos passeando pausadamente fora da nave pela escuridão do espaço, uma cifra que não é recorde, mas é sem dúvida considerável e bastante impressionante. Como se não bastasse, foi duas vezes comandante da Estação Espacial Internacional. Sua biografia é surpreendente, como também impressionam os feitos da física de partículas Fabiola Gianotti (1960), uma italiana que em 2016 foi nomeada diretora-geral do CERN, a Organização Europeia para a Pesquisa Nuclear, um dos centros científicos mais importantes do mundo. Ela anunciou oficialmente em 2012, junto com Joe Incandela, a descoberta do bóson de Higgs.

Jutta Kleinschmidt
(1962)

Já se sabe que as corridas de motos e de carros continuam sendo um território muito masculino, mas os louros da vitória cabem ao rali Paris-Dakar (agora só Dakar), a prova automobilística mais difícil do mundo, uma competição que transpira testosterona. Pois bem, até a essas reservas graníticas da virilidade as mulheres chegaram, mais especificamente a alemã Jutta, que primeiro participou de diversos campeonatos internacionais pilotando uma moto e depois passou para o automóvel, veículo com o qual ganhou o Paris-Dakar de 2001, a primeira e única mulher até agora a conseguir isso (em 2002 ficou em segundo lugar). Jutta, que é física e engenheira, trabalhou no departamento de design da BMW. Atualmente é instrutora de pilotos.

Magdalena Bermejo
(1962)

A primatologia é um ramo da ciência no qual as mulheres sempre se destacaram. De Dian Fossey a Jane Goodall, passando por Birutè Galdikas, a maioria dos grandes nomes dessa disciplina é feminina, provavelmente porque exige um trabalho penoso, grande dose de empatia e porque os animais continuam sendo considerados, ainda hoje, algo secundário e com menor prestígio acadêmico. Seja como for, o fato é que uma das autoridades mundiais no estudo do gorila da planície ocidental é essa espanhola, que desde 1991 viveu longos períodos nas selvas do Congo junto com o marido, o naturalista Germán Illera. Graças a ela sabemos que cerca de 5 mil gorilas morreram recentemente de ebola no Gabão e no Congo, o que os deixou à beira da extinção. Por isso, agora Magdalena está centrada na criação de projetos para proteger esses primatas, bem como em prol do desenvolvimento dos povoados próximos dos gorilas. Há outros nomes femininos na ciência e na tecnologia espanholas, como Concepción Monje (1977), uma jovem engenheira industrial, com uma porção de prêmios importantes, que trabalha com robótica na Universidade Carlos III. Ela vem desenvolvendo há dez anos o robô Teo, um autômato assistencial de tamanho e aparência humanoide (eu o vi funcionar e é alucinante). Além disso, Concepción dirige o projeto europeu RoboCom++, com mais de vinte sócios de toda a Europa, cuja finalidade é criar o robô companheiro assistencial do futuro. Essa mulher fora de série se dedicou a outras pesquisas, ajudando, por exemplo, a criar um exoesqueleto para braço, testado com sucesso em pacientes, e desenvolveu um sistema de controle para as rodas do veículo Rover que a Agência Espacial Europeia lançará em Marte em 2020.

Esra'a Al Shafei
(1986)

Essa blogueira de Bahrein tentou evitar que seu rosto fosse conhecido e que fotos suas circulassem nas redes, e durante vários anos conseguiu (embora eu ache que ela já tenha sido flagrada). Era uma medida prudente, em todo caso, para uma ativista dos direitos civis e da liberdade de expressão como ela. Especialista na internet, fundou em 2006, com apenas vinte anos, a ONG Majal (também chamada de Mideast Youth) para criar plataformas digitais que favorecessem a justiça social no Oriente Médio e no norte da África. Algumas dessas plataformas são a CrowdVoice.org, que permite subir vídeos de denúncia de toda a região; a Mideast Tunes, que facilita a difusão da música underground e de protesto; e a Ahwaa, para temas do movimento LGBT (lésbicas, gays, transexuais e bissexuais). A Majal foi uma ferramenta importantíssima na Primavera Árabe. Em 2014, a revista *Forbes* a incluiu em sua lista das trinta pessoas de menos de trinta anos mais influentes do mundo.

Laura Dekker
(1995)

Nasceu por acaso num porto da Nova Zelândia durante uma viagem marítima de sete anos de duração empreendida por seus pais, mas na verdade Laura é holandesa. Aos seis anos teve seu primeiro barco e aprendeu a navegar. Aos catorze anunciou que planejava dar a volta ao mundo sozinha num veleiro. Por sua idade, teve dificuldade em conseguir as licenças, e além disso teve de levar material didático e se comprometer a estudar, mas por fim deu início à viagem em 21 de agosto de 2010, aos quinze anos, e a terminou em 21 de janeiro de 2012, com dezesseis, transformando-se na pessoa mais jovem a circum-navegar o mundo sozinha.

Asia Ramazan Antar
(1997-2016)

Desde 2012 está se produzindo no Curdistão sírio um milagre que provavelmente só vai durar alguns dias, infelizmente; refiro-me a esse sonho doloroso e belo que é a região de Rojava. A chamada *revolução de Rojava* criou uma Constituição progressista para a região, que aspira a ser independente no interior de um sistema federal. Trata-se de um modelo igualitário e feminista. Entre outras coisas, foram criadas Unidades Femininas de Proteção, milícias armadas compostas exclusivamente de mulheres que estão lutando com lendária bravura e heroísmo contra o jihadismo. A essas unidades pertenceu Asia Ramazan — mais uma entre muitas mulheres formidáveis — que os meios internacionais, no entanto, tornaram fugazmente famosa no Ocidente ao batizá-la, por sua beleza, como a *Angelina Jolie curda* (que grande clássico de nossos periódicos é a frivolidade sexista…). Asia foi casada muito jovem com um marido imposto por sua família, mas depois de três meses conseguiu se divorciar graças às novas leis de Rojava, que proíbem os casamentos forçados e a poligamia. Imagino que o fato de se ver defendida e, além disso, salva de uma vida horrível, graças a uma legislação progressista, levou Asia a se consagrar à luta em defesa dessas conquistas. Entrou nas milícias populares aos dezesseis anos, combateu durante três e morreu aos dezenove nos arredores de Manbiy, num ataque suicida do Estado Islâmico. Assim morrem todos os dias as comoventes e impressionantes guerreiras de Rojava.

Bibliografia básica

ALIC, Margaret. *El legado de Hipatia*. México: Siglo XXI, 1991.
CABALLÉ, Anna. *La vida escrita por las mujeres*. 4 v. Barcelona: Lumen, 2004.
CAO, Marian L. F. *Creación artística y mujeres*. Madri: Narcea, 2000.
CHAMORRO, Germán Vázquez. *Mujeres piratas*. Madri: Ediciones Algaba, 2004.
DE MARTINO, Giulio; BRUZZESE, Marina. *Las filósofas: Las mujeres protagonistas en la historia del pensamento*. València: Cátedra, 2000.
GARULO, Teresa. *Diwan de las poetisas de al-Andalus*. Madri: Hiperión, 1998.
GREEN, Lucy. *Música, género y educación*. Madri: Morata, 2001.
GREER, Germaine. *La carrera de obstáculos: Vida y obra de las pintoras antes de 1950*. Madri: Bercimuel, 2005 [1979].
GURICHAGA, Lucía Montejo; LETURIO, Nieves Baranda. *Las mujeres escritoras en la historia de la literatura española*. Madri: UNED Ediciones, 2005.
JANÉS, Clara. *Guardar la casa y cerrar la boca*. Madri: Siruela, 2015.
LÓPEZ, Pilar Ramos. *Feminismo y música*. Madri: Narcea, 2003.
PÁEZ, Adela Muñoz. *Sabias, la cara oculta de la ciéncia*. Barcelona: Debate, 2017.
PLATA Y FERRÁNDIZ, Vicenta María Márquez de la. *Mujeres de acción en el Siglo de Oro: Catalina de Erauso, Isabel Barreto de Mendaña, Ana de Austria, Ana de Mendoza, Margarita de Parma, Isabel Clara Eugenia*. Madri: Castalia, 2006.
VERDEJO, Amelia. *Mujeres matemáticas: Las grandes desconocidas*. Vigo: Universidad de Vigo, 2017.
ZAVALA, Iris María; DÍAZ-DIOCARETZ, Myriam. *Breve historia feminista de la literatura española* (en lengua castellana). 6 v. Barcelona: Anthropos, 1993 [2000].

Nosotras: Historias de mujeres y algo más
© Rosa Montero, 1995, 2018

Todos os direitos desta edição reservados à Todavia.

Grafia atualizada segundo o Acordo Ortográfico da Língua Portuguesa de 1990, que entrou em vigor no Brasil em 2009.

capa
Luciana Facchini
imagem de capa
Vânia Mignone. *Sem título*, 2013. Fotografia de Edouard Fraipont. Cortesia de Casa Triângulo
composição
Jussara Fino
preparação
Julia de Souza
revisão
Tomoe Moroizumi
Jane Pessoa

4ª reimpressão, 2024

Dados Internacionais de Catalogação na Publicação (CIP)

Montero, Rosa (1951-)
  Nós, mulheres : Grandes vidas femininas / Rosa Montero ; tradução Josely Vianna Baptista. — 1. ed. — São Paulo : Todavia, 2020.

  Título original: Nosotras : Historias de mujeres y algo más.
  ISBN 978-65-5692-069-6

  1. Mulheres – História. 2. Biografia. I. Baptista, Josely Vianna. II. Título.

CDD 920.72

Índice para catálogo sistemático:
1. História : Biografia de mulheres 920.72

Bruna Heller — Bibliotecária — CRB 10/2348

todavia
Rua Luís Anhaia, 44
05433.020 São Paulo SP
T. 55 11. 3094 0500
www.todavialivros.com.br

fonte
Register*
papel
Pólen natural 80 g/m²
impressão
Geográfica